U0444800

外 国 哲 学

第 十 六 辑

商務印書館

2004 年·北京

主办： 中华人民共和国教育部人文社科基地北京大学外国哲学研究所

协办： 中华全国外国哲学史学会

中国现代外国哲学学会

卷首语

《外国哲学》于1984年由商务印书馆创办，至1998年共出版十四辑，开创了改革开放后中国研究外国哲学的新学风、新传统，在学术界具有广泛的影响。经与商务印书馆商议，从第十五辑开始，北京大学外国哲学研究所负责承担《外国哲学》的组稿、编辑工作。

为了进一步提高《外国哲学》稿件的学术水准，我们采取了国际学术刊物通行的"双盲"审稿制度。除了继续发表对外国哲学历史和经典的诠释性论文外，本刊将特别注重发表史论结合、批判性评论、中外哲学比较等方面的佳作。我们衷心希望全国同仁鼎力襄助，不吝赐稿，把《外国哲学》办成群贤毕至、百家争鸣的学术园地。

《外国哲学》编辑部

2002年4月

目　录

论犹太－希腊哲学诞生的两条通道

王晓朝

本文依据史料描述希腊化时期的反犹太浪潮给犹太文化带来的巨大冲击，力图刻画犹太文化在外赖文化的影响下发生的嬗变。作者指出，以摩西五经为代表的希伯来神学思想与希腊哲学思想的融合是两希文化发生融合的精神性标志；由于希腊哲学被视为希腊古典文化的精神代表，使得希腊化时期产生的各种哲学均被视为希腊古典哲学的延续；然而，如果考虑到该时期东西方文化的双向交流和融合，希腊－犹太哲学应当被视为犹太神学与希腊哲学的有机融合，而犹太智慧文学和犹太释经学是犹太－希腊哲学诞生的两条通道。

探讨西方文化的渊源离不开研究西方古代宗教与哲学。所谓“犹太－希腊哲学”指的是在亚历山大大帝东征(公元前334年)以后，从犹太教思想与希腊哲学思想的碰撞与融合中产生出来的一种带有明显融合两希文化(希伯来与希腊)特征的一种哲学。以往中文论著对希腊化时期犹太哲学的研究主要局限于对犹太哲学家斐洛的研究。从实际情况来看，斐洛的神学和哲学思想体系是融合希腊文化与犹太文化的典型，但不是它的全部。具有明显融合特征的犹太－希腊哲学在长达300年的希腊化时期中有一个渐进的发生过程。本文依据一些基本史实，揭示这种哲学诞生的两条通道，即文学和释经学，希冀能以此引起人们对西方古代文化变迁复杂性的认识。

一、希腊化文明对犹太人的冲击

希腊化时期犹太人的历史始终存在着两种冲突：一是塞琉古王国统治的亚洲与托勒密王国统治的埃及之间为占有巴勒斯坦地区而引发的军事与政治斗争；二是希腊化的生活方式的扩展与希伯来民族本有生活方式的冲突。在亚历山大帝国最初划分的时候，以色列人的国家犹大国原来划归托勒密王国，但是塞琉古王国不想失去这块通达地中海的要地，更希望控制大马士革和耶路撒冷的贸易。在由此引发的战争中，托勒密王国是胜利者。犹大国因此受托勒密王朝统治长达一个多世纪（公元前 312－前 198 年）。犹太人每年付出高额贡金，但保持了较高程度的自治，由耶路撒冷世袭的祭司长和长老议事会掌握政治和律法事务。

犹太文化的基础是宗教。受神监视和帮助的观念渗入犹太人生活的方方面面和每时每刻。伦理道德由长老议事会规定得非常严格而详尽。娱乐与游戏很少，且受抑制。不准与非犹太人通婚，独身和杀婴亦被禁止。因此，犹太人生育很多，且将所有子女抚育成人。虽有战争与饥荒，犹太人的数目一直在增加。到凯撒时代为止，罗马帝国境内的犹太人约有七百万，原先大部分人口从事农业。公元 1 世纪的犹太历史学家约瑟福斯还写道："我们不是商业的民族。"①犹太人的艺术还不发达，但音乐十分盛行。在庄严的宗教仪式中，已经使用竖笛、鼓、钹、羊角、喇叭、七弦琴、竖琴等乐器。犹太教不用偶像、神喻、占卜，也没有希腊宗教那样迷信和华美。面对希腊宗教杂多的诸神，犹太拉比在每一犹太会堂中唱着至今仍能听到的语句：听呀，以色列，主是我们的神，主便是一。

希腊文明带来的一切娱乐与诱惑对犹太民族简朴、清心寡欲的生活形成了一种冲击。犹大国四周有许多希腊领地与城市。这些地方都有希腊的

---

① F. Josephus, *The Works of Josephus* (Hendrickson Pulishers, 1995), translated by W. Whiston, vol. 1, Ch. 60.

机构与设施，奉祀希腊男神与女神的庙宇、学校、体育场和角力场，经常举行赤身裸体的比赛。希腊人从这些城市来到耶路撒冷，带来了希腊主义的传染病，要当地人也跟着学习科学、哲学、艺术、文学、歌唱与舞蹈、饮酒与筵宴、运动与娼妓，还有那对一切道德提出异议的滔滔不绝的诡辩和对一切超自然信仰暗中进行破坏的怀疑论。面对这些享乐的诱惑，犹太青年如何能够抵抗？何况这正是从令人厌恶的种种束缚下解脱出来的解放？犹太青年开始嘲笑祭司和虔诚的信徒是愚人，说他们让老年来临而不知人生的快乐。富有的犹太人被争取过去，因为他们最容易向诱惑投降。想从希腊官员那里找差事的犹太人感到能讲希腊语、过希腊式的生活是人生的向往，许多犹太人迅速地希腊化了。

在此种心智与感官的强大冲击下，有三种力量使犹太人免于完全被同化：安提俄克斯四世的迫害、罗马的保护，以及犹太律法的权威。犹太教中的坚定分子首先组织了称为“哈西”(Chasidim, the pious)的虔信教派。他们大约于公元前300年开始禁酒，以后又进一步走向极端的禁欲主义，厌恶一切身体上的快乐，认为那是向撒旦投降的表现，乃至于裸体。希腊人大感惊奇，以为他们就是类似亚历山大在印度遇到的裸体禁欲主义者。但更多的犹太人嫌虔信派的教条太严格，希望有某种适中的方式保全犹太民族。

公元前198年，安提俄克斯三世击败了托勒密五世，将犹大国收为塞琉古王国之一部。犹太人早已厌恶了埃及方面的统治，将安提俄克斯夺取耶路撒冷视为解放。但是安提俄克斯三世的继承人安提俄克斯四世(King Antiochus IV)竭力推行希腊化政策，强迫巴勒斯坦的犹太人接受希腊文化。安提俄克斯无视犹太祭司长通常的世袭制度，指派了主张希腊化的犹太人参孙(Jason)充任祭司长，开始着手在犹太地区建立希腊式的制度。参孙及其继任者美尼劳斯(Menelaus)竭力推进希腊化的进程。在他们任内，耶和华与宙斯合而为一，犹太神殿中的器皿被出售，若干犹太社区内已将祭品供奉希腊诸神。耶路撒冷开设了体育馆，犹太青年，甚至祭司都赤身裸体去参加体育比赛，有些犹太青年竟接受手术去补救生理上的缺陷，以免被人认出他们的种族。大多数犹太人在这个时候转向虔信派，以维护犹太宗教。公元前 168 年,耶路撒冷的犹太人利用安提俄克斯暂时被逐的机会,罢黜了希腊官员,屠杀了希腊化的犹太人的首领,扫除神殿中的异教事物。安提俄克斯兴兵进军耶路撒冷,恢复美尼劳斯的最高权力,下令强迫犹太人接受希腊化运动。犹太神殿改为供奉宙斯的神庙,建立希腊式的圣坛取代旧坛,祭品改为全猪牺牲。守安息日被禁止,行割礼被宣布为大罪。犹太宗教仪式全被禁止。凡是不肯吃猪肉或持有律法书的皆予囚禁或处死。他还将耶路撒冷付之一炬,拆毁城墙,把犹太居民卖为奴隶。耶路撒冷城中一切有形的犹太教皆被铲除。此后,安提俄克斯的官兵又深入城镇与乡村,推行希腊化政策。尽管措施严厉,这场希腊化运动仍然未能达到最终的目的,正统的犹太人坚决反对希腊化,他们仍然依循先祖的传统,对于希腊文化中的堕落道德成分毫不妥协。

公元前 190 年,开始强盛起来的罗马在小亚细亚打败了塞琉古王国的军队。公元前 170 年,塞琉古王国又与埃及发生战争,后因罗马的威胁被迫撤离埃及。公元前 165 年,以色列人趁塞琉古王国的衰微,在祭司玛塔赛亚的儿子、绰号玛喀比(意为锤子)的犹大、约拿单、西门三兄弟的领导下起义,战胜塞琉古帝国的军队,恢复耶路撒冷的圣殿;又靠与罗马结盟,于公元前 141 年取得以色列的独立。玛喀比家族统治的初期还能励精图治,但后来内部又发生分裂。以色列两派首领为争夺耶路撒冷大祭司的职位,都向罗马争取支持。公元前 63 年,罗马大将庞培趁机进军耶路撒冷,屠杀 12 000 名犹太人,扶植起一个傀儡,受叙利亚的罗马总督管辖。从此,以色列沦为罗马帝国的附庸。总的说来,此时散居在罗马帝国各行省的犹太人都已成为帝国的顺民,而仍在巴勒斯坦的犹太人则还在不断地进行反抗和斗争。

军事与政治层面的激烈斗争可以视为文化冲突的重要方面。无论这种冲突的结局如何,作为一种文化力量的希腊文明对犹太文明的冲击是深刻的。当时的许多犹太人采用了希腊名字,希腊文化在犹太人的教育中发挥了作用,希腊式的学校在犹太地区建立,以希腊语写作的犹太历史、文学作品出现,原有的犹太著作在巴勒斯坦翻译成希腊文,巴勒斯坦的犹太主义成为一种希腊化的犹太主义。[①]

二、亚历山大里亚的犹太人

希腊文化的影响不仅仅局限于巴勒斯坦,还延伸到各个流散地。为了说明希腊化文明与犹太文明的融合,我们还必须考虑亚历山大里亚的犹太人。

亚历山大里亚是个世界性的大都会,耸立在东西方交界处,于公元前333年由亚历山大大帝下令兴建。亚历山大去世后,这里就由他的部将托勒密一世(公元前323-前281年)统治。独特的地理位置和历史使它成为东西方文明的交汇处。托勒密二世(公元前285-前247年)统治时,城中修建了巨大的科学图书馆,藏书达70万卷,吸引了无数来自各地的诗人、科学家和哲学家。亚历山大里亚是当时最现代化的城市。公元前200年左右,亚历山大里亚城的人口总数约为40至50万,其中有马其顿人、希腊人、犹太人、波斯人、叙利亚人、阿拉伯人、黑人,等等。[②] 犹太人的数量约占五分之一。早在公元前7世纪,位于北非的埃及就是希伯来人的居留地。在波斯征服犹太人期间,又有很多犹太商人来到这里。亚历山大大帝亦曾鼓励犹太人移居亚历山大里亚城,并且答应给予他们与希腊人同等的政治经济权利。托勒密一世占领耶路撒冷以后又将数以千计的犹太俘虏带往埃及。[③]这样到了公元初,整个埃及已经有了一百万犹太人,其中有许多住在亚历山大里亚的犹太人区。

这个区域不是隔离区,也不是特区,而只是犹太人居住特别集中的地

---

① M. Hengel, *Judaism and Hellenism: Studies in their Encounter in Palestine during the Early Hellenistic Period* (Worcester, 1991), p. 58.

② 见杜兰:《世界文明史》第2卷,《希腊的生活》(台北,幼狮文化公司编译,1995年),第197页。

③ Cf. F. Josephus, *The History of Jewish People*, *The Works of Josephus*, translated by W. Whiston (Hendrickson Publishers, 1995), vol. 12, Ch. 1.

方。这里的犹太人保留了他们的宗教文化习惯。公元前 169 年,祭司长奥尼俄斯(Onios)在城外的莱翁托波利(Leontopolis)建立了一座大庙,除供宗教仪式用外,还兼作学校和集会场所,被讲希腊语的犹太人称为"大会堂"(Synagogai)。犹太人在这里居住了两三代后,懂得希伯来语的越来越少,律法的宣读必须继以希腊语的解释,从这些解释中产生了依据经典句子讲道的仪式。在托勒密二世统治期间,犹太人的圣书旧约经卷被译成希腊本,即"七十子译本"(Septuagint),以方便那些已经忘了母语的犹太人阅读。[①]犹太知识分子在希腊化时期的混乱中保持了对学术的爱好。公元前 3 世纪末,犹太学者完成了古文学的编纂工作,结束了旧约经文的收集过程。他们认为先知的时代已经过去,神授灵感已经过去,于是有许多作品被编入经外书(Apocrypha),不被视为圣经正典。

亚历山大里亚是希腊化时期新的文化中心。希腊化的浪潮首先在军事、民政、经济等方面显露,进而渗透到社会生活的方方面面。"其后,希腊化也对我们想要研究的处在这一背景之中的领域——文学、哲学、宗教产生影响。然而,要对这些领域进行渗透,外来者需要一座桥梁,希腊化时期通用的共同语言,即希腊共同语(Koine)提供了这样一座桥梁。"[②]在这里,希腊语文已经成了各民族通用的共同语文。经由此种语文传播,希腊式的文明扩散开来,并在地中海东部存在和保持达一千年之久。希腊文成为外交、文学、科学的工具。一卷希腊文著作可以为埃及或近东任何受过教育的人所了解。数以千计的作家为了满足这一大批读者的需要,写了若干万卷书。现在仍为人们知道名字的希腊化时期的作家有 1100 人,不知名的更多。[③]埃及草纸(papyrus)和帕加蒙羊皮纸(parchment)是当时写作和收藏用的主要纸张。速记法发明了,专司誊缮珍贵原本的复制本的抄写员出现了。一群学者则将图书分类,撰写文学或科学的发展史,编纂各种杰作的最后定稿

---

① Cf. F. Josephus, *The History of Jewish People*, vol. 12, Ch. 2.

② M. Hengel, *Judaism and Hellenism: Studies in their Encounter in Palestine during the Early Hellenistic Period*, p.57.

③ 参阅杜兰:《希腊的生活》,第 207 页。

本,并加上注释。拜占庭的阿里斯托芬用大写字母和标点符号把古籍中的子句与整个句子分开,还给希腊语加上了重音。有了这些人耐心的艰苦劳动,现今传给我们的代表希腊文明的珍贵点滴才有了传至今天的这般模样。

希腊思想常常吸引着当地的犹太人。亚历山大里亚是犹太-希腊哲学的真正中心。在这个地方,两希文化的融合作了最彻底的尝试,用希腊哲学的观点来诠释犹太神学是这种文化融合的精神层面的最明显的表现。浪迹天涯的犹太人自然较易接受希腊的影响。他们试图协调希腊哲学与犹太神学,因此一方面从希腊思想中选择那些最能与犹太宗教配合的成分,另一方面则以寓言解说犹太经典,以便与希腊思想沟通。

三、犹太神学与希腊哲学融合的两条通道

"犹太-希腊"哲学的显现是希腊化时期犹太神学与希腊哲学接触的结果。在希腊哲学观念和理性思维方法的影响下,原先蕴涵在犹太民族思想中的哲理突显出来,并与希腊哲学观念结合在一起。从保留至今的犹太文献来看,这是一个从智慧文学发展到哲学护教论的过程。

西方哲学史家曾指出过这一过程,但都语焉不详。例如文德尔班说:"希腊哲学进入犹太神学可以追溯到纪元前第二世纪中叶,从当时亚里士多布鲁斯(本文译成阿里斯托布罗)的《圣经》解说中可以看得出来;它当时以一种特别明显的方式,以一种非常接近亚历山大里亚学派思想领域的形式,出现在伪造的所罗门的《智慧之书》(通译《所罗门智训》)中。但是这些都只不过是亚历山大里亚的斐洛的重要创作的不关紧要的先驱。"[①] 为了能够说明"犹太-希腊"哲学的显现,我们先列举犹太智慧文学的代表作。

《便西拉智训》(Ben Sira, *The Wisdom of Jesus the Son of Sirach*, Ben 在希伯来文中的意思是儿子,Ben Sira 即西拉之子)的作者是西拉之子耶稣(或译约书亚)。他是耶路撒冷犹太人统治集团的一名文士,大约于公元前

① 文德尔班:《哲学史教程》,上卷(北京:商务印书馆 1987 年版),第 291 页。

2世纪初用希伯来文写成该书,共分51章,后于公元前130年左右由他的孙子在亚历山大里亚译成希腊文。

《便西拉智训》是希腊化时期出现的篇幅最长的犹太智慧书。作者在书中采用长短不一的格言形式,论述了诸如宗教、道德以及实际生活等多方面的问题,并结合个人的生活经验对犹太民族传统的智慧作了总结。该书带有强烈的护教性质。它阐明,以色列民族的神圣历史、文化与生活远非希腊人或其他外邦人所能企及,耶和华神已将真正的智慧赐给了他的人民。真正的犹太人要在神的指引下,发扬光大民族传统以抵御希腊化的影响。智慧在作者看来并非人类经验之总和,而是神的智慧。神通过智慧创造了这个世界,神的智慧由神之口道出,并渗透整个被创造的世界秩序,包括人类的道德世界。作者的立场总的说来是保守的。它以传统宗教为本,把智慧主要理解为对神的敬畏、对律法的遵从、对神的侍奉,而从族祖那里继承下来的智慧被等同于律法。对现存世界的完善性的怀疑遭到拒斥,罪恶的根源被归咎于人的恶行。但与这种传统立场相配的还有一种对犹太人的外部世界开放的意识,有一种做世界公民的理想。这种观念可以归因于当时希腊化通俗哲学的影响。

《传道书》(*Qohelet*)(Qohelet是希伯来文篇名的拉丁化写法,希腊文、拉丁文、英文均译为Ecclesiastes)的写作时间略早于《便西拉智训》。原文用希伯来文写成,但杂有许多亚兰文用语。该书写于巴勒斯坦,是否在耶路撒冷写成则有争议。该书原文中持有激进的怀疑主义的态度,对以色列人的传统智慧持一种批判态度,对世界秩序的公义性表示怀疑,否认他那个时代的社会政治制度的公义性,强调人类死亡的不可避免。这种类型的怀疑主义与希腊化时期早期的怀疑主义倾向相吻合。"《传道书》证明了在托勒密时代,这些思想已经侵入到以色列人有教养的上层人士。比较保守的《便西拉智训》要加以排斥的就是这种怀疑主义。"①

---

① H. Koester, *Introduction to the New Testament*, vol. 1, History, Culture, and Religion of the Hellenistic Age, 2nd edition (New York, 1995), p. 261.

《巴录书》(*Baruch*)具体写作时间不详,约写于公元前2世纪,希伯来原文已经佚失。现存收入《次经》的《巴录书》由四篇简短的布道文组成,作者巴录是先知耶利米的文书。"智慧赞"(3:9－4:4)是其中的核心部分。这部书证明了希伯来传统智慧观的延续。在该书中占上风的不是怀疑主义,而是《便西拉智训》中呼吁的智慧与律法的联姻。

《阿里斯提亚书信》(*Epistle of Aristeas*)的作者是一位希腊化程度相当深的犹太人,原文用希腊文撰写。该信记述了托勒密二世在位期间用希腊文翻译希伯来经书的事。犹太历史学家约瑟福斯在《犹太古代史》第12卷中曾解释过这件事,并对阿里斯提亚其人有一些介绍。学者们通过考证认为,此信约写于公元前2世纪中叶。[①]该书为犹太律法作了哲学化的申辩,并描写了犹太贤人的智慧。作者将犹太传统智慧与希腊人的格言混合起来,并从当时的希腊哲学伦理学中吸取了大量的内容,从而证明犹太人的智慧并不比希腊哲学家的智慧差。作者在相当大的程度上,将圣经律法的智慧与希腊智慧等同起来,从而为希伯来文化融入希腊文化开启了道路。

《马喀比四书》(*4 Maccabees*)可以看作是该时期第一篇完全哲学化的文献。该书写于公元1世纪上半叶,写作地可能是安提阿。该书对理性的力量进行嘲讽,具有明显的犹太文献色彩。但是该书对理性的理解是希腊式的,认为坚持四种主要美德,公义、勇敢、仁慈、刚毅,就是理性。作者使用马喀比起义中殉难的烈士为例说明美德可以克服痛苦和死亡。犹太传统的智慧在该书中与希腊通俗哲学融为一体。该书的作者情况不详。"只有从犹太历史中选取实例这一点可以表明这本书的作者是一名犹太人。"[②]

除了上述作品,《伪福基利德斯诗篇》(*Pseudo-Phokylides*)和《所罗门智训》(*Wisdom of Solomon*)也属于智慧文学的范畴。限于篇幅,我们不再作详细介绍。我们要说的是上述作品显示出希腊哲学观念对犹太民族的强烈

---

① Cf. H. Koester, *Introduction to the New Testament*, vol. 1, p. 263; Hornblower, Siomon & Spawforth, Antomy (ed.), *The Oxford Classical Dictionary*, 3rd edition (Oxford University Press, 1996), p.160.

② H. Koester, *Introduction to the New Testament*, vol. 1, p. 264.

影响和犹太民族思想发生的重要变化。从犹太智慧文学的发展我们可以看到这样一个重要的走向：在希腊化文明的影响下，犹太知识分子一方面坚持自己原有的宗教信仰，赞美本民族的传统智慧，另一方面又持开放态度，力图将自己的文化传统与希腊通俗哲学融合。在具体的著作中，这种融合的程度是不一样的，作者们的立足点和自觉程度也有很大的差异，但是这种融合的趋势却是共同的。犹太智慧文学说到底还不是以逻辑论证为基本方式的纯哲学著作，但只要我们看到希腊哲学本身所具有的广阔含义及其多种多样的哲学文体，那么可以说，某些犹太智慧文学作品就是最早的犹太哲学著作，至少，我们可以说，犹太智慧文学是孕育犹太哲学思想的母体，是犹太哲学著作的前身。它们的形式是文学的，但其中蕴涵的哲理是犹太民族形上思维的结晶。

然而除了文学的通道以外，犹太哲学的产生还有另一条通道：释经学。这条道路不是由文学家，而是由神学家开通的。托勒密六世（约公元前 186 - 前 145 年）统治时期，犹太神学家迈出了调和犹太神学思想和希腊哲学的第一步。犹太观念与希腊观念的联姻的最初的直接踪迹可在一位名叫阿里斯托布罗的亚里士多德学派的犹太哲学家的一篇论文中看到，这篇论文的主题是诠释《摩西五经》。

阿里斯托布罗（Aristobulus）是亚历山大里亚的犹太人。他没有完整的著作传世，仅仅由于早期基督教父亚历山大里亚的克莱门（Clement of Alexandria）、欧西庇乌（Eusebius）在自己的著作中提到过他的一些观点，我们才知道有这么一位犹太哲学家。

在犹太古代史中，名叫阿里斯托布罗的著名人物有两位。一位是《马喀比二书》中提到的"祭司的后裔和托勒密王的老师阿里斯托布罗"（《马喀比二书》1:10），另一位就是这位犹太哲学家。此外，亚历山大大帝也有一位官员名叫阿里斯托布罗，写过历史著作，现存残篇，但这位阿里斯托布罗显然与我们要讨论的问题无关。[①]现在的问题是，这位做过托勒密王的老师的阿

---

① Cf. Hornblower, Siomon & Spawforth, Antomy (ed.), *The Oxford Classical Dictionary*, p. 161.

里斯托布罗与哲学家阿里斯托布罗是否为同一人。科埃斯特认为："欧西庇乌摘引过其著作的这个阿里斯托布罗可能就是那个出身于祭司家庭、当过托勒密王的老师的阿里斯托布罗。"[①]但他只说可能，而没有加以肯定。大部分学者由于材料缺乏，一般不将二者等同。还有些学者认为所谓阿里斯托布罗的释经文章可能是公元3世纪的作品，被人误归于他。

从现存与此问题相关的史料来看，最早的是基督教新约保罗书信中提到："问亚利多布家里的人安。"（《罗马书》16:10）"亚利多布"即"阿里斯托布罗"，是圣经中文和合本的译法，基督教教会后来据此将这位阿里斯托布罗封为圣者。早期基督教教父将这位阿里斯托布罗当作亚历山大里亚犹太哲学的奠基人，并在著作中提到他的一些观点。

欧西庇乌(Eusebius)的著作中保留了阿里斯托布罗的几段残篇，并试图说明犹太哲学家怎样运用喻意解经法使哲学观念与犹太律法调和。他说："这不仅仅是我们的说法，而是基督以前的那些古代犹太人皆知的事实。我们不仅可以从斐洛、约瑟福斯、穆赛乌斯等人那里看到这种说法，而且可以从更久远的时候的两位祭司那里看到这种说法，他们是大阿里斯托布罗的老师。人们认为他参加过为托勒密王斐勒德福斯(Ptolemy Philadelphys)和他的父亲翻译希伯来圣经；他向这些国王献上了对摩西律法的注释。这些作家，当他们解决与出埃及记相关的问题时，说所有人都应当在第一个月份的中间过逾越节……"[②]欧西庇乌还在该书其他几处提到阿里斯托布罗。[③]从相关叙述的语境来看，他所说的阿里斯托布罗有两个，一个是生活在托勒密二世时代，另一个则距斐洛、约瑟福斯的时代很近。两个阿里斯托布罗不可能是一个人。可能是出于这个理解，娄卜丛书《教会史》的英译者将两个阿里斯托布罗分开编制索引，其中的一个称为哲学家阿里斯托布罗。

由于欧西庇乌在引用这位哲学家的思想来源时用过亚里士多德学派的

---

① H. Koester, *Introduction to the New Testament*, vol. 1, p. 264.

② Eusibius, *The History of the Church* (Dorset Press, New York, 1965), 7.17; cf. 6.13.

③ Cf. Eusibius, *The History of the Church*, 6.7, 7.12.

材料,因此另一位基督教教父亚历山大里亚的克莱门称这位犹太哲学家为亚里士多德学派的哲学家。①基督教教会历史学家杰罗姆在他的著作中也提到过阿里斯托布罗。他说:亚历山大里亚教会的执事克雷门斯(Clemens,160-217年)"也说某些犹太作家反对异邦人,有一位名叫阿里斯托布罗,还有德米特里乌(Demetrius)、欧波来姆斯(Eupolemus),他们以约瑟福斯为榜样,断言摩西和犹太民族的卓越。"②从这些基督教使徒和教父的资料我们可以推断,在当时亚历山大里亚已经有一批犹太思想家试图综合犹太律法和希腊哲学,其表面形式是释经,通过释经学的通道,希腊哲学观念达成了与犹太思想的融合。

然而,上面这些材料都没有明确说明这位犹太哲学家阿里斯托布罗的生活年代,只是说这位阿里斯托布罗的活动年代大约与犹太历史学家约瑟福斯同期或之后。据此我们可以推测他的活动年代大约是公元前150年前后,如果他就是当过托勒密王的老师的那位阿里斯托布罗,那么这位托勒密王是托勒密六世(公元前180年即位)。也许正是因为这种时间上的大体相合,所以科埃斯特才说有可能,但确实没有更多的材料可以证明,所以我们宁可将此存疑,不下结论。

综合各种材料,我们看到犹太哲学家阿里斯托布罗已经在试图沟通犹太思想与希腊哲学。作者试图表明,旧约圣经与希腊哲学的教导是和谐的。希腊思想家,俄耳浦斯、荷马、赫西俄德、毕泰戈拉、柏拉图,都从犹太经典中吸取过知识,把犹太思想随意地转换成希腊人的思想。他引用许多希腊诗人的诗句来证明他的看法。他还试图用斯多亚学派的喻意解经法去消除犹太圣经中的神人同形同性论,以此调和犹太思想与希腊思想。他把神理解

---

① Cf. Clement, Stromata, 1.15, 5.14, 6.3., in A. Roberts & J. Donaldson (eds.), *Ante-Nicene Fathers: Translation of the Writings of the Fathers down to A. D. 325*, vol. 4 (American Reprint of the Edinburgh Edition, 1994).

② Jerom, *The Biboliography of Illustrated People*, Ch. 38; P. Schaff (ed.), *A Select Library of the Nicene and Post-Nicene Fathers of the Christian Church*, vol. 4 (Michigan, 1994).

为超验的、不可见的存在，凡人的灵魂不能见到神，因为只有纯理智才能见到神。他声称，斯多亚派的世界灵魂不是神本身，而只是神的一个方面，神的大能统治着万物。他说，摩西使用可见事物的形象来告诉我们自然的安排和重要事物的构成。旧约中的神人同形同性论的说法按这个原则得到解释。例如，神的手表示神的权能，神的脚表示世界的稳定性。可见，阿里斯托布罗引用希腊哲学观点削弱了旧约中的神人同形同性论思想，但他的思想基调仍然是犹太人的和有神论的。他没有转换立场，接受斯多亚学派的泛神论，也没有像后来的斐洛那样，接受或改造希腊人特有的逻各斯学说。

以摩西五经为代表的希伯来思想与希腊哲学的融合是两希文化融合的关键和集中表现。在一个希腊化的文化环境中，希伯来思想与希腊哲学发生接触、碰撞与融合是不足为奇的。通过文学与释经学这两条通道，犹太民族也有了自己的哲学家，尽管这种哲学有着浓厚的希腊色彩和神学的外衣。

以上，我们已经阐述了犹太－希腊哲学产生的两条通道。由于希腊古典文化的辉煌成就及其在世界史上的重要地位，希腊化时期和罗马帝国时期的文化发展很容易被人们误解为希腊古典文化的扩展和延续，而希腊哲学作为希腊古典文化的精神代表，又使希腊化时期产生的各种哲学均被视为希腊古典哲学的延续。然而，我们列举的一些事实已经表明，这样的理解是错误的。相反，如果我们考虑到希腊化时期东西方文化的双向交流和融合，我们宁可将犹太－希腊哲学视为犹太神学与希腊哲学的有机融合。

（作者系清华大学哲学系教授）

约翰福音和古希腊哲学

谢 文 郁

关于约翰福音和古希腊哲学的关系，中国学术界虽然有所注意，但是一直没有展开讨论，本文希望在这方面开个头。实际上，西语学术界虽然从神学的角度对约翰福音进行过大量的研究，但是从古希腊哲学史的角度讨论约翰福音者寥寥无几。本文的出发点是从哲学史的角度，把约翰福音当作一部哲学史著作来读，尤其是关注约翰福音的几个主要概念：逻各斯、真理、生命和自由。通过对这些概念的分析，我们发现，约翰福音并没有跟随希腊哲学的概念讨论。但是，约翰福音的作者对古希腊哲学所关心的问题有深刻的体会，对古希腊哲学在怀疑主义的冲击下的绝望处境也有直接的分担。正是在这样一种情境下，约翰福音对上述几个概念（同时也是古希腊哲学的中心概念）重新定义，即，在福音的拯救信息中对这些概念重新赋予意义，为绝望的古希腊哲学指出了一条道路，引导它转化为基督教哲学。如果把握住这一转化，我们对古希腊罗马哲学转向基督教哲学这一哲学史事件就更加容易理解了。

们注意到，约翰福音的开头使用了“逻各斯”这一希腊哲学名词。[①] 约翰福音写于公元一世纪下半叶，在它之前，亚历山大里亚城的犹太学者斐洛（Philo，约公元前30年至公元40年）曾引入“逻各斯”概念来解释《旧约》中的创世论。[②] 于是，人们由此推论约翰福音的写作受过希腊

---

① Logos，中文译为“道”，最早由以弗所（Ephesus）城的古希腊哲学家赫拉克利特（Heraclitus）提出来指称万物本原或原则。Logos原意为说出来的话；转义为话里所包含的内容或涵义；再引申为话中的正确或真理成分。因为话中所指必有相应对象，于是继续转义为万物本原或宇宙原则。关于Logos的语义，参阅W. K. C. Guthrie, *A History of Greek Philosophy*, vol. I (Cambridge: Cambridge University Press, 1962), pp. 420－424。

② 斐洛是一位深受希腊哲学熏陶的犹太思想家。他关于Logos的理解有深刻的斯多亚主义痕迹。在他看来，逻各斯最初与神同在；而在创世之后，逻各斯成了神在世界的主宰（作为管理者或规律）。参阅Robert M. Berchman, *From Philo to Origen* (Chico, California: Scholars Press, 1984), pp. 27－35。

思想的深刻影响。[①] 不过,我们看到,人们在探讨约翰福音和希腊哲学的关系时,注重的是二者之间的概念关系,即逻各斯这一概念成为联系两者的唯一桥梁。但是,逻各斯在约翰福音的序言中出现后,我们至今并没有读到关于它的哲学讨论。如果约翰福音的作者是在哲学概念的意义上使用逻各斯这一概念的,那么这一现象就显得非常奇怪了。[②]

约翰福音当然不属于希腊哲学。但是,由于它的写作是在希腊思想的环境中完成的,它就不可能不与希腊思想发生一定的关系。我们指出,这一关系不是概念上的,否则,约翰福音就不免会受到希腊思想的概念制约而成为其一部分。本文所要讨论的是它们的生存关系。我们发现,约翰福音的作者[③] 对希腊思想在公元一世纪时的生存困境有着深刻的体会,同时他们也看到了耶稣福音为这一生存困境提供了唯一的生存希望。也就是说,希腊思想只有在基督那里才能继续生存下去。基于这一洞察,他们一方面怀着希腊哲学的困惑,另一方面又相当自信地通过记述耶稣的言行来回答这些困惑,为那些受希腊思想影响的基督徒指点迷津。尽

---

① 约翰福音作者是否熟悉斐洛的思想尚无明确史料印证。但是,人们注意到,他在写作约翰福音之前的相当一段时间里,居住在 Ephesus 城。这是一个有浓厚希腊思想的小亚细亚沿海城市。首次提出逻各斯概念的赫拉克利特(约公元前 6 世纪)便是此城居民。当然,几百年后的 Ephesus 不可能仍然是赫拉克利特时代。不过,约翰福音作者在如此环境中生活,必然对希腊思潮有深入的体会。参阅 Roger L. Fredrikson, *The Communicator's Commentary*: *John* (Waco, TX: Word Books, 1985) p.20。另一些学者则追溯斯多亚主义对逻各斯的理解,认为约翰福音作者虽然受到斐洛的影响,但在使用 Logos 时赋予了独特的含义,即逻各斯的完全神性。参阅 J. N. Sanders, *A Commentary on the Gospel According to John* (London: Adam & Charles Black, 1968), pp. 67 – 70。还有一种看法则比较斐洛使用逻各斯对摩西身份的解释和基督徒对耶稣基督的理解,指出斐洛的逻各斯和基督的相似性而推论约翰福音受到斐洛的影响。参阅 Ronold Williamson, *Jews in the Hellenistic World*: *Philo* (Cambridge: Cambridge University Press, 1989), pp. 56 – 58。

② 对于这一奇怪现象,有学者认为,逻各斯在约翰福音里指称成了肉身的逻各斯,即耶稣基督。因此,当耶稣出现后,逻各斯这一词就已经转义了。参阅 Ralph W. Harris (ed.), *The New Testament Study Bible*: *John* (Springfield, Missouri: The Complete Biblical Library, 1988), pp. 565 – 574。这一派观点还认为,约翰福音作者使用逻各斯这一词的原因并不是企图发展这一希腊哲学概念(566),而是因为这一词对当时的希腊人以及希腊化的犹太人都相当熟悉。(569)

③ 约翰福音的作者,简略来说是这样的:十二使徒之一约翰在以弗所教会侍奉时,通过讲章和谈话留下了系统而详细的关于耶稣的言行的记载(口头或文字的)。在以弗所教会内长期和约翰相处的长老执事们把这些记载加以整理而作为教会基本文件,用作维护信仰、阐明教义和传播福音的依据。这一点可以通过福音书把约翰称为"主所喜爱的门徒"而不称呼约翰其名,在末尾时使用"我们"的字眼等来佐证。从这一角度看,约翰福音的作者是一作者群。他们对古希腊哲学有很好的训练和把握,因而在使用概念时相当严谨。

管这些作者不是作为学者来向希腊思想家宣教的,但是,由于他们对希腊思想的深刻体会,他们笔下的耶稣就成了解决希腊思想困境的唯一钥匙。在这个意义上我们可以说,它又是一本向希腊思想界宣教的福音书。

从这一角度看,约翰福音深刻地分担了希腊哲学思想的生存关注。具体说来,它所分担的是伊壁鸠鲁(生卒年约公元前 341 - 前 271)对死亡的关注,斯多亚学派对生命意义的沉思,以及怀疑主义对真理问题的悬搁态度。希腊哲学在生命和真理问题上无休止的纷争造成了一种普遍的失望情绪,认为哲学不能解答这些问题。但同时,由于生命和真理问题又是生存中的切身问题,人们在失望之余还是盼望能够有一种新途径使他们走出迷宫。当约翰福音从拯救概念的角度回答这些问题时,就无疑提供了一个全新的视角,令希腊思想家顿生“柳暗花明又一村”之感。正是这种感觉驱动了希腊哲学的基督教化。

拯救概念在本文的讨论中乃是这样定义的:一方面,人们对生命和真理的主动追求进入绝望境地,对自己的无能状态形成明确的意识,此即基督教的原罪概念所揭示的罪人本性;另一方面,生命本身和真理本身主动地将自己向世人展示,这种展示使人能够通过接受而进到生命和真理之中。在约翰福音中,这一思想用耶稣的这句话来表达:“我就是道路,真理,生命。”(14:6)[①] 也就是说,如果人无法得到真理(怀疑主义),无法获得生命的意义,那么真理和生命的主动给予就是唯一的途径了。[②] 在以下的行文中,我想就生命和真理问题,以及相关的自由问题,展开约翰福音对希腊哲学问题的回应和解决,以此审视约翰福音在西方哲学史的关键地位。我们发现,希腊哲学在思维方式上对约翰福音并无制约性的影响;相反,约翰福音反倒从拯救概念的角度为希腊哲学开辟了一条新路。

一、逻各斯:作为专有概念还是作为学说宣言?

尽管人们小心翼翼地将约翰

---

① 本文引用约翰福音时使用中文和合本。

② 参阅施莱马哈关于拯救概念的讨论,见 Schleiermacher, *The Christian Faith* (Edinburgh: T & T Clark, 1989),第 11 - 14 节。

福音的逻各斯同希腊哲学的逻各斯区别开来,认为约翰福音无意发展或者跟随希腊哲学的内在思路,但是我们发现,约翰福音的注释著作一般都把逻各斯当作哲学概念来处理。这样做的后果是,人们不得不从希腊哲学的框架出发来理解逻各斯,似乎约翰福音的作者是些希腊哲学学者,这显然不能在约翰福音的文本中找到任何依据。

奥雷根(Origen,185－283年)是第一位用希腊哲学的逻各斯概念来解释约翰福音中"逻各斯"一词的学者。[①] 奥雷根和斐洛同在亚历山大里亚城从事思想活动,虽然彼此的生活年代相隔上百年,但他们的思想联系并不难发现。[②] 也就是说,他们都是在希腊哲学的框架内讨论作为哲学概念的逻各斯的,尽管他们努力使之与希伯来文化的神论相联系,并认为希伯来文化中也有逻各斯的地位。

我们知道,从赫拉克利特开始,逻各斯概念逐渐发展成为指称宇宙的原则,以及关于这一原则的学说或者智慧。在斯多亚学派的哲学中,逻各斯和理性是通用的,因为宇宙本身就是有理性的。理性和感性相对立,它意味着控制和秩序。因此,逻各斯亦被用来指称宇宙的秩序。[③] 奥雷根基本上沿用了斯多亚学派关于逻各斯的理解,他认为,约翰福音中的逻各斯指的就是神的智慧。这智慧(或理性)当然与神同在。当神在创造活动中运用他的智慧时,这逻各斯就作为理性与人同在,并帮助人理解神的奥秘。神是不可见的,而人的理解又不得不依靠人的感觉,这种依靠使人无法准确地认识神。于是,这逻各斯(理性)就具有了人的样子。一方面,他是不能被感觉到的,因为他是神;另一方面,他向人启示神,因而又作为神的形象,向人的感觉开放。这便是耶稣基督。[④] 由此看来,奥雷根认为约翰福音的作者是在斯多亚

---

① 奥雷根是第一位注释约翰福音的思想家。

② 斐洛和奥雷根的承接关系在史料上并无明确证据。奥雷根没有引用,甚至没有提起斐洛关于逻各斯的讨论。但有些学者根据他们的概念使用,推断他们之间的思想联系。参阅 Berchman, *From Philo to Origen*, p.116。

③ 参阅 A. A. Long, *Hellenistic Philosophy*, New York: Charles Scribner's Sons, 1974, pp.147－178。

④ 参阅 Origen of Alexaderia, *On First Principles*, tr. G. W. Butturworth (Gloucester: Peter Smith, 1973), pp.15－28。

主义的意义上使用逻各斯概念的,即耶稣被理解为一种启示的理性。当然,奥雷根在面对希腊哲学时自有他所关心的问题,我不拟在这里展开讨论。① 但是我们发现,在约翰福音中找不到令人信服的证据来支持这种解释。②

前面曾经指出,逻各斯是古希腊文中最常用的一个词,它的本意就是说出来的话。古希腊文中还有它的一个同义词:rhema。事实上,约翰福音在使用 logos 和 rhema 时并没有做出区分。例如在 12:48 中,耶稣就不加区别地使用这两个字。在 17:20 中,耶稣用 logos 来指称他的门徒所说的话。当然,在大多数情况下,logos 常和神的话及耶稣的话相连。从这一观察可以看出,logos 在约翰福音中并没有被当作一个专有概念来处理。除了在序言中的特殊使用外,约翰福音的其他部分出现的 logos 有如下四种情况:I)神的 logos,如 17:6,14,17; II)我的 logos,如 5:24;14:23,24;18:9,32;III)你们听到的 logos,如 14:24;IV)他们(指门徒)的 logos,如 17:20。这些使用都没有把 logos 当作概念来处理,而仅仅是一种日常语言的用法。

但是,为什么约翰福音的序言对逻各斯有特殊的使用呢?我们读到,逻各斯起初与神同在(1:1-2);逻各斯就是神(1:1);逻各斯成了肉身(1:14)。这种用法突出了逻各斯的特殊意义。以上讨论排除了将逻各斯作为一个概念来使用的做法,在这里进而想要说明的是,逻各斯是一种宣告的符号,它本身并没有特殊的内涵。也就是说,它不是专有名词(或哲学概念),因而并不指称特殊对象。

为了说明这一点,我想从逻各斯的另一种用法谈起。赫拉克利特所使用的逻各斯概念常常以"我的逻各

---

① 概括来说,奥雷根需要解决真理如何被认识的问题。神的存在是不可知的,但神又让人认识他。这一问题的解决便要求神在耶稣形象中的启示。在以下讨论中,我们将发现约翰福音所关心的问题要超出这一方面。或者说,真理问题只是其中的一个问题。

② 奥雷根的解释显然深深地影响后来的约翰福音注释家。即使人们在反对用希腊哲学来注解逻各斯时,也不得不给出自己关于逻各斯作为一个概念的定义。如 *The New Testament Study Bible:John* 一书努力使约翰福音的逻各斯区别于希腊哲学,却仍然不得不把逻各斯定义为"神自我展示的主要方法"(569)。当然,神通过说话(逻各斯)来展示自己,就像人通过说话来表达自己一样。但我们没有必要把"说话"作为一个专有概念来处理。

斯"的面目出现。意思是说,"我所说的话",引申为"我的话的意思",再引申为"我的话所指称的对象"。由于他坚持认为自己的话就是真理,逻各斯在他那里就逐渐取得了客观性或者外在性而成为指称一般的真理。随着希腊哲学的发展,学派的不断涌现,各种学说都自称揭示了真理。这种现象给人的印象是:存在着许多"真理"。但是,正如怀疑主义所揭示的,这些众多学派的"真理"实际上都不过是独断的"真理",充其量是各个学派所认定的学说而已。究竟是哪一学派提供了真理这一问题是无法回答的。[①] 在这种语境中,逻各斯便成了学派学说的代名词。也就是说,当人们在谈论逻各斯时,他们实际上谈论的是某一学派的逻各斯。当人们提出一套新的理论时,那就意味着这个世界又多了一个新的逻各斯。为了辨别各学派思想,人们会常常问到:"你的逻各斯是什么?"[②]

《使徒行传》记录了保罗在雅典同希腊哲学家(伊壁鸠鲁主义者和斯多亚主义者)的一段交往。他们问保罗:"你所讲的新道,我们也可以知道吗?"(17:19)这里的"道",路加(《使徒行传》作者)用的是 didache(教义)一词。但这个词和逻各斯常常可以通用,所以中文干脆就用"道"来翻译(中文和合本《圣经》通常用"道"来翻译逻各斯)。保罗所宣讲的基督教对于当时的希腊哲学家来说是新鲜事物,所以他们都愿意听。不过,对于保罗所宣讲的那创造、拯救和复活的神,这些哲学家听不进去。由于当时的雅典到处是五花八门的逻各斯(学说),所以他们对保罗的逻各斯并不以为然,只是客气地说,你这些话(逻各斯)我们以后再听吧。(17:32)

不过,约翰福音的作者曾在 Ephesus 这个作为希腊哲学发源地之一的城市中生活过数年,并在该城从事写作。这种写作语境是特别值

---

① 怀疑主义集中分析了真理标准问题,认为我们根本无法提供一个普遍接受的真理标准。因此,在怀疑主义者看来,唯一的回答是悬搁判断,继续研究。参阅恩披里克的《怀疑主义概要》, Sextus Empiricus, *Outlines of Scepticism*, tr. J. Annas and J. Barnes (Cambridge: Cambridge University Press, 1994), pp. 70 - 92。

② 这种逻各斯的用法很早就开始流行了。安提斯托尼(Antisthenes,公元前 446 - 前 366)在定义逻各斯时,认为逻各斯乃是对一事情的说明或陈述。参阅狄奥根尼(Diogenes Laertius)的《著名哲学家生平》, *Lives of Eminent Philosophers*, tr. R. D. Hicks (Harvard University Press, 1950), VI.3。

得重视的。我们知道,约翰福音的原始读者是在希腊思想环境中生活的基督徒。[①] 不难想象,这些基督徒在传播福音时会不断遇到同一个问题:你们的逻各斯是什么?这一问题的背景是希腊哲学思潮所涉足的各种在生存和思想上的诱惑和追问。换句话问就是,你们的逻各斯是如何解决这些生存问题和思想困惑的?事实上,约翰福音的写作正是在努力回答这样的问题。当然,它不是按照希腊哲学的思路来回答问题,相反,它是在基督福音的引领下、以神(基督)的拯救为中心来回答问题的。由于希腊哲学揭示了人类生存和思想的普遍关注——如真理、生命、自由等等,因此,当约翰福音为这些关注提供解决方案时,福音的普遍性便彰显出来。因此我们看到,约翰福音进入希腊哲学的讨论,并促使其转化为基督教哲学。

从这一理解出发来解读约翰福音序言中的逻各斯,希腊哲学和约翰福音的关系就较好理解了。逻各斯在约翰福音的序言中并非作为一个专有名词,而是作为一个宣言,从语气上看相当于在说:"我们的逻各斯是……"。约翰福音并无意加入希腊哲学,来讨论作为理性或其他什么东西的逻各斯。实际上,斯多亚主义把逻各斯当作专有的哲学概念,并给予深入的讨论。亚历山大里亚的犹太学者斐洛沿着这一思路,企图通过逻各斯概念把希腊哲学和犹太传统结合起来。这些想法对于约翰福音没有任何影响,因为约翰福音只是把逻各斯当作宣言的符号而不是专有的哲学名词。

约翰福音的宣言可以这样进行表述:我们的逻各斯(教义或学说)乃是起于太初,与天地万物的创造者同在。毋宁说,我们的逻各斯乃是出于神本身(它并非出于任何人的思想或者口述)。我们之所以拥有这个逻各斯,乃是因为它主动地通过成为肉身而与我们同住,即道成肉身。由于约翰福音的逻各斯是出于神的,所以在它的行文中便常可见"神的逻各斯"或"我(耶稣)的逻各斯"。

不难发现,约翰福音的作者并不

---

① 学术界就约翰福音的写作目的有两派意见。一派认为是为希腊化世界的基督徒而作,一派认为是向希腊化世界的非基督徒传福音。参阅 Rodney A. Whitacre, *John*(Inter Vasity Press, 1999), pp. 28－35。第一派意见居主流。

冀求和希腊哲学家一起讨论作为专有哲学概念的逻各斯。他并不追问“逻各斯是什么?”这样一个普遍性问题。因为这样的追问势必会受到怀疑主义的反诘:你凭什么说逻各斯是神?你凭什么断言这个逻各斯成了肉身?我们看到,怀疑主义的诘问已经将希腊思想的锐气挫折得差不多了。相反,约翰福音只是宣告基督徒所信奉的逻各斯。也就是说,它只谈论自己的学说,听不听则由你。这种宣言性的措辞避免了希腊怀疑主义的攻击,同时又向世界宣告:我们的逻各斯具有至高无上的权威,因为它出自神本身。

面对这样一个宣言,希腊哲学家只能有两种反应:其一,如果哲学家对其他学说(逻各斯)尚有兴趣,如保罗在雅典时所遇到的情况,那么他们就会努力地去了解约翰福音。其二,如果他们对此不感兴趣,就会认为那只是人家的逻各斯,与自己无关,从此对其置之不理。但是,他们不会同约翰福音作者争论逻各斯(作为普遍性的专有名词)究竟指称什么这一问题。

当然,如果约翰福音的逻各斯没有回答希腊化思潮中对于生存关注的思想疑惑,从而无法继续刺激并吸引人皈依它,那么它充其量是当时形形色色的逻各斯中的一种,终会被人忘却。然而,历史表明事实并非如此。自约翰福音问世后,吸引越来越多的希腊学者研读它、研究它并皈依它。因此,要深入了解约翰福音和希腊哲学的关系,我们还需考察约翰福音对希腊哲学所关心的问题的回答。在以下的行文里,我将对约翰福音的三个中心概念:真理、生命和自由作一些分析。我们看到,这三个概念也是希腊哲学所特别关心、讨论最多、并且陷入困境的关键概念。从这一角度看,约翰福音对这三个概念的理解就有特别的意义了。

二、真理认识是可能的吗?

耶稣被捕后被送交罗马行政长官彼多拉接受审问。耶稣告诉彼多拉:“我……特为真理作见证。凡属真理的人,就听我的话。”彼多拉当时自己嘟囔了一句:“真理是什么呢?”(18:37-38)就再没有问下去。彼多拉是罗马社会的上层人士,因而对希腊哲学关于真理的争论非常熟悉。对于耶稣这个“野蛮人”口出“狂言”

说什么“为真理作见证”，他心里肯定不以为然。他的话并不意味着对耶稣的“真理”有什么兴趣，否则他就会多问一句，要求耶稣对真理作一些说明。他的话是讽刺性的，意思是说，凭你这样的人也配讨论真理?!

真理问题是古希腊哲学的中心问题之一，其核心是宇宙的终极起源或者原则。人们致力于揭示这一终极的存在。当某人宣称揭示了它的存在时，便认为自己掌握或得到了真理。因此，真理问题包含三方面因素，这就是：认识的主体、认识的途径和客观存在。早期希腊哲学家往往只是宣布真理。随着研究的进一步深入，人们逐渐发现真理问题的更重要方面是认识论。当人们不断宣布真理，从而造成众多真理时，人们很自然就提出究竟谁的才是真正的真理这一问题。为了回答这一问题，希腊怀疑主义便应运而起，成为希腊化时期的主要思潮之一。①

怀疑主义关于真理的分析分为逻辑的和认识论的两个方面。在逻辑上，真理问题有两个陷阱。其一为无穷后退。这一论证认为，如果某人或某一学派宣称发现了真理，我们就必须首先确定判断该真理的标准，从而据以判定该人或者该学派所谓的真理是否真是真理。但是，这个判断标准本身能否成为真理的标准则还需另外一个标准来进行判断。于是，我们将陷入标准的标准的标准这一无限后退的过程之中，无法提供最后的真理标准。其一为循环论证。当真理被提出之后，人们便寻找证据以支持真理，但这些证据本身的可靠性却还需要真理来进行说明，使得证据和真理互为依据。在怀疑主义看来，大多数真理体系都陷入了这类循环论证之中。②

在认识论上，怀疑主义主要从认识主体、认识途径和认识对象三个方面来否认真理标准的存在。在认识主体上，究竟何为认识主体？谁能充

① 古希腊哲学最早提出真理标准问题的哲学家是巴门尼德。他认为真理有一些基本的标志；一个人在宣称真理时，如若不符合这些标志就不能是真理。参阅巴门尼德残篇，见《古希腊罗马哲学》，商务印书馆，1957年。不久，人们发现，即使遵守这些标志，同样会导致不同学说。四元素论、种子论和原子论都符合这些标志，但仍然是各说各的。普罗泰戈拉干脆认为“人是万物的尺度”。柏拉图在他的〈泰阿泰德篇〉中对真理标准进行了深入的讨论，对后来的怀疑主义有深入的影响。

② 参阅《怀疑主义概要》，第72页。

当认识主体？对于这些问题并无一致意见。是理性存在，还是感性存在？是众人还是个体？等等，一直没有定论。如果是这样，那么我们如何能够根据它来判断真理？尤其是，当人们在谈论主体时，必定是有一位主体在谈论，从而会导致主体的主体这一逻辑上的荒谬。关于认识途径，一般认为存在着感觉和理性两条途径。对于感觉，一般都同意是多样的，常常彼此冲突；而且有些感觉是真实的，有些则是虚假的幻觉。我们怎么能够根据这样的感觉来评判真理呢？至于理性，且不说人们对于它的认识和定义五花八门，以致它的存在与否都成问题；即使它确实存在，由于不同人的理性并不相同，究竟应该根据谁的理性来判断真理呢？是智者的？柏拉图的？还是斯多亚主义的？这是无法定于一尊的。最后，怀疑主义者认为，我们也无法根据客观对象来判断真理。真理往往被定义为认识符合对象。如果已经知道了对象，那么就掌握了真理，从而不必去比较认识是否符合对象。但如果对对象无知，我们就不能根据对象来断定认识符合对象。①

由此可见，从以上逻辑和认识论的角度看，任何真理断言都是不可能的。因此，怀疑主义的结论是：对于真理我们只能悬置不决，但继续追求。这样的观点当然也会影响彼多拉关于真理的看法。不难体会出，他的"真理是什么呢？"那番话，代表了整个希腊哲学对真理的追求和绝望的情结。我们注意到，约翰福音的作者之记载这句话，暗示了他们对古希腊哲学在真理问题上所陷入的困境有着深刻的体会。

彼多拉无法理解耶稣关于为真理作见证的宣称，但是约翰福音的作者对此是深有体会的。在他们看来，真理不是人的追求所能达到的。人的追求在希腊哲学中已被证明是走向了绝路。无论人们如何另辟新径，都无法逃避怀疑主义的逻辑质疑。从可能性上看，人获得真理的唯一途径乃是真理自身主动地接近人并向人显示。也就是说，如果真理在现实中向人启示自身的存在，那么人就能在接受中获得真理。约翰福音的作者认为，这一途径便是耶稣为真理作见证。

---

① 参阅《怀疑主义概要》，第 73－87 页。

"见证"(Marturian)的意思是把所知道的完全表达出来。约翰福音认为真理不是靠人的追求获得的,这样只会使真理远离。真理是被给予的;给予的方式就是见证。当然,作见证者必须知道所要见证的内容。如果有人在说自己所不知道的东西,那他就是在作假见证。假见证无助于对事实真相的了解。见证有时也可以通过传闻给出,如听某人如此这般说。这种传闻的见证虽然不一定是假的,但其真实性肯定是大可怀疑的。《旧约》中有许多先知传达神的信息,这种传达也是关于神的见证。对于以色列人来说,他们确实从中(通过见证)领受到神的旨意。但是,对于外邦人来说,这样的见证是不可靠的,因为人们领受的也许不是神的话而是其他什么东西。"先知"和希腊文化中的"预言"(通过诸神庙祭司之口)并无本质的区别。从这一点看,先知的见证并不能给人以真理(从外邦人角度看),至少不能给出完全的真理。

然而,当耶稣说他从真理那里来、并且要告诉人们他所知道的真理时,如果他所言属实,那么他就能够带来完全的真理。这种说法对于希腊哲学家来说耳目一新。耶稣说:"但那差我来的是真的,我在他那里所听见的,我就传给世人。"(8:26)他还说:"我所说的是在我父那里看见的。"(8:38)"我将在神那里所听见的真理告诉了你们……。"(8:40)"我将真理告诉你们。"(8:45)耶稣说这些话的意思是,他所见证的是完全的真理。如果我们同意怀疑主义关于真理标准的论证,即我们没有确定的普遍接受的真理标准,从而对真理悬置不决,那么我们对耶稣的见证就会持两种态度:其一,耶稣的见证是假的。但是如果我们不知道真理本身是怎样的,当我们说耶稣在提供假见证时,我们也就作了一个假见证,因此这种态度是没有根据的。其二,耶稣的见证是真的。在我们对真理无知的前提下,如果我们说耶稣的见证是真的,同样也没有任何依据。实际上,这两种态度在耶稣每次布道后都出现在他的听众之中。

然而有一点可以肯定:怀疑主义关于真理的论证对于耶稣的见证是无效的。怀疑主义论证虽然对于一切人的真理追求都适用,并且是摧毁性的。但是,如果真理自身通过耶稣的见证而给予人这件事是真的话,那么任何简单的不负责任的悬置就很可悲了。怀疑主义者并不是为了怀疑而怀疑,他们主张继续探索真理,并认为悬置的态度有助于这样的探索。但耶稣指出了一条新路,那就是通过见证而接受真理。由此,简单的悬置就有可能妨碍我们获得真理。

如何才能形成接受耶稣的见证的态度呢?很显然,任何寻求证据以证明耶稣的见证为真的努力都必将陷入怀疑主义所揭示的陷阱之中。对此,耶稣提到过三种见证。洗礼者约翰的见证是最先提到的(参见1:7-8),但约翰的见证属于先知式见证。所以耶稣说:“但我有比约翰更大的见证。因为父交给我要我成就的事,就是我所做的事,这便见证为是父所差来的。”(5:36)因此,耶稣的见证才是完全的见证,因为他是从真理本身而来的。耶稣还提到“还有差我来的父也是为我作见证。”(8:18)耶稣的见证和天父的见证其实是同一个见证。耶稣作此分别,是要回应当时的犹太人试图寻找证据以证明耶稣的见证的做法,目的是告诉他们这样做是徒劳的,因为他的见证和天父的见证是一体的。

因此,接受耶稣为真理作见证这一说法还需要回到耶稣的见证上来。他说:“我既然将真理告诉你们,为什么不信我呢?”(8:46)这里,耶稣要求听众在“信”中接受他的见证。“信”是一种情绪意向,它并不要求对所信的对象有任何知识。比如,对于医生的信任使我们在对药物缺乏知识的前提下接受药物对自己的病有益这一说法。因此,尽管我们对真理无知,如果我们信任耶稣以及他的见证,那么我们就能接受他的见证并进而达到真理。我们对药物同自己身体的关系的知识的掌握,是在我们信任医生并接受药物之后的事。类似地,我们对真理的认识也是在我们信任耶稣并接受他的见证之后的事。这是通往真理的唯一道路。

我们看到,这样一条道路避免了怀疑主义论证所揭示的、布在追求真理的路途中的陷阱,满足了希腊哲学对真理的渴望。因此,当人们在这条道路上亲身接触到真理时,它的力量就不可抗拒了。就这一点来看,希腊哲学家对基督教的皈依也就不足为奇了。

三、如何定义生命概念?

让我们继续把逻各斯理解为在

指称一种学说或者教义。约翰福音说,逻各斯并不出于人之口,而是一开始就与万物的创造者同在,因而高于一切其他学派的逻各斯。这创造者乃是一切事物的创造者,包括生命在内。毋宁说,他就是生命,甚至是最高级的生命——人的生命——的源泉。它接着说,这生命乃是人的光。

这里首先出现的是对生命的关注。我们看到,“逻各斯”问题是一个真理问题,亦即谁的逻各斯才是真理的问题。约翰福音宣称基督徒所奉行的逻各斯源于万物的创造者,因而具有至高无上的权威,是绝对真理。我们在前面曾指出,这一绝对真理来源于真理自身的主动给予。但是,人们之追求真理并不仅仅为了真理,而是为了解决生存中的困惑。在希腊化时期的三大思潮中,除了怀疑主义外,伊壁鸠鲁主义和斯多亚主义都以人生的意义为主要关注点。[①] 约翰福音认为,我们的逻各斯出于万物的创造者之口,由于造物者亦即生命的创造者或源泉,由此它也回答了人的生存问题。

希腊文中指称生命的词基本上有三个:bios、zoe 和 psyche。在这三个词中,bios 指的是一切生物形式,包括植物、动物和人。psyche 则强调生命本身。在希腊人看来,生命的本质在于事物的自身运动,而生命在不同生物形式中都是一样的。从哲学上看,psyche 是最受重视且讨论最多的,因为哲学追求揭示生命的本质。在哲学史上,psyche 往往被用另外两个字来说明,即 nous 和 pneuma。进入希腊化时期后,尤其是在斯多亚主义那里,pneuma 成为哲学家表达生命本质的主要用语。[②] pneuma 主要

---

① 伊壁鸠鲁的哲学也称为快乐主义哲学。在他看来,哲学(关于真理的学问)的目的是为人的生存幸福提供基础,因而追求哲学的本意乃是追求人生幸福。他的研究表明,妨碍人生幸福的根本障碍在于对死亡的恐惧。因此,当他发现德谟克利特(Democritus,约公元前 460－前 357)的原子论有助于消除这种恐惧时,便接受了德谟克利特的原子论。参阅他给 Herodotus 的一封信,收集在《著名哲学家生平》一书中。他说“如果我们……不是为死亡所困扰,……我们就不会去研究自然科学了。”(X.142)斯多亚主义则主要沉思人生的意义,最后指出一套道德行为规范以帮助人们过一种节制的生活。根据狄奥根尼的记载,芝诺曾经询问祭司,他需要做什么才能达到最好的生活。这促使他在不断探索生存的意义。(参见《著名哲学家生平》,VII. 2)。

② 关于 pneuma 的讨论,请参阅 Long, *Hellenistic Philosophy*, p. 152, 158。

由火和气组成,它向上运动(火),而又提供呼吸(气),因而提供生命的活力,或者可以译为“温暖之气”,芝诺曾用它来解释人的灵魂。

约翰福音使用 zoe 来指称生命。zoe 在日常用语中主要指动物(一般不包括植物),因此从选词上看,约翰福音似乎在着意避免使用希腊哲学用语,这表明它无意参与希腊哲学的概念讨论。这也从另一个侧面说明约翰福音的逻各斯与当时希腊哲学,尤其是斯多亚主义的逻各斯并无概念上的联系。否则的话,它在谈论逻各斯和生命的关系时就该用 psyche 来指称生命,因为斯多亚主义者大多使用这个词。相反,在 12:25 中,耶稣说:“爱惜自己生命的,就丧失生命;在这世上恨恶自己生命的,就要保守生命到永生。”这段译文共出现五个“生命”,在希腊原文中前三个用词是 psyche,后两个是 zoe。为了表达上的准确,约翰福音避免用 psyche 来指称所谈的生命。13:37－38 在谈到彼得要为耶稣舍命时,用的也是 psyche。在它看来,人的真正的生命不是人所能追求的。人活着既非如伊壁鸠鲁所说是追求心灵上的幸福,亦非如斯多亚主义所提倡的在沉思中追求美德。这些追求都并不带来生命,反而要丧失生命。人所追求的生命——即希腊哲学家谈论的生命——都是 psyche,都不是真正的生命。

不难发现,约翰福音用 zoe 来指称生命,包含了对希腊哲学追求生命的生存关注的回应。希腊哲学认为生命可以通过人的努力追求而获得,从苏格拉底追求灵魂的净化开始,这种追求生命的生存关注就为越来越多的思想家所实践,并在希腊化世界的哲学思潮中成为主流。人对生命的追求,其结果只能是仅仅了解生命的一部分。我们看到:当人们偏执于某一方面时,便出现了形形色色的关于生命的理解。比如,伊壁鸠鲁认为人生的目的是达到心灵的宁静并在其中享受幸福快乐。而当他的学生继承他的快乐主义时,我们读到的却是肉体快乐主义。同样,斯多亚主义最后走向严格的禁欲节制主义生活观,无法返回到现实生活中。在约翰福音看来,这些生命追求最终都导致生命的丧失。

因此,人的生命是不能依靠人的追求而获得的,生命是由神所给予的。这一点是约翰福音与希腊哲学关于生命概念的根本不同之所在。在约翰福音看来，生命首先是造物主所给予的，因为万物都是由他创造的。所以它说："生命在他里头。"(1:4)然而，当人们依靠自己去追求生命时，他们就丧失了生命。这种丧失的结果是人们不知何为生命，更不知道生命就在造物主那里。这是对生命的无知，约翰福音用"黑暗"来描述人对生命的无知状态。在这种无知状态中，人要重新获得生命，就必须"重生"。在第三章中，约翰福音记载了耶稣和尼哥底母的一段对话。耶稣告诉尼哥底母："人若不重生，就不能见神的国。"尔后，他解释道：这里说的重生，指的是在灵(pneuma)里的重生。"从肉身生的就是肉身，从灵生的就是灵。"在结束谈话时，耶稣说："叫一切信他的人都得永生(zoe)。"

耶稣的这段谈话所传达的信息，归结起来就是人必须在灵里重生。人的重生只能通过耶稣的给予，即信耶稣为神的儿子并接受他的恩典。我们看到，人之所以需要重生，是因为他陷入了对生命的无知状态，从这一状态中摆脱出来的唯一途径是生命的拥有者把生命重新赐予人。但是，由于无知，人无法接受这种生命的赐予；因此，在信耶稣中重生就成为人返归生命的唯一道路，这便是约翰福音在生命问题上的奥义。

由于生命被定义为被给予的而不是可追求的，因此约翰福音非常强调信耶稣为神的儿子这一中心信息。它写道：

> 那领受他见证的，就印上印，证明神是真的。神所差来的，就说神的话，因为神赐圣灵给他，是没有限量的。父爱子，已将万有交在他手里。信子的人有永生，不信子的人得不着永生，神的震怒常在他身上。

(3:33-36)

人对生命的领受乃是通过生命拥有者的主动给予。当耶稣把生命赐与人时，由于身处无知状态，他们不可能认识到耶稣所赐的乃是人的生命。因此，如果非要先弄清耶稣是否带来了生命，然后再考虑去接受它，那么人就永远无法得到生命。人追求认识生命的结果是走向对生命的无知状态。因此，信耶稣并领受生命就成为唯一道路。我们看到，这一点同约翰福音对真理问题的回答乃是一致的。

为了解约翰福音和希腊哲学对生命的理解在生存关注上的联系，我认为还需要对"灵"(pneuma)这一概念作进一步讨论。pneuma是希腊化世界中讨论得很多的概念。我们知道，斯多亚学派在讨论生命概念时也使用了这一名词。在他们看来，生命即psyche，它的本质是pneuma。pneuma包含火和气，因而具有活力。在斯多亚学派的用语中，psyche、pneuma和火是联用的。与此对照，约翰福音也用pneuma，但它避免用psyche来指称真正的生命。同时，它还用"光"这一用语来说明生命，如第一章中的"这生命就是人的光"。在约翰福音中，zoe、pneuma和光这三个字是联用的。我们注意到，火和光在意义上是相通的。有火便有光，有光定有火。但是，光指的是从太阳发来的射线，它是给予的。这与火的用法有着根本的区别，作为火和气的统一pneuma是从人体内发出来的，当人发热并且有气时，他就是活的。因此，人的生命依赖的是内在的热和气，这样的生命是psyche。而在约翰福音中，生命(zoe)是神给的，因为它是光，只能从外面射入。光不来自人的体内，而是外来的，给与人的，没有光就没有人的生命(zoe)。我们看到：pheuma和光的联用表明，pneuma不再是希腊哲学概念，而是一个神学概念，即灵。它从神而来，与神同在，又被给予人的存在。

如果生命是被给予的，那么当人们在灵里重生而领受神所赐的生命时，这生命就是永恒的生命。也就是说，在约翰福音的用语中，生命和永生是在同一意义上来使用的。永生这一概念无论在希腊文化还是在希伯来文化中都是不受重视的概念。尽管苏格拉底的灵魂净化说包含了灵魂不死的概念，从而涉及了永生问题；但是，在柏拉图以后的哲学发展中，灵魂不死和永生问题都被淡化了。在希腊化时期，哲学家所关心的是如何在此生达到完美的生活。而《旧约》中涉及到永生问题的部分，至多也不过是有先知被神接上天的说法。从这个角度看，约翰福音对永生问题的特别强调需要引起我们更多的重视。

在理解永生概念时，我们注意到，它不是一个时间上的量的度量。也就是说，约翰福音注重的是永生与其他生命的本质区别,即永生乃是拥有基督的生命。或者说,约翰福音是在“生命是神所赐的”这一意义上谈论永生问题的。由于生命的源泉在于神,只要神还在给予,人的生命就源源不断,从而时间上是无限的延续。如果神的赐予在时间上不间断,人的生命是没有时间限制的。如果神在某一时间点上停止供应生命养料,那么人便在该点上停止生命。无论是哪种情况,就生命来源于神这一点而言,它是永恒的。换个角度看,如果神在人的肉体腐朽后仍然供养生命,那么人的生命就不会中断。

总的来说,约翰福音把生命的主权归于神,而人则必须在信耶稣为神子中领受生命的赐予。因此,人们应当放弃追求生命。如果像伊壁鸠鲁主义者和斯多亚主义者那样地执着于生命(psyche),其结果只能是丧失生命(zoe)。生命是神的赐予,人们只有在基督信仰中才能领受生命。我们看到,这种生命观带来了一种对生活的开放态度,从而避免了希腊哲学家追求生命所带来的封闭的生活倾向。它帮助人们摆脱现实生活中种种规范的制约,并且导致对生活现状的接纳和容忍。无疑,这一生命观对希腊哲学家的生存态度是具有极大的冲击力的。

四、两种自由观的对峙

约翰福音只是在第八章里才谈到自由问题。虽然着墨不多,但却非常独特,且富吸引力。耶稣说:“那么若常常遵守我的道,就真是我的门徒。那么必晓得真理,真理必叫你们得以自由。”(8:31－32)又说:“所有犯罪的就是罪的奴仆。……所以天父的儿子若叫你们自由,你们就真自由了。”(8:34,36)这里提到了真理和自由以及罪和自由的关系。我们的讨论已经涉及了这里的真理概念,即真理的拥有者把真理给予我们。当我们拥有真理时,我们就有了自由。在字面上,这种说法听起来像是希腊哲学家的口气。不过,由于约翰福音再也没有提过自由和真理的这种关系,所以我们无法就这一自由观和希腊哲学的自由观之间的关系进行更多的史料上的讨论。可以肯定的一点是,由于对真理概念的不同理解,约翰福音关于真理使人自由的说法从根本上不同于希腊哲学的自由观。

我们注意到,耶稣还说自由是由

天父的儿子给与人的。由于这是相对于“罪的奴仆”而言的，所以看起来又完全是希伯来式的。当然，这两种说法并不矛盾，真理是被给予的，而且必须通过耶稣，因此真理使人自由和天父的儿子使人自由这两种说法在信息上并无差别。

我们发现，约翰福音在这里提出的自由观虽然在表述上与希腊哲学的自由观相似，但由于彼此对真理的理解根本不同，它对于希腊哲学家来说是完全陌生的。这一陌生一直到奥古斯丁提出他的自由观时才开始化解。在以下的篇幅里，我想简单地追溯希腊哲学的自由观以及奥古斯丁的自由观，以便进一步说明约翰福音在希腊哲学发展中的重要地位。

总的来说，希腊哲学自由观的原则是由求真理而得自由。从泰利士探索宇宙的本原开始，哲学家就试图通过认识并把握宇宙的本原来达到对万物的控制或者利用，亦即自由。哲学家的这种对自由的追求在柏拉图的思想中得到一种完美的表达。

柏拉图从人追求善这一原则出发。在他看来，人在生存中无一例外地都追求善，尽管人们在追求中可能把恶的东西误以为善，从而看起来是在追求恶。这种情况表明，人对善的明确认识或真理性认识是至关重要的，因为人在追求恶时却自以为是在追求善。从这个角度看，人虽错把恶当作善，但还是在追求善。因此，人不可能在生存中追求恶。我们称此为求善原则。[①]

如果人的生存是求善的，直接的结论就是，当人的求善欲望得到满足时，人就得到自由。柏拉图在《理想国》中详细分析了雅典人的自由观。雅典人认为自由就是无拘无束，随心所欲，这种自由观抹杀了人在生存中的实际选择。柏拉图分析到，人的自由选择并不是任意的。人总是选择对自己有利的对象，拒斥于己不利的对象。所谓“有利”就是符合自己的善概念。因此，自由选择指向的是善概念。人们有不同的善概念。当人的生存为某种不正确的或者邪恶的善概念所支配时，人的选择就被引向邪恶的方向，与原始的求善愿望背道

---

① 参阅《米诺》篇（77B－78B）的讨论。关于柏拉图的自由概念的详细讨论可参阅 Wenyu Xie, *The Concept of Freedom*: *The Platonic-Augustinian-Lutheran-Kierkegaardian Tradition* (Lanham: University Press of America, 2002), Ch. 1。

而驰。这样的选择看似自由,实则破坏了自由。人们如要获得真正的自由,首先要获得正确的善概念(真理),并且在它的引导下做出选择。因此,柏拉图认为,做一个自由人的前提是认识并把握真正的善概念,迈向真理的道路从而也就是从事哲学学习和研究的道路。

柏拉图的这一自由观在斯多亚学派的创始人芝诺那里被完全继承下来。芝诺认为,真正的自由人必然是有智慧的人。所谓自由人是指能够控制自己的人,他是独立和不被推动的,否则的话,他就是奴隶了。要做到这一点,人就必须拥有关于善恶的知识。[①] 新柏拉图主义者普罗提诺(Plotinus, 204－282)则从追求美德的角度出发谈论自由,认为只有具有美德的人才是自由的。[②] 不难发现,所有这些自由观都是从真理给人以自由的角度谈论自由的。

我们看到,希腊哲学的自由观的关键就是善。由于人莫不求善,当人得到善时,他就自由了。但人如何才能够得到善呢?希腊哲学家的一致回答是,依靠自己的努力追求。与此对照,约翰福音认为真理给人以自由。这真理就是神的话(逻各斯)和耶稣基督,亦即生命的源泉,当然也是绝对的善。然而,这真理是给与人的,而不是单凭人的追求就可获得的。只有当真理被给予我们,而且我们凭着基督信仰接受了这真理之后,我们才是自由的。希腊哲学和约翰福音在自由观上的不同之处,归结起来,就在于如何获得自由的问题,前者依靠人的追求,后者依赖神的恩典。

早年的奥古斯丁(Augustine, 354－430年)是一个执着的新柏拉图主义者,他认为自己孜孜以求的乃是美好而完善的理想人生和世界。为达到这一理想境界(即自由的境界),他不惜憎恶自己肉体,因为他的肉体常常妨碍他的理想追求。然而,他所追求的这种绝对的善究竟是什么呢?人不知善,所以才追求善。但如果不知善,又如何追求善呢?于是,人便不得不假设善的存在。这一假设可靠吗?不同的人对善的内容有着不同的假设;依据不同的假设,人们对善的

---

① 参阅《著名哲学家生平》,VII. 121－122。

② 参阅 Laura Westra, *Plotinus and Freedom* (New York: the Edwin Mellen Press, 1990)。

追求道路各不相同。如何判断这些道路的正确性呢？如果在不正确的道路上，岂不是离善越来越远吗？所有这些问题其实都是希腊怀疑主义所提出的问题。当奥古斯丁从新柏拉图主义回到希腊怀疑主义的时候，他的哲学根基就开始动摇了。这也正是他的人生的转折点，他终于发现，人仅靠自己是无法达到善的。

奥古斯丁用下面这段话来描述他的转变：

> 当我被你的圣灵所引导时，当我的伤口被你的手所触摸时，我就看见并理解了假设和忏悔的区别；以及这两种人的区别：一种人只看目标而拼命努力靠近，却不知循何道路；一种人则看见了通往祝福之地的道路。这福地不只是景象，而就是我们的家。①

他在这里所说的道路，就是耶稣基督。人们在假设中是无法达到真理的，因为假设中的“真理”不是真理，充其量是人的主观概念。但是，在忏悔中，人放弃自己的追求，接受耶稣作为真理之路，因为耶稣就是真理并把自己给予了。这样，在神的恩典中我们被领入真理，与生命源泉同在，从而享受真正的自由。奥古斯丁的皈依实现了约翰福音进入希腊哲学的过程。

归结起来看，我们发现，约翰福音借用了希腊哲学的一些概念，例如逻各斯、真理、生命和自由，等等。但是，约翰福音是从生存关注的角度使用这些概念的。也就是说，它理解希腊哲学在这些概念上所陷入的困境。同时，它又避免进入希腊哲学的概念体系，因而不参与其中的概念讨论。相反，在基督福音的拯救信息中，它从外围为希腊哲学提供了摆脱困境的道路，即对真理、生命和自由这些关键的专有概念重新定义。我们看到，这些被重新定义的概念深刻地冲击了希腊哲学思想，并最终导致希腊哲学转型为基督教哲学。

（作者系美国关岛大学哲学教授）

---

① 《忏悔录》，*Confession*，tr. R. S. Pine-Coffin（Penguin Books，1961）。中译文以英译为本，由本文作者翻译。关于奥古斯丁的自由观，可参阅 Wenyu Xie，*The Concept of Freedom*，Ch. 2。

论休谟“想象”概念的多重含义

宫　睿

“想象”是休谟哲学研究中一个不受关注的概念。但对于它的忽视造成了理解休谟哲学的一些基本问题(如事实与虚构的区分)的困难。本文的主要工作是澄清想象的多种含义。休谟在《人性论》中对观念之间的关系、因果关系观念以及外物存在观念的论述中实际上使用了四种各不相同而又具有内在联系的“想象”概念。“想象”不仅仅涉及观念之间的关系,而且是印象与观念关系的纽带,并由此承担着说明实在性信念的任务。在说明这四种“想象”的含义、区别及作用之后,本文将深入到休谟的“印象－观念”的知觉结构中,为这四种想象寻找一个统一的发生性的根源。

在对休谟哲学的研究中,“想象”一直是个令人困惑的问题。诺曼·康浦·斯密在其经典的阐释性著作《大卫·休谟的哲学》中认为《人性论》中的“想象”(imagination)有两种不同的含义,其一是对观念的自由地结合与分离,在这种意义上,它与感官感知、判断及记忆相对;其二是与信念相关的想象,只要心灵中具有了信念,就有想象这一能力在发挥作用。前者是想象的日常含义,后者是休谟所赋予想象的一种特殊的哲学含义。斯密进而认为休谟想象理论的突出困难在于它不能为事实与虚构之间的区分提供一个明确的原则。[①]但实际上,休谟的想象的意义远不止于此。在处理不同的问题时,想象呈现出不同的功能和特征。因此斯密的

---

① N. K. Smith, *The Philosophy of David Hume: A Critical Study of Its Origins and Central Doctrines* (London: Macmillan, 1941), p. 459.

区分过于简单,而他对于休谟的指责也只是建立在这一简单区分的基础之上。斯密的失误也许在于他没有深入到休谟观念理论的根源处去考察想象,从而错失了想象在休谟理论中的丰富含义和重要作用。因此,本文的首要目的就在于澄清想象在休谟理论中的多重含义及明确不同想象含义之间的根本性区分,并在完成这一工作的基础上,尝试着为休谟的想象寻找一个统一的表述和发生的根源。

一、一般观念理论中想象

"想象"这个概念最初是相对于"记忆"而出现的。在"论记忆观念与想象观念"一节中,休谟提出了两种印象复现为观念的方式,即记忆与想象。它们的不同体现在两个方面,一是记忆观念在生动性和强度上强于想象,二是记忆完全受到了原始印象的次序和形式的束缚,而想象不受这种束缚,可以自由地移置和改变它的观念。① 对于是否可以通过这两个标准区分出记忆和想象,以及哪个标准更具有根本性的意义,一直有颇多的争论。但依据本文的主题,关注的问题应只在于此处的想象究竟有何种意味。不难发现,这里的想象最接近于我们的日常用法,也就是斯密所说的第一种含义。在日常用语中,想象大致是指一种产生新奇事物的能力,它总是和艺术的创造性活动相关。理解这种想象的关键在于它只是涉及到我们日常生活中的一种特殊经验,只在特定条件上才会出现,"诗歌和小说中所遇到的荒诞故事使这一点成为毫无疑问的"。② 这个想象既不意味着它是观念发生的普遍方式,也不意味着观念活动的发生必须有这种想象因素的参与。它相对于我们的认识能力而言只是一种边缘性的能力。对于这种意义上的想象,休谟并未给予很高的评价。休谟认为这种想象只是"变化的、脆弱的、不规则的","它对人类并不是不可避免的,也不是必然的,甚至也不是生活过程中

① 休谟:《人性论》,关文运译,郑之骧校,商务印书馆 1980 年版(下同),第 20 页。
② 同上书,第 21 页。

所需要的”。[1] 所以在哲学研究中，它应遭到排斥。造成这种情况的更根本的原因在于它并不为观念的发生提供规律性的说明，它的产生只在于“只要在任何情况下看到观念之间的差异，它便能很容易地加以分离。”[2] 它与记忆的差别并不在于以何种方式对观念进行分离与组合，因为许多复杂观念也并不是依据印象本身的秩序。根据与相关论述的对照，我们会发现，这种想象的特殊性在于它既不依照印象本身所给予的次序和形式，也不顾及观念本身的性质及习惯之类的原则。因此它更多的时候是心灵任意的产物。这就使它一方面在强度和生动性上弱于记忆，缺乏实在性的依据，另一方面又不能为观念活动提供一般性的规范说明。因此它在认识价值上自然就属于较低的层次。我们将这种意义上的想象称为“想象Ⅰ”。“想象Ⅰ”虽然是休谟对想象作出的唯一的专题性说明，但在休谟对想象的多种用法中却是最不重要的一种。虽然休谟在后面的论述中时常提及这一意义上的想象，但都是在一种贬义的、应从哲学考察中排除的意义上使用的。[3]

但很快，想象这个词就出现了歧义。在“论观念之间的联系或联结”一节中，休谟在讨论了类似、时空接近与因果关系三种观念结合原则之后，称“这些原则就是我们简单观念之间的联结和结合原则，并在想象中代替了那种在我们记忆中结合这些观念的不可分离的联系。”[4]这里的想象显然不能从想象Ⅰ的意义上理解。因为这三种原则是作为观念结合的普遍原则而提出的，休谟期望它们具有普遍的解释效果，而不是仅仅针对那种特殊的创造性经验。分别就三个原则来看，休谟在论述中都提到了想象。类似：“在我们观念的经常的转变中，我们的想象很容易地从一个观念转到任何另一个和它类似的观念”；接近：“同样明显的是由于感官在变更它们的对象时必须作有规律的更改，根据对象的互相接近的次序加以接受，所以想象也必须因长期习惯之力获得同样的思想方式，并在想象它的对象时依次经过空间和

---

① 休谟：《人性论》，第 253 页。

② 同上书，第 21 页。

③ 参见休谟：《人性论》，第 253 页，第 137 页及下注。

④ 休谟：《人性论》，第 24 页。（着重号为笔者所加。）

时间的各个部分";因果关系:"没有任何关系能够比因果关系在想象中产生更强的联系于观念的对象之间,并使一个观念更为迅速地唤起另一个观念"。[①]很显然,无论在哪一种意义上,想象都不能被想象Ⅰ所替代。这些普遍原则在休谟的论述中似乎是观念联结的一个必备条件,因为"如果这个官能不是受某些普遍原则支配,使它在某种程度上在一切时间和地点内都保持一致,那么这个官能的各种作用将成为最不可解释的。"[②] 这个功能正是想象。但是在想象Ⅰ中,并不包含任何普遍原则的意味。想象Ⅰ可以"自由地移置和改变它的观念"。所谓"自由地",不仅是说它不受印象的次序与形式的束缚,同时也排斥了来自其他方面的约束。但它依据心灵的任意却恰恰使它不能成为一般性的经验原则。休谟观念理论是要说明认识活动发生的一般规律,当然这个规律仍然是经验性的,而不意味着它是绝对必然的。想象Ⅰ与这里的想象在表面上的区别是二者涉及的经验范围的宽狭不同,而更深层的区别在于有无规律性原则的支配。因此我们将这里的想象明确为一种受到来自于观念发生的规律或原则作用的结合观念的能力,简称之为"想象Ⅱ"。

但是却不能由此将想象Ⅱ与想象Ⅰ截然对立起来。因为之所以能够谈论观念间的联结,一个必要的前提是一切复杂观念可以被分离,而不再束缚于印象的原始次序。而想象Ⅰ的一个主要特征正是它可以分离观念。因此,受普遍原则支配的想象可以看作是对想象Ⅰ一个理论上的延伸。想象Ⅱ是在想象Ⅰ的基础上增加了限制性的条件。但从休谟本人的立场来看,想象Ⅱ无疑是他所要研究的主要内容,而且因为它依据于观念之间的一般规律而发生,它所涉及的经验内容最为普遍,所以想象Ⅱ指向了比想象Ⅰ更根本的层次。不过我们可以调和这两种看似对立的观点,将想象Ⅰ看作是想象Ⅱ的一种极端化的情况,想象Ⅰ最充分地揭示出想象Ⅱ的可能性条件。

但想象Ⅱ不是休谟对想象的最终解释,休谟将它作为一种普遍化原则

---

① 休谟:《人性论》,第22-23页。(着重号为笔者所加。)

② 同上书,第22页。

的努力并未成功。这个意义上的想象,常常被称为“联想”(association)[1]。就联想这个词来说,如果它指的是“一个观念自然地进行到另一个观念”,它可以和想象Ⅱ互换使用。但联想是一个受牛顿物理学影响颇深的说法。牛顿的物理学呈现了一幅原子式的世界图景,他用原子及其相互之间的引力作用来解释物质的本质和运动。而休谟试图将牛顿的世界图景移植到人性的研究中来。简单观念和复杂观念的区分暗示了复杂观念可以由简单观念的联结产生。这种联结即是一种“吸引作用”(attraction)。“这种吸引作用在精神界中正像在自然界中一样,起着同样奇特的作用,并表现于同样多的、同样的富于变化的形式中。”[2] 休谟的意图是要以一种联想主义的方式表达观念联结的普遍原则,并以此说明复杂观念的生成,但正是在这一点上,想象Ⅱ或联想的局限暴露了出来。因为“联想”只能以一种原子式的方式生成观念。但后面的分析将表明,无论是因果观念,还是外物存在观念都不能以这种方式生成。这一方面是因为这些重要的观念都不是从简单观念的原子式组合中就能得到的,另一方面是因为这些观念都涉及到有关实在性的信念问题,而这仅仅通过对观念间的关系的分析也是无法得到的。因此它对于人类一般经验的解释是无效的。不过,正如巴里·斯特德所说:“休谟并没有把一切事情都强行纳入到僵化的联想主义的模式中。比如,它在谈到我们对外部世界的信念的根源,或谈到我们的自我概念的根源时,他的说法和他对这些简单联想原则的普遍效能和说明力的一般论述不一致。这是休谟值得赞许之处。”[3] 联想的局限并不能等同于想象本身的局限,因为联想只能与想象Ⅱ的有限意义相对应。休谟在后面的论述中,联想的使用远远少于想象。因此,想象的意义并不能止于想象Ⅱ。

---

① John Laird: *Hume's Philosophy of Human Nature* (New York : Garland, 1983), pp. 37－38.

② 休谟:《人性论》,第24页。

③ 巴里·斯特德:《休谟》,周晓亮和刘建荣译,山东人民出版社1992年版,第50页。

二、因果观念与想象

因果观念可以称得上是休谟哲学中最受关注的问题,但本文对于因果观念的讨论只就其与想象的关系而言。因此,有关因果观念的一些常见论题在本文中会被忽略。为了简便起见,我们直接将与因果观念相关的想象称之为"想象Ⅲ"。当然它的含义会随着解说而逐渐展开。

首先需要澄清的是休谟所谈的因果关系并不是指观念间的推论。如果用休谟本人的分类来说,因果关系不是属于"观念的关系",而是属于"实际的事情"。[①] 既然它是"实际的事情",那么仅仅凭借理性的作用,是不能发现因果关系的,而必须掺入经验的成分,或者更为准确地说是印象的生动性是一切因果推论的基础。但是因果关系还有另一个更为重要的特征,"唯一能够推溯到我们感官之外,并把我们看不见、触不到的存在和对象报告给我们的,就是因果关系"。[②] "关于实际事情的一切理论似乎都建立在因果关系上。只凭借这种关系,我们就可以超出我们的记忆和感官的证据之外"。[③] 如果没有因果关系,我们只能陷于记忆和感官的牢笼之中。但是休谟对这一特征的反复强调,却也在因果关系中制造了一种张力。一方面,印象的生动性与强度的优越性使印象成为知识的实在性的保证;另一方面,我们又不能只局限在单纯被给予的印象之中,而必须有所超越。因此问题的焦点在于这种推断的性质是怎样的?它是如何发生的以及根据何在?休谟将因果观念解析为三个更为基本的观念,即接近关系、接续关系以及必然联系的观念。其中必然联系的观念最为重要,缺少了它,因果性就不成为因果性。因此因果观念问题的核心就在于如何理解原因与结果之间的必然的联系。休谟直接将这种必然性看作是"信念"[④]。因此,对于这种必然性的阐

---

① 休谟:《人类理解研究》,关文运译,商务印书馆 1957 年版,第 26 页。

② 休谟:《人性论》,第 90 页。

③ 休谟:《人类理解研究》,第 27 页。

④ 休谟:《人性论》,第 94 页。

释同时也是对于信念的阐释。

"我们关于因果的全部推理由两种因素组成,一个是记忆印象或感官印象,一个是产生印象的对象的,或被这个对象所产生的那个存在的观念。因此这里我们就有了三件事需要说明:第一是原始的印象;第二是向有关的原因观念或结果的观念的推移过程;第三是那个观念的本性和性质。"[①] 这段文字可以看作是休谟为分析因果关系所制定的基本框架[②],因果观念中所涉及到的诸多要素都能被归结到这个框架中。而想象正是这一框架的枢纽。

我们首先来看休谟所要说明的第一件事情,即"原始的印象"。前面已经提到了"因果关系"是属于有关"实际的事情"的知识,它不可能脱离印象。"心灵在根据原因或结果进行它的推理时,虽然把它的视野扩展到它所见的或所记忆的那些对象之外,可是它决不能完全不看到那些对象,或至少混杂着一些与印象相等的记忆观念。"[③] 因果观念在其内容中混杂有印象,休谟似乎暗示了印象是因果观念的起点,但这只是休谟强调原初印象重要性的一个方面。在另一方面,只有通过印象,我们所进行的因果推理才有获得实在性的保证,相关的必然性信念才能得到落实。"那种永远伴随着记忆和感官的信念或同意只是它们所呈现的那些知觉的活泼性;它们和想象的区别只在这一点。在这种情况下,所谓信念就是感到感官的直接印象,或是感到那个印象在记忆中的复现。只有知觉的强力和生动性才构成了判断的最终活动,并在我们推溯因果关系,根据了这种判断进行推理时,奠定了那种推理的基础。"[④] 印象是信念发生的基础和根本保证。因果的推论必须奠定在印象的基础上,信念的本性也在于它与印象以某种方式发生关联。

在这段引文中,休谟虽然提到了想象,但显然是在想象 I 的意义上使用

---

① 休谟:《人性论》,第 101 页。

② Robert J. Fogelin: *Hume's Skepticism* (London, Routledge & Kegan Paul, 1985), p. 54.

③ 休谟:《人性论》,第 99 页。

④ 同上书,第 104 页。

的。它和感官或记忆在强烈程度上有明显的区别。但这只能说明休谟对想象一词使用的混乱。因为休谟很快就放弃了这种含义的想象。在对第二件事情,即"向有关原因观念或结果观念的推移过程"的说明中,想象是在一种完全不同的意义上使用的,即想象Ⅲ。

从印象到观念的推断是休谟对于因果关系论证的核心内容。正是这个推断将原因与结果结合在一起,所谓"必然性的联系"也正是依靠这种推断。那么心灵是根据什么样的能力进行这种推断的呢?休谟提出了两个候选对象,一是理性,一是想象。理性[①] 只能发现观念本身之间的关系,而因果关系并不完全是观念间的关系,它必然要以我们的记忆和感官的印象作为基础,如果不掺杂任何印象,那么推论出的结论就完全是虚妄的。因此,理性不能解决因果关系的问题。而想象就自然承担起了这一任务。"当心灵由一个对象的观念和印象推到另一个对象的观念或信念的时候,它并不是被理性所决定的,而是被联结这些对象的观念并在想象加以结合的某些原则所决定的。"[②] 虽然休谟明确认为想象是从印象到观念推断的能力,但如果不对这个想象加以解说的话,一切仍然隐藏在晦暗之中。首先,这个想象不是想象Ⅰ。想象Ⅰ处于与记忆或是过去的经验完全对立的地位上。但在这里的想象却在某种程度上依存于过去的经验。因为因果观念也不过是说我们所没有经验过的例子必然类似于我们所经验过的例子。只有如此,我们才能养成习惯,才能产生因果的推论。其次这个想象也不是想象Ⅱ。它不是对于观念的原子式的组合。休谟反复强调印象在因果推论中的奠基地位,并明确地把因果关系表述为从印象到观念之间的推移。所以这里的想象涉及到的是印象与观念之间的关系。因此,休谟这里的想象具有新的含义,它的性质与功能不能由想象Ⅰ或想象Ⅱ所替代。

由于想象Ⅲ涉及的是印象与观念之间的关系,所以它必然会表现出一些不同的特征。前面已经说过,休谟之所以强调印象在因果观念中奠基性

---

① 休谟常常混用知性和理性。

② 休谟:《人性论》,第 110 页。

地位，一方面在于印象构成了因果观念中的内容的不可或缺的因素，另一方面在于因果观念的必然性信念来自于印象。因此想象Ⅲ不仅完成了原因和结果的联结，同时也承担了生动性传递的任务。“当任何印象呈现于我们的时候，它不但把心灵转移到和那个印象关联的那样一些观念，并且也把印象的一部分强力和活泼性传给观念。”[①] 既然印象到观念的推断只能由想象完成，那么生动性的传递也只能由想象完成。“(心灵)在想象那个关联的观念时，也就带着它由现前印象所获得的全部强力和活泼性。”[②] 这里存在着想象Ⅲ与想象Ⅱ及想象Ⅰ的一个根本性差别。无论是想象Ⅱ还是想象Ⅰ都是观念间的关系，虽然休谟并未否定想象Ⅱ所涉及的观念实在性，但从他的论述中，我们找不出实在性的依据。因此在这个意义上，想象Ⅰ与想象Ⅱ之间的界限仍然是模糊的，我们并不能区分出什么是具有真实性信念的观念，什么是单纯的虚构。而想象Ⅲ的引入就解决了这个问题。想象Ⅲ已经涉及到了印象与观念之间的关系，印象的生动性赋予了相应的观念以真实性的信念。对此 Wayne Waxman 正确地评论说：“我们发现休谟的想象不止是观念的联结，而是它们的激活(enlivening)。”[③]

但是想象Ⅲ并不是与想象Ⅰ和想象Ⅱ对立的概念，甚至也不是不同的类别，想象Ⅲ最好被理解为包容着想象Ⅱ的更宽泛的概念。虽然想象Ⅲ所关涉的是印象与观念之间的关系。但这里的印象与观念并不是原初知觉意义上的双重存在，也就是说，这里的印象和观念不一定要有对应关系。但根据休谟知觉理论的一般原则(休谟在此处并没有打破这一原则的迹象)，一个印象必然有一个和其相应的观念，而这就说明在因果推论中间还有一个必然的环节，即与印象直接相应的观念，于是这个观念与那个原因或结果的观念的关系仍然要存在于想象Ⅱ的推断中。因此就可以说，想象Ⅲ可以包含想象Ⅱ的含义。

---

① 休谟：《人性论》，第 117 页。

② 同上书，第 118 页。

③ Wayne Waxman, *Hume's Theory of Consciousness* (Cambridge University Press, 1994), p. 180.

现在来说明第三件事情,即因果观念的本质。如果想象只是从印象推移到了另一个观念,那么这并不是因果观念的全部。休谟认为因果观念本身不仅包含存在的观念,而还要相信对象的存在。但存在的信念不能仅仅通过对观念的分析得到,它不是添加到对象观念上的另一些观念。休谟认为,"(一个对象的存在的单纯观念和对它的信念之间的)那个差异存在于我们想象它的方式之中。"[①] 其实,前面对想象的生动性的传递功能的解释已经部分地说明了存在信念的产生。但观念由印象所获得的生动性只能解释对于对象的存在信念的实在性,而对于因果观念的核心——必然性的信念并不能给予充分的说明。休谟将信念定义为"和现前一个印象关联着的或联结着的一个生动的观念"。但问题的关键不在这个印象或观念,而在于它们之间的关系是怎样的,只有在特定的关系中,由印象向观念的生动性才能发生,而不是说任何印象与任何观念之间可以任意地发生关联。因此休谟又引入了另一条原则,即习惯。"当我们由一个对象的印象推移到另一个对象的观念或信念上时,我们不是由理性所决定,而是由习惯或联想原则所决定的。"[②] 只有在习惯的作用下,形成一个因果观念的特殊方式才能发生。因此休谟又将信念解释为来自习惯的一种心理作用。因此想象Ⅲ也应置于习惯的条件下来理解,习惯支配了想象Ⅲ的发生。在这种意义上,其他的一些观念关系就不能成为因果性观念的决定性因素,休谟有时甚至将类似关系或接近关系放到与习惯对立的位置上,"对于根据虚构的类似关系和接近关系而发生于想象中那些短暂的浮光掠影,不能给予充分的信任。"[③] 但习惯并不是神秘的原则,在第一章中,休谟就已经将习惯解释为反复观察的产物,这里的习惯仍然是一种经验性的产物,"任何一种动作在屡次重复之后,如果产生了一种倾向,使我们不借知性的任何推论或过程,就容易来再度重复同样动作,我们就说那种倾向是习惯"。[④]

---

① 休谟:《人性论》,第 113 页。

② 同上书,第 115 页。

③ 同上书,第 130 页。

④ 休谟:《人类理解研究》,第 41 页。

在澄清了习惯在因果关系中的作用之后,想象Ⅲ的含义就更为明朗。它不仅是在印象和观念之间的推移,而且它所发生作用的原则也不在于观念的关系,而指向更深层次的知觉经验。从这两点看,想象Ⅲ 都和想象Ⅰ及想象Ⅱ有相当大的差别,后两者都是在观念之间打转,而想象Ⅲ是在"印象-观念"这一原始的知觉结构中发生的。

三、外物存在的观念与想象

但想象所承担的责任还不止于此。在休谟对外物存在观念的论述中,想象又呈现出新的特征。在"论感官方面的怀疑主义"一节中,休谟详细论述了外物存在观念的产生。首先必须明确休谟所要论述的不是有无物体存在,而是追问外物存在观念及其信念的产生。同对因果性观念的论证思路相似,休谟将外物存在观念分解为继续存在和独立存在的观念。于是休谟的问题就在于"产生一种继续存在或独立存在的信念的是感官,是理性还是想象?"[①] 同对因果观念的分析一样,最后的胜利者依然是想象。感官之所以不能完成这一任务,在于感觉印象只能显现自身,而不能超出自身之外。外物存在的观念,同感官的这一特性正相反,所以不能从感官中得到外物存在的观念。对于不能由理性得出外物存在观念,休谟并没有过多的讨论,但从前面有关因果关系的论述中不难发现,外物存在的观念肯定也是关于"实际的事情"。实际的事情是不能由理性说明的。因此"我们关于物体的持续和独立存在的信念……必须完全来自想象。"[②] 想象又一次获得了突出的地位,但至此为止的都是与因果观念类似的分析。但这是否就意味这里的想象是想象Ⅲ的回声?或是如 Harold N. Noonan 所说"想象在对外部世界的信念的生成中与因果必然关系的生成中,起到了相同的作用"?[③]我认为

---

① 休谟:《人性论》,第 214 页。

② 同上书,第 220 页。

③ Harold W. Noonan: *Routledge Philosophy Guidebook to Hume on Knowledge* (New York : Routledge, 1999), p. 173.

这一点是存在疑问的。为了简便起见,我将涉及外部存在观念的想象称为"想象Ⅳ"。

"一切认识既然都是内在的,忽生忽灭的存在物,并且也显得就是如此,所以关于这些印象的独立和继续存在的概念必然是由印象的某些性质和想象的信念的互相配合而发生的。"[①] 外物存在的观念不能脱离于印象,否则就是臆造与幻想,就不能对其有相关的信念。但是印象的本性是一种原子式的存在,就其本身来说,印象之间没有任何关系,印象也不是一种时间意义上的存在。但是外物存在的观念的一个重要方面却是持续的。两者的不协调显而易见。外物存在观念的产生在某种意义上也就是如何协调这种不一致。这种调和一方面来自于印象的某些性质,另一方面来自于想象的作用。休谟断定了一切印象的本质是倏生倏灭的,但是某些印象会显得较之于一些印象具有一种实在性和继续存在。我们只是将外物存在的观念和具有这种持续性特征的印象结合起来,而并非遍及印象全体。休谟将这类印象的特征归结为两点,一是恒定性(constancy),二是一贯性(coherence)。恒定性是印象永远以同一方式显现,即使我们的知觉发生中断,再次返回时,它也不会改变。一贯性是指即使在印象发生了变化的情况下,我们也仍然认为它是同一个对象的印象。我们的外物存在观念都是依据这些印象特征产生的。但必须强调的是无论是一贯性还是恒定性,并不真的就是印象本身的属性。对于印象的原子主义式的规定在休谟哲学中是一个明确的前提。因此,印象的恒定性或一贯性并不完全来自于印象本身,它同时包含着其他能力的作用。这也正是想象。"当想象被发动起来进行一连串的思维时,它的对象纵然不在于它面前时,想象也仍然会继续下去,正如一艘船在被桨推动以后,不必重新推动,仍然继续前进一样。"[②] 可见,印象的持续性效果是由想象造成的。但同样明显的是这里的想象不是想象Ⅲ,更加不是想象Ⅱ或想象Ⅰ。所以我将这种想象称为想象Ⅳ。想象Ⅳ直接作用于印

---

① 休谟:《人性论》,第220页。

② 同上书,第225页。

象,它所涉及的是不同印象之间的关系。想象Ⅳ所产生的现象的持续性调和了印象的原子式的存在与持续性观念之间的紧张关系。虽然休谟将这种意义上的想象称为一种"虚构",但这也仅仅是相对于印象的实在性而言的,而并不意味着它是幻想臆测的产物。相反想象Ⅳ是一种具有普遍效力的能力,"想象的这种虚构几乎是无时无地不发生的;正是由于这种虚构,所以当单独一个对象放在我们的面前,并被我们观察了一段时间,而没有发现其中有任何间断和变化,那个对象就能给予我们以一个同一性的概念。"① 因此,想象Ⅳ的虚构并不使它等同于想象Ⅰ。

外物存在的观念虽然是想象的虚构的产物,但同因果观念一样,我们将一种信念赋予它。那么外物存在观念的信念是如何产生的呢?在对因果观念的分析中,我们发现信念必然来源于印象的活泼性和强度,在观念的特殊的产生方式中,印象的活泼性与强度以链条的方式传递给了观念。这在因果观念中是简明的,我们可以清晰地描述出这个链条的发生方式。但在外物存在观念中,生动性的传递则不那么清晰了,以致斯特德认为"休谟不能解释持续的独立的存在观念的起源,由于信念只是一生动的观念,他没有资源来解释对持续与独立存在的信念。"② 我认为斯特德的失误在于他没有发现外物存在观念是以一种特殊的方式发生的。因果观念的链条式的传递并不是唯一的生动性获得方式。由于想象Ⅳ式对于印象持续性所施加的一种虚构,因此信念的生动性源头只能在印象的持续性中寻找。"关于知觉的同一性的信念绝不能发生于理性,而必然发生于想象。想象只是被某些知觉的类似关系所诱引而发生那样一种信念的。"③ 休谟这里又重提了记忆,"这个倾向又是借现前的记忆印象才引起信念;因为如果回忆不起先前的感觉,我们显然永远不会相信物体的继续存在。"④ 但这里的记忆已经不是最初的观念对印象秩序的重现。Wayne Waxman 认为"记忆在这里有双重功

① 休谟:《人性论》,第 237 页。

② 巴里·斯特德:《休谟》,第 108 页。

③ 休谟:《人性论》,第 237 页。

④ 同上书,第 237 页。

能:连续的知觉意识的根源和连续知觉的相似的意识的条件。由于对外物存在观念的信念不能仅仅来自于观念的连续,观念不是因果式联系于印象,因此只有记忆的方式使之生动化。”[①]因此可以说在印象的持续性中,记忆的印象引起了信念。想象Ⅳ是在对外物存在观念的虚构之中,根据其与印象的亲和关系,而使生动性附加在观念之上,我们因而相信物体的继续存在。因此,想象Ⅳ与信念的关系不同于想象Ⅲ与信念的关系。想象Ⅳ并不依赖于印象的传递,而是内在于印象的发生方式之中。因此可以说休谟暗示了外物存在的观念在信念强度上强于因果观念,这还可以从休谟对想象Ⅳ发生规则的论述中得到验证。

那么推动想象Ⅳ的力量是什么?在前面的分析中,我们已经获知了想象Ⅰ与想象Ⅱ依据于“吸引”原则,想象Ⅲ依据于习惯的温和的力量。但对于想象Ⅳ这些原则都不适用。休谟给出了另一个答案。“这个根据现象的一贯性得来的结论,显然似乎与我们关于因果的推理是同样性质的,可是在考察之后,我们将发现,两者实际上是大不相同的,而且这种推断是从知性,并在间接方式下由习惯得来的。因为人们立刻会承认,除了心灵自己的知觉以外,没有其他的东西真正存在于心灵中,所以任何习惯如果不依靠于这些知觉的有规则的接续出现便不可能养成,不但如此,而且任何习惯也永不可能出现那种规则性的程度。”[②] 这段文字不仅指明了想象Ⅳ所依据的力量来源,而且也点明了它与习惯的关系。休谟明确否认想象Ⅳ的来源在于习惯,习惯的产生必然有一定的经验基础,它是习惯的可能性条件。想象Ⅲ的发生所依据的习惯规则,不能成为想象Ⅳ发生的经验规则,而且想象Ⅲ的习惯规则要以想象Ⅳ所依据的规则为条件。休谟在这里似乎暗示了想象Ⅳ的规则只能来自于印象本身的属性。对于这种推动想象Ⅳ发生的力量,休谟并未给予明确的命名,只是有时模糊地称为“自然的倾向”。这种自然的

---

① Wayne Waxman, *Hume's Theory of Consciousness* (Cambridge University Press, 1994), p. 252.

② 休谟:《人性论》,第 234 页。

倾向的发生完全在于印象自身的关系。“我们从经验中发现，几乎在全部感官印象中都有那样一种恒定性，以及它们的间断也并不对它们产生任何变化，也不妨害它们以同一现象，同一位置再返回来，一如它第一次存在时那样。”① 休谟有时将这种自然的倾向勉强称为类似，但又立刻指出存在有两种不同的类似关系，“有两种类似关系，使我们把一系列接续着的间断的知觉误认为是一个同一的对象。第一种就是知觉之间的类似关系，第二种就是心灵在观察接续的类似对象时与观察同一对象时所有的那种类似的活动。”② 前一种类似是最初所提到的观念联结的原则，后者则是印象本身之间的类似关系。两者显然处于不同的运作层次。但是休谟对于印象自身的倾向性的强调多多少少已经偏离了他对印象的原子式的描述。就想象Ⅳ而言，它似乎不是外在于印象的，附在于印象的限制性条件，而是内在于印象之中的发生性机制。不过这个问题“有些深奥，不易领悟”。对此作进一步的引申恐怕会偏离休谟的原意。因此我们必须“约束那种过度探求的欲望”。

四、休谟想象的一般性解说及其根源

本文的最后部分首先来回应斯密对休谟的指责。斯密对于想象的两种含义的划分，可以分别对应于本文所论述过的想象Ⅰ和想象Ⅲ。但是就想象Ⅰ而言，斯密没有注意到它与想象Ⅱ之间的微妙关系，忽视了想象Ⅰ只是想象Ⅱ的一种极端化的表现方式。就想象Ⅲ而言，斯密没有注意到它与想象Ⅳ之间的不同的信念发生方式的共同性。斯密对想象的多重含义的省察不足造成他不能清晰地划分想象的界限。斯密只是将界限划分在想象Ⅰ和想象Ⅲ之间，而没有留意想象Ⅱ的特征以及想象Ⅱ与想象Ⅰ的关系。这就使他不能发现想象Ⅰ的根本性特征，而只停留在它的新奇变幻的面相。前面的分析已经表明了只有通过想象Ⅱ来理解想象Ⅰ，它的根本特征才能显

---

① 休谟：《人性论》，第231页。

② 同上书，第232页。

露出来，即它只是一种特殊的观念间的关系。而想象Ⅲ及想象Ⅳ之所以能承担信念的产生，在于它们所涉及的是印象与观念之间的关系。因为信念一定根源于印象的强度和生动性。经过本文的分析我们可以发现想象Ⅱ和想象Ⅲ之间的区分才是一个根本的区分，前者只停留在观念的关系上，后者作用于印象与观念之间。根据这个区分，我们就不难回答斯密所提出的事实与虚构的问题。在休谟的理论中，“事实”实际上就是有着强烈信念参与的观念，而信念的产生必须依靠想象在印象与观念之间发生，这也就是想象Ⅲ及想象Ⅳ的功能。相反，无法触及印象的想象就不能产生信念。在这种意义上，想象Ⅰ由于既没有印象的生动性的保证，又没有任何原则的引导，则不免流于无稽的幻想。

对于斯密问题的解决，也将我们引向更深层次的探讨。我们在前面的分析中已经发现了“想象”这个词出现在诸多不同的问题情景中，它的含义与功能也随之呈现出多样的变化，我们甚至区分出四种不同意义的想象。但问题是这些不同的想象是否可以获得一个统一的说明？如果这一努力失败的话，那么休谟的“想象”概念就不过是应付不同理论需要的临时拼凑。因此，如果要赋予“想象”在休谟观念理论中的核心地位，一个统一性的说明就不可避免。

但是并不能简单陈列出想象的各种含义，并通过概念分析得到它们的共同点，进而将这个共同点指认为想象的统一性。这不仅是因为这些想象之间的差别如此之大，以致概念分析的努力不免会令人失望，而且因为即使以这种方式获得了想象的统一性，它也仍然是一种表面上的相似。由于想象是一种心灵的活动，概念方式的统一会遮蔽不同活动的发生机制的根源性的统一。多种的想象如果不是休谟随意应用的话，就必须在根源处具有统一性，也就是说，各种不同的想象都可以从这个根源中生发出来。

因此，问题就转移到对这一根源的追问。其实，我们在回应斯密的问题时已经提示出了线索。我们根据印象与观念的关系来区分不同的想象，并进而以这种方式解决事实和虚构的区分问题。这里想象的分析参照于印象与观念的框架。印象与观念是休谟在《人性论》一开始就勾画出的一个基本的知觉结构。一方面,形形色色的观念是休谟所要处理的主要问题;另一方面,印象的第一性是休谟反复申明的原则,它规定了观念的实在性的有效范围。因此,对于想象的根源的寻求自然会追溯到这个印象－观念的知觉结构。

说明想象如何根源于这一结构,首要的是说明这一结构本身。首先,印象是“初次出现于灵魂中的一切感觉、情感和情绪”,而“观念是感觉、情感和情绪在思维和推理中的微弱图像(image)”。[①] 休谟直接呈现出了知觉结构的两极。但这个结构绝不是这两个要素的简单拼凑,重要的问题是它们之间的关系。不过,更加吸引评论者注意的是它们之间的差别,因为休谟只将它们的差别建立在生动性或强度上。这是令众多评论者不满之处,因为程度不是一个明确可行的区分标准。但如果就休谟的主要意图来说,程度的区分不仅不是缺陷,反而是为更深入的阐释留有余地。因为,就观念的生成来看,一方面它必须以印象为底本,另一方面对于观念的实在性信念也必须来自于印象的生动性、活泼性或强度。正是程度上的区分使由印象向观念的强度赋予成为可能。如果以其他方式作为区分的标准,那么如何说明这种传递就变得十分困难。如艾耶尔试图以直接性作为印象的根本特征,而观念只是次生的。[②] 但这样一来,就无形中在印象与观念之间设置了一道难以跨越的障碍,以致无法说明生动性由印象向观念的传递,也无法解释信念的生成。

休谟对于这一知觉结构的另一个说明是印象与观念的共生关系。“任何一种都可以说是其他一种的反映;因此心灵的全部知觉都是双重的;表现为印象和观念两者。……观念和印象似乎是永远互相对应的。”[③] 从休谟本人的这一陈述中,我们就可以说并不存在无印象根源的观念,任何观念都

---

① 休谟:《人性论》,第 13 页。

② 参见艾耶尔:《休谟》,曾扶星、郑莹译,中国社会科学出版社 1990 年版,第 45 页。

③ 休谟:《人性论》,第 14 页。

是印象的复现。但同时休谟也暗示了没有单纯的无观念的印象。无论印象以何种方式呈现于心灵,都会同时造成观念的影像。只有从这两方面的意义上,才能给予这个双重结构以充分的解释。

但无论是对程度的区分,还是对双重结构的强调,中间都缺省了一个必要的发生性环节。印象向观念的生动性的传递究竟是依赖于什么样的能力?印象与观念的紧密联结究竟依靠的什么样的力量?休谟没有直接回答这个问题,但不等于休谟漠视这个中间环节的存在。我们可以模仿休谟的方式来讨论这个问题。"承担印象与观念关联的能力是感性、理性还是想象?"感性如果在休谟那里只意味着外界的被给予的印象的接受性能力的话,那么它显然不能完成我们所要求的任务。感性不能超出印象的当下的倏生倏灭,无法完成向观念的超越。相反,如果感性能够被我们所觉知的话,它就需要一种维持其存在的能力。于是我们可以说,感性不仅不可以成为结合印象与观念的能力,相反,它的存在反而有赖于一种更为根本的能力。那么理性的情况又如何呢?如果理性或知性只是涉及观念之间的关系的能力。那么它的局限在于对于观念的根源不加过问。而这就说明它不仅不能成为联结印象与观念的能力,而且它的可能性反倒有赖于联结观念与印象的那种根本性的能力。

那么,最后也只有想象可以承担这个任务。其实,在休谟对观念的描述中,已经透露出了一丝信息。休谟将观念称之为"图像"(image),既然是图像,就要有使之成为图像的能力,这也就是"想象"(imagination)。因此,我们将想象看作是心灵中表象观念的一般性能力。这样想象的多种含义就可以获得一个统一性的表述。不过,词源上的考察也许不能当作充分的证据。更为充分的证明是休谟本人对于想象的论述。前面的分析已经说明了对某些特定的观念的信念的发生依赖于想象以某种方式将印象的生动性赋予观念。但想象之所以能够承担起这一任务,原因也不过是在于它本来就是一种由印象表象观念的能力。而如果没有这样一个联结纽带的话,我们只能在印象的闪现与观念的幻觉之间无所适从。同时,只有通过想象,才能解释为什么印象与观念之间会有如此紧密的共生关系。因为想象作为表象观念的能力,它的素材只能来自于印象,但印象并不只是以其本来面目投射于心灵,印象在作用于心灵的同时,作为复本的观念也显现于心灵。印象虽然是观念产生的必要条件,但是单纯的印象对于心灵也是毫无意义。这就意味着来自心灵本身的能力的重要性。如果没有这样一种能力,印象与观念之间就只有松散的拼凑。这种心灵表象的能力只能是想象,在这个表象活动中,完成了印象与观念的联结。因此,我们就可以说想象就扎根于印象-观念的知觉结构之中。想象的不同含义都可以回溯到这个结构中得到解说。当然,如果就印象与观念的关系而言,想象Ⅲ与想象Ⅳ的解释相对容易一些,因为二者直接就涉及到了印象与观念的关系,而想象Ⅰ与想象Ⅱ如何回溯到这个结构中就略显困难,因为它们处理的只是观念间的关系。但如果澄清了观念的本质之后,这一表面的困难就不难解决了。因为观念总是印象的复本,任何观念都有相应的复本,所以它们最终仍然根源于这一知觉结构。

想象的根源在于印象-观念的知觉结构之中。但我们的阐释似乎同时表明了正是因为想象扎根于这一结构的核心位置。所以其他的认识活动都要以想象作为根源。更明确地说,其他认识活动要以想象为基础。前面我们已经提示过了,感性或理性都要以想象作为根本性条件,休谟本人也说过,“记忆、感官和知性都是建立在想象或观念的活泼性上面的。”[①] 只有在澄清了想象的根源之后,才能理解休谟这一晦涩的表述。因此我们才能够说,“想象这一传统上所认为的一种边缘的能力,最终成为我们所有知识的基础”。[②]不过休谟对想象的强调,在哲学史上也并非绝唱。我们在康德的先验想象力的理论中,在维特根斯坦的图像理论中,都能发现隐约的相似之处。虽然休谟的思想对后两者有过多多少少的影响,但不过最好将这看作

① 休谟:《人性论》,第296页。

② Wayne Waxman, *Hume's Theory of Consciousness* (Cambridge University Press, 1994), p.63.

是这些哲学家在思想深处所产生的理论共鸣。当然,对这些问题的讨论只能留待另文了。

(作者系北京大学博士生)

恶、人的自由与上帝的自由

张　旭

本文的主要目的是考察谢林的自由概念。像谢林一样，要考察自由概念就必须考察与自由有关的各种对象，包括自然、人的本质、上帝和恶等概念，这些概念是谢林理解人的自由概念的境域。本文将对谢林的《自由论文》进行全面的解读。

林曾经多次提到自己在36岁时写下的《自由论文》(全称为《关于人类自由的本质及其相关对象的哲学研究》,1809)是他的哲学著作中最为重要的一篇。《自由论文》堪称谢林一生屡遭失败的探索中的一个辉煌的顶点。“它是谢林最大的成就，它同时也是德国哲学最深刻的著作之一，因而也是西方哲学最深刻的著作之一。”[①] 海德格尔关于谢林的评论是他生前(1971年)发表的三篇重要的讲稿之一，另外两篇是关于荷尔德林和尼采的讲稿。海德格尔认为谢林和尼采是探索(由荷尔德林所开启的)新开端的两个失败者，[②] 他试图纠正对黑格尔与

---

① Martin Heidegger, *Schellings Abhandlung: über des Wesen der menschlichen Freiheit* (Tübingen: Max Niemeyer, 1971), S. 2. 海德格尔，《谢林论人类自由的本质》，薛华译，辽宁教育出版社1999年版，第3页。

② 同上，S.4；第5页。

谢林关系的传统理解，[①]将谢林说成是德国古典哲学的顶峰和终结者，而“这篇独特的论文达到了德国唯心论形而上学的顶峰”，[②]是“稀世罕见之作”，是整个德国哲学最富创造力和最深刻的著作之一。因为，“谢林真正是整个德国哲学一个时代中最有创造性和跨越度最广的思想家。他从德国唯心论的内部推动它，并使它超越它自己的基本立场。”[③] 这一评论成为谢林哲学复兴的一个强音，海德格尔因谢林在自由问题上的取向而将他引为自己的同道，并把谢林思想的任务视为“追问存在的真义”。早在1795年2月4日写给黑格尔的信中，谢林就说：“在神性的自由之外没有别的解释世界的原则。它只有通过自身展示和证明自己”；“整个哲学的起点和终点就是自由。”谢林的自由体系的任务是思索同一性的根据本身，海德格尔认为，谢林建立了一个相当于康德的纯粹理性批判的“恶的形而上学”，通过神智论对神正论的回答，深入到了整个西方形而上学最为根本的本体论神学之根基。

海德格尔的两部解释谢林的著作对谢林思想的研究产生了很大的影响。海德格尔对谢林的第一部解释著作《谢林论人类自由的本质》(1971)不像其两部《康德书》那样有争议。海德格尔认为，“谢林的论文之所以是最深刻的哲学著作之一，恰恰是因为在一个独特的意义上它同时既是本体论的，又是神学的。”[④] 海德格尔认为，西方文明最根本的特征就是哲学与神学一体的结构，相对于西方哲学的本体论神学这一特征而言，非西方的思想都是

---

① 同上页注①书，S. 15；第18页。同样的努力也参见，Andrew Bowie, *Schelling and Modern European Philosophy*: *An Introduction* (London/New York: Routledge, 1993)，第六章“谢林还是黑格尔？”

② Martin Heidegger, *Die Metaphysik des deutschen Idealisimus*: *Zur erneuten Auslegung von Schellings*: *Philosophische Untersuhungen über das Wesen der menschlichen Freiheit und die damit zusammenhängenden Gegenstände* (Frankfurt/M: Vittorio Klostermann Verlag, 1991), S. 1.

③ Martin Heidegger , *Schellings Abhandlung*: *über des Wesen der menschlichen Freiheit* (Tübingen : Max Niemeyer , 1971), S. 4. 海德格尔，《谢林论人类自由的本质》，薛华译，辽宁教育出版社1999年版，第5页。

④ 同上，S. 62；第78页。参见，S. 79－80，第100页。

“非哲学”且“非神学”的，而谢林则是介于“哲学与神学之间”或者说“调和基督教与哲学”的最明显的代表。这种 19 世纪的“调和”或“中介”，与其说是现代基督教的世俗化，不如说是现代哲学的基督教化。介于“哲学与神学之间”的蒂利希(1886－1965)受谢林的影响最大，他说过，是谢林决定了他的哲学和神学思想的发展。在第二部对谢林的解释著作《再论谢林》(1991)中，海德格尔完全将谢林置于他的西方形而上学历史命运的视角中(即形而上学作为本体论神学)进行考察，其中尤以谢林的意志概念为重。[①] 可以说，对谢林的《自由论文》的两部解释是海德格尔探讨本体论神学主题的重要文本。在《我进入现象学之路》(1963)一文中，海德格尔说：“从布莱格那里我第一次听到谢林和黑格尔对于整个根本上不同于经院哲学的教义体系的思辨神学的重要性。就这样，本体论与思辨神学之间的张力作为形而上学的结构便进入了我的研究领域。”[②] 这就是海德格尔本体论神学思想的最初的起源。[③]

谢林的《自由论文》是哲学史上毫无争议的一个经典，赫费(Otfried Hoeffe)于 1995 年主编了经典解释系列中对《自由论文》的解释。[④]从这篇论文中，我们可以看到谢林的哲学天才和挥洒自如的文笔。谢林的自由概念不仅吸收了奥古斯丁、路德、斯宾诺莎、莱布尼茨、康德的自由概念，而且还加入了德国神秘主义和基督教的思想因素。因此可以说，谢林的自由概念是一个融合哲学与神学的综合性的概念：既有实在论的因素，又有观念论的核心；既有恶的可能性，又有善的原初地位；既有个体的自由，又有神性的必

---

① 同上页注③书。参见 Martin Heidegger, *Der Deutsche Idealismus* (*Fichte, Hegel, Schelling*) *und die philosophische Problemlage der Gegenwart* (Frankfurt/M: Vittorio Klostermann Verlag, 1997)。

② Martin Heidegger, *Zur Sache des Denkens* (Tübingen: Max Niemyer Verlag, 1969), S. 82.《海德格尔选集》，第 1281 页。

③ 关于谢林与海德格尔两位诗意哲学家的研究，1975 年东京大学的大桥良芥(Ryosuke Ohashi)出版了一本名为《出神与泰然处之：论谢林与海德格尔》(*Ekstase und Gelassenheit: Zu Schelling und Heidegger*)的著作。

④ Otfried Höffe/Annemarie Pieper (Hg.), *Klassiker Auslegen*: *F. W. J. Schelling, über das Wesen der menschlichen Freiheit* (Berlin 1995).

然性。谢林并未将自由概念视为一个不言自明的前提，而是将其视为人之为人以及哲学之为哲学一直有待追问的问题本身。

谢林的《自由论文》以“对人类自由的本质的哲学探讨”一句开篇(《谢林全集》标准编号，第一辑第七卷，I/7,336;汉译，第258页)，直接提出两个任务：第一，由自由的感觉和独特的事实感出发，经过感官之外的理智，再经过意志，最终将其上升为认识、知识和概念；第二，由这一概念开始，探讨它与整全的体系的关系，或者说它在整全的体系中的位置。紧接着谢林又十分紧凑地指出，自由概念决不能作为一个从属概念，而必然要在这个体系中成为核心。因为，正如谢林在后面所说的那样，谁如果体会到了自由的感觉和独特的事实，谁就必然要把这种感觉贯穿到整个世界之中，并且使自由概念成为哲学的“一”与“全”(I/7,351;第272页)。谢林马上又代一般人(尤其是我们这一时代的哲学)设问：既然自由与体系是不相容的，那么一种自由体系是如何可能的呢？谢林回答说，自由的体系至少存在于上帝的理智之中。稍后谢林又解释道，这是因为圣经本身就证明了自由就是我们有信仰地存在和生活于上帝之中(I/7,340;第261页)。就这样，谢林仅用不到一页的篇幅，就将自己的问题域与问题方式阐述得清清楚楚。

接下来，为了论证个体自由存在于上帝之中，谢林将自己一下子投入到了为斯宾诺莎的理性主义泛神论体系辩护和重新解释的任务之中。海德格尔说：“斯宾诺莎总是重新引起整个德国唯心主义思想的注意，并且同时也把他们置于矛盾之中，因为他使思想从绝对者开始。”①上帝作为一切存在之根据的斯宾诺莎式泛神论必须被证明，它同时也是每一个体获得其独立性的体系。也就是说，斯宾诺莎的泛神论并不像人们通常所不假思索地认为的那样，与莱布尼茨的单子论相对立。相反，无限实体只是相对于有限而言，它并不排斥特殊性，而恰恰要以承认特殊性为前提(I/7,344;第266页)。谢林以莱布尼茨所理解的“先行与随后”关系的同一性概念打通了斯

① Martin Heidegger, *Identität und Differenz* (Pfllingen: Gunther Neske Verlag, 1957), S. 43-44.

宾诺莎与莱布尼茨二者的体系(I/7,342;第 264 页)。这样,谢林就确立了这一体系的实在性,完成了其计划的第一步。

要克服斯宾诺莎冰冷僵硬的决定论体系,关键的步骤是给它输入费希特的先验唯心论的鲜活温暖的精神气息,将意志和生成概念引入整个体系之中(I/7,350,359;第 271、279 页)。我们应当指出,这两个概念在莱布尼茨的思想中就已经占据了重要的地位。正如后来的叔本华和尼采的哲学信念一样,莱布尼茨的"永恒生成"概念认为,没有存在,只有永恒的生成。而费希特的独特之处在于,他将这两个概念视为绝对者"自我"的本质特征,以绝对同一者的意志和生成克服了康德的现象与自在之物之间的分裂,这就是德国唯心论的开端。但费希特将此同一者视为精神性的"自我",并据此建立了他的伦理学体系。在谢林看来,他的伦理世界秩序不过是一种失去了实在性的单薄的体系(I/7,337;第 259 页)。不过,归根结底,谢林认为费希特的观念论的自由所达到的高度,无疑是对斯宾诺莎的片面实在论体系的突破,因此也正是他的思想的出发点,以及他的体系区别于斯宾诺莎的体系的独特之处,这也就是谢林这篇论文最后那句话的含义之所在。《自由论文》显然还不是谢林所构思的整个自由体系的全部,而不过只是它的一个导论。

将实在性和精神性贯通,是谢林自我担负起来的哲学使命(I/7,333,350;第 255、271 页)。谢林对斯宾诺莎和莱布尼茨的综合体现在"生成"、"意志"、"根据"和"启示"等关键概念上的突破:整个体系自身就是生成的,是基于上帝的原初意志的,是基于作为根据的上帝的,是上帝启示自身的级次,因此,自由才可以从自我扩展到整个自然——即上帝——之中。在对体系的实在性和精神性进行解释之后,谢林又着手解决自由概念的实在性问题。因为在他看来,康德在《实践理性批判》中所完成的,恰如康德本人所说,只是自由的形式概念。[①] 也就是说,康德只是一般性地建立了自由之形式的和先验的原理,还远未触及自由的实在性,当然费希特就更不必提了。

---

① 关于康德的自由概念,参见阿利森,《康德的自由理论》,陈虎平译,辽宁教育出版社 2001 年版。

谢林建立自由之实在和生动的概念的关键之处在于,他提出了恶的实在性概念,并且进一步在笛卡尔、斯宾诺莎和康德等人的“善的意志”的观念与“自由是致善的能力”之上加上了一个“恶”字,并且将恶的可能性建立在人类的自由能力之中,即能善“与”恶(I/7,352;第273页)。就此而言,谢林使此前的观念都显得仍旧是古典的。与柏拉图和奥古斯丁一样,斯宾诺莎也同样将恶视为善的缺失,从而将二者无差别地置于其理性主义的体系之内。谢林在得到自由的生动概念之后,马上又遇到了新的困境,被提到费希特唯心论的高度的斯宾诺莎体系必须回答最为棘手的、莱布尼茨在《神义论》中所提出的那个经典问题:“恶从哪里而来?若是上帝存在,那么怎么能有恶呢?如果没有上帝,那么怎么又可能有善呢?”

为回答这一问题,谢林首先运用了从康德那里学到的对恶的可能性与现实性的区分,这是只有到了康德才能做出的一个极为重要的区分。恶的可能性正基于人类自由的本质之中,而人的自由又基于上帝之中,因此,在上帝之中必然有人作恶的可能性。难道要像某些民族神话和宗教所说的那样,在上帝之中存在着一种善与恶的二元论或“双重意志论”吗?谢林在此特别借助波墨的神智论的神秘主义的两个重要思想来改造斯宾诺莎的上帝自因概念:一个是爱克哈特和波墨的无根据的甚至是“无”的上帝概念;另一个是波墨的自我分裂的、三位一体地启示自身的上帝概念。

波墨(1575-1624)是第一个德国哲学家。他的哲学思想内容是真正德国气派的。波墨哲学中最值得注意的最优秀的东西就是上述的新教原则,即把神灵世界纳入自己固有的心灵,在自己的自我意识里直观、认识、感觉过去被放在彼岸的一切。事实上,也是由于有了他,德国才出现了具有独特风格的哲学。[①] 这是黑格尔对波墨的评价。德国现代哲学的起源正是德国神秘主义和路德新教神学,它们使得德国哲学家的民族气质和德国哲学特

① 黑格尔,《哲学史讲演录》,第四卷,第34页。

殊的样式得以塑造。[①]无论是谢林，还是黑格尔，都是德国神秘主义传统的继承者，也都是新教神学的哲学改造者。黑格尔和谢林都汲取了波墨的神之自我离异并作为恶的来源以及三位一体启示在一切事物及其性质之中的思想。虽然在德国掀起了"波墨复兴"的是巴德尔，但谢林是被公认受波墨影响最大的哲学家。[②] 在《近代哲学史》中，谢林对波墨推崇备至。谢林不仅借助神智论思想建构自己的同一哲学体系，而且还采用了许多波墨的用语，如"无根据"以及夜与昼、爱与恨等隐喻。在《自由论文》中，我们可以看到在善与恶、光明与黑暗、普遍意志和私己意志、存在与存在的根据、人的自由生存与他的本质（上帝）之间充满了波墨式的斗争。

受波墨的两个概念的启发，谢林在结束了论文的导论（I/7，336－357；第258－277页）之后，以对上帝之中的存在（Existenz）与存在的根据（Grund）的区分开始了对正题的讨论。谢林一开始就指出，存在与其根据的区分始于他本人向布鲁诺的自然观念回归的自然哲学，最初见于《我的哲学体系的解说》，稍后见于他和黑格尔一起出版的《思辨物理学杂志》。但是，在谈到上帝之内而非自然之内的这种区分时，则主要依据的还是斯宾诺莎的思想。根据斯宾诺莎的看法，任何事物都不是孤立存在的，一事物的存在总在其他事物那里具有某种根据。从这一思想出发，斯宾诺莎定义了上帝与世界（或者说自然）的

---

① Martin Heidegger, *Schellings Abhandlung: über das Wesen der menschlichen Freiheit* (Tübingen, Max Niemeyer Verlag, 1971), S. 37－38. 海德格尔，《谢林论人类自由的本质》，薛华译，辽宁教育出版社，1999年，第49页。海德格尔说："在宗教改革中不仅仅通过德国新教使罗马基督教的教义发生了变化，而且基督教对存在的经验方式的影响也发生了翻转。在中世纪爱克哈特、陶勒（Johannes Tauler）、瑟伊斯（Seuse）和条顿神学那里所孕育的东西，通过库萨的尼古拉，经由路德、弗兰克（Sebastian Frank）、波墨和艺术中的丢勒，都被带到一个新的起点和全面的境界。"

② Karl Leese, *Vom Jakob Böhme zu Schelling: Zur Metaphysik des Gottesproblems* (Erfurt, 1922); Ernst Benz, *Schellings theologische Geistesahnen* (Wiesbaden, 1955); Jürgen Habermas, *Das Absolute und die Geschichte*, Inaugural Dissertation (1954). 除了波墨之外，其他的通过巴德尔对谢林产生影响的还有欧廷格（Christoph Oetinger）、施维登伯格（Emanuel Swedenborg）、本格尔（Johann Bengel）、圣马丁（Saint Martin）、陶勒、爱克哈特、库萨的尼古拉等等。当然，不可避免地谢林也被认为受到了基督教新柏拉图主义的影响，参见 Harold Holz, *Spekulation und Faktizität* (Bonn, 1970)。

区分,此即自因的概念。斯宾诺莎认为,上帝在其自身之中具有自身独立的根据。但是,斯宾诺莎的体系同时也暗示,自在的上帝是不完满和不可知的上帝。这也就敞开了通往波墨之路:上帝具有某种混沌、黑暗和深渊般的东西,具有某种不属上帝自身、因而也是上帝必须要克服的东西,而且上帝惟有通过分裂和出离自身才能克服这种东西。这就是上帝之内的波墨式的原始斗争:上帝之内的自然与精神的斗争,以及上帝自身与不是上帝、但同时又作为上帝的根据而与其一起存在的东西的斗争。对于谢林来说,这才是活的自然与活的人之真正活的上帝。在上帝之内的这种创世之前的无时间性(传统称为“永恒”)的、必然性(但同时也是自由)的同一性,只有首先经过善恶的“两极”分化,再经过自然、精神和爱,从而“级次”地启示自身,启示为差异的、级次的世界,才能成全上帝自身的神的理智(原理智)与神的意志(原意志),上帝才得以真正地、永不停息地“生成为”上帝。谢林认为,只有这样的“二元论”和启示概念才可称作是唯一正确的。如果从谢林的观点来看,蒂利希之上帝作为存在的概念其实并不模糊,上帝作为存在同时既是存在本身,又是存在的根据,也是作为所有存在者之根据的存在。

到了这一步,我们就可以提前地说,谢林解释人类自由的本质的成功之处与其说是神学的,不如说首先是从其自然哲学开始的本体论的;与其说他引进了泛神论的体系,不如说他通过唯心论的同一哲学和神智论的神秘主义改造了其体系的最高概念——上帝的概念。顺着这一思路,我们就可解释谢林为何在其论文中多次讨论同一性、系词以及原初的无时间性和无语词性等问题。并且,这也正是海德格尔盛赞谢林的思想达到了本体论神学的最高高度的原因之所在。

在上帝的神性自由概念上取得突破之后,谢林接下来要讨论上帝之内的区分在人那里是如何启示出来的。上帝在自身之内包含其自身存在的根据,由于存在与存在的根据是截然不同的,所以我们就不得不再悖论(或辩证)地说,上帝在自身之内既包含自身,又包含不是其自身之自身的根据,这一根据上帝自身“尚未”认识,并渴望能够加以认识。因此,在上帝平静和封闭的内部,孕育着上帝生成自身,并从而认识自身的无限渴望、冲动和原意志。于是上帝从他的根据之中脱颖而出,就如光冲破重力、生命冲破胚胎或种子。这就是上帝的自我启示,同时也就是上帝的创世(天、地、人、万物的创造)。所谓上帝的创世,就是指上帝在自然和人那里展开和启示自身。上帝将自身之内以原初爱的意志之纽带所连接的自然和精神,以不同的级次启示于自然和人,但这并非是以截然分裂的方式分别地体现在自然和人之中,因为按照谢林的自然哲学,自然之中孕育着精神,而人也自有其自然。也就是说,上帝之内的区分同时体现在自然与人之中,只是级次有所不同。

上帝恰恰通过人的自由展示自己的理智与意志、自由与必然性,亦即人是上帝启示自身的他者,这就是人的级次。人的本质因此就是上帝启示自身的中介或载体,借用老柏拉图主义者的话说就是"物质"。谢林在此将基督教的三位一体学说人类学化或拟人化了,按照基督教教义,上帝只有在人类之典型耶稣基督身上才唯一地启示自身。上帝在人那里所启示的,一方面是人的精神性之不断超越自身限度的自由,另一方面是人永恒地回归于其自然和根据的力量。正是上帝之中原初的爱之意志的纽带,保护人不被这两种力量所撕裂,相反还促使二者达到各自的极限。谢林说:"在人类中作为黑暗原则的整个的力,同时也正是在人类中作为光的整个的力。在人类中存在最深的深渊和最高的天空,或者说在人类之中有两个中心。人的意志既是隐蔽在永恒的渴望中的、还仅仅是在根据上存在的上帝的种子,也是封闭于深处的上帝的生命闪光。"(I/7,363;第 283 页)这句话正是理解《自由论文》的钥匙,于是我们看到,在人类之中,自由总是要克服吞噬自己的根据的吸引之火,不断地向上攀升,越来越成为纯粹的精神。就如同放纵的人身上存在着疾病的可能性一样,正是在这种本已精神的意志之中存在着恶的可能性,也就是说,存在着精神性的力量统治人的自然之僭越和颠倒。不仅如此,他更有可能进一步地要求割裂上帝的爱的原初意志之纽带,成为杀死上帝的最大的恶者,就像尼采的疯人一样。恶的可能性绝不在于物质或感性事物之中,而在于上帝借以启示自身的人的精神性当中。谢林说得好,魔王本是堕落的天使长。

在人的自然、人的精神性自由与上帝的原初纽带这三个级次当中,存在着一个根本的秩序，或者说存在着“普遍的、根据的”、“本己的、理智的”和“原初的、爱的”三种意志。这一根本秩序正是谢林的本体论神学的自由体系得以确立的三个要素。人的自由要从上帝的神性自由或必然性来思考，要考虑到人与自然、人与上帝的原初归属性或者说互属性。就像一个老柏拉图主义者所持有的那种美妙的信念一样，人的自由并不是最高最广的东西，当然也不是最深的东西，因为人是神与兽之间的存在物。换句话说，人的精神性并不是最高最广的东西，就像谢林在批判黑格尔时所显示的那样，因为他还需要爱的意志和“宇宙灵魂”；人的精神性也不是最深的东西，因为它无法到达自己“黑暗的心脏”，就像后来的叔本华所显示的那样。恶的可能性既在于人的自由对于其根据的反叛，也在于人的自由对于其根据的遗忘。因此，即使不必像古老的基督教传统那样将人视为生而背负原罪的存在物，但也应该看到，人的生存是在惟危精一的恶的生存可能性的笼罩之中的。谢林晚期正是从这一“向恶而生”的阴沉和忧郁的基本格调中，发展出他的准生存哲学。克服这种恶的力量，就是神性的爱，这种爱既有赫拉克利特的斗争之爱的含义，也有中世纪荣耀的圣爱的含义，但决不是人的精神性的浪漫之爱。谢林最后凭神圣之爱的力量，遏制了他所钟情的“普罗米修斯的巨人和英雄的意志”。

谢林在以恶的可能性证成人类自由的实在性的同时，也以上帝的神性自由保证了人的自由的可能性，人的自由被提升到上帝的自由的根据之中保护起来。尽管斯宾诺莎和莱布尼茨的哲学都是一种本体论神学体系，但是人的自由并未处于其核心，这是因为自由还未被提升到先验的、更不用说本体论神学的高度。人的自由仅仅是精神性的，它基于并归于神性的必然。这就意味着自由决不是人的主体性，而是人归属自由，分享和参与自由，正如海德格尔所一直强调的那样。[①] 因此，自由意志是一个模棱两可的伪概

① Martin Heidegger, *Schellings Abhandlung: über des Wesen der menschlichen Freiheit* (Tübingen: Max Niemeyer, 1971), S. 11. 海德格尔，《谢林论人类自由的本质》，薛华译，辽宁教育出版社 1999 年版，第 12－13 页。

念。尽管自由仍然是生存之谜本身，但至少我们清醒地意识到了作为有限者的人之自由是有限的，并且那保障人之自由的神性自由乃是一个作为无根据本身的深渊或无。在谢林那里，人类自由的根据本身恰恰是上帝的无根据性，即"黑暗"、"深渊"和"无"，但无论如何，这都不意味着自然或上帝并不存在的纯虚无。迈出否定本体论神学自由的消极虚无主义这一步，就只剩下人的有限性自由这一积极的、放纵的虚无主义了，而这一步似乎是在继续被中断了的康德的自由概念。在转入讨论这种自由概念之前，我们先将《自由论文》一文中所讨论的自由概念作一个全面的审查。

在对谢林的《自由论文》进行解释时，海德格尔为我们细致地清理出七种自由概念。[①] 第一种自由概念是作为无需论证的自我开端(Selbstanfangen)，即从自身出发(Von-sich-aus-können)，这是一个最古老、最原初的和自发性的自由概念；第二种自由概念是摆脱某物(Freisein von etwas)，这也是一个为亚里士多德所熟悉的否定性或消极的自由概念；第三种自由概念是对于某物(Freisein zu etwas)，自我自行关联于某物(Sichselbstbinden an etwas)，这是一个肯定性或积极的自由概念；第四种自由概念是理性对激情和欲望、精神对感性的统治，这是被谢林所批判的、在近代理性主义(无论是斯宾诺莎的还是康德的)中非常流行的一个非本己的自由概念；第五种自由概念是道德自律的自我持存性(Selbstständigkeit)，是自我立法(Selbstgesetzgebung)，这就是谢林所批判的康德的形式自由概念；第六种自由概念是致善与致恶的能力，这是谢林本人的自由概念；第七种自由概念是由经院哲学家布里丹提出的著名的"既不/也不"这一悬而未决的"不确定性自由"(libertas indifferentiae)，这是谢林所批判过的一个否定性的或消极的自由概念，它是相对于必然性的可选择的自由概念。在七种自由概念中，谢林的自由概念的深刻性是显而易见的。

在谢林对自由的讨论中，我们可以区分出两种路线：一种是所谓的唯心论的自由，也就是从人的有限性论证人的自由，无论是康德在《实践理性批

---

① 同上页注①书，S. 100－101，117，123；第126－127、147、156页。

判》中从人的道德法则出发,还是费希特在《全部知识学的基础》中从人的“自我”的绝对同一性出发;另一种是所谓的实在论的有根据的自由,也就是从上帝的自由和意志论证人的自由。前者是从人的本质或人的自然去思考何为自由(乃至神性的自由或自由本身);后者是从神的启示自身的必然性去思考人的可能性。前者从有限性去思考有限性与无限性的关系,或者说,既非人的自由,也非上帝的自由,而是人的自由与上帝的自由的关系。后者则相对于前者的哲学人类学路线而言,是神智论或神秘主义的路线,或者叫被恰当地理解的泛神论,其中人作为上帝启示自身的中介。这上升和下降的两条路线交织成了谢林的自由体系的结构。这两条相互交织的路线构成了谢林平衡的、与众不同的视角,即如蒂利希所说的相互关联(corelative),或者海德格尔所说的互属(Zusammengehörigkeit)。谢林将自由视为人的自由与上帝的自由的互属,其中人的自由乃是上帝的自由启示自身的中介,而上帝的自由同时又是人的自由的根据。这就是谢林的自由概念,它基于对自由的整全的目的性的理解。

谢林的自由概念的独特性不仅在于它的“恶的形而上学”,更在于它在本体论神学上的前提,也就是谢林所说过的从恩培多克勒一直延续到歌德的古老的认识论原则:同类者认识同类,人通过己内之神认识己外之神(I/7,337;第259页)。而与谢林的自由概念截然不同的、从有限性出发所理解的自由概念则认为,这种诉诸直接性与中介性的拟人论、上帝的形象论、存在的类比、神秘主义或自然神学等等,都忽视了一个基本问题,即在神人之间存在着一个无限的、质的区别。正如加尔文和克尔凯郭尔所指出的那样,有限者不能认识无限。其结果有两个:一个是像路德和巴特那样,坚持人的自由是一种被束缚的自由;另一个是像康德和海德格尔那样,坚守人的有限性及其有限的自由。对于海德格尔而言,在“神的暗夜”和“人性贫乏”的时代中,侈谈神性的自由是没有任何意义的。让我们从谢林的自由概念出发进行发问:所谓自由,是在恰恰以完全自律的原子为系统纽带的抽象社会中的虚无和无根,丧失尺度和目的的自由呢,还是有根据、归属性和互属性的自由?这是一个悬而未决的问题。更为根本的问题意识是,要从现代性的自由概念中清醒地意识到自由的脆弱性、易碎性、有限性和风险性。自由从来都不是自明和理所当然的,正如康德所说的,自由依然保持为一个巨大的谜。这个谜恰恰是人的本质之谜,同样也是哲学的本质之谜。

在解释谢林的本体论神学的自由体系时,海德格尔说:"上帝不是被理解为一个白胡子老头,他制作种种事物,而是被理解为生成着的上帝。那不是上帝本身的、非被创造的自然的根据,它属于生成着的上帝的本质。被创造的自然也不是要被理解为如现在所是的、如我们所见的自然,而是要理解为生成着的、创造着的自然,也即一种自身是被创造的创造物,是约翰·司各特、爱留根纳所说的作为被创造的自然的创造的自然(natura naturans als natura naturata)。人也不是要被理解为那种众所周知的理性的动物,他在地球上忙碌活动,并能分解为自己的组成成分,而是要理解为那种在他自身之中同时是存在的'最深的深渊'和'最高的天空'的那种存在者。"① 我们将简要讨论一下谢林的自然、人和上帝概念的与众不同之处,以便更为充分地理解谢林的自由概念。

谢林对布鲁诺非常推崇,当谢林开始在德国唯心论框架内建立自己的自然哲学时,重返布鲁诺和波墨的传统是对自笛卡尔以来的意识、理性、精神与自然的分裂及对它的统治的克服。在《自然哲学观念导论》(1797)中,谢林找到了新的认识路径:自然在我们的思维中如何向我们显现,为什么它能与我们的思想不可分割地联在一起,也就是说,思维的主体如何成为主体?谢林认为,有意识、有目的的思维和实践行为建立在无意识的自然之上。自然的创造性在意识行为之外,又与意识、理性、精神等有着共同的根据。与黑格尔不同,谢林认为,自然而非思维,才是思同一的根据。正如弗兰克所指出的那样,存在的同一性和绝对性是不能被还原为我思和理性的。谢林于是以有意识的活动和无意识的活动之分取代了康德的合目的性与机械性之分,并指出,如果从自我的视角看,则肯定无法达到合目的性的最终根据。据此,谢林批判了因康德在自在之物与现象之间的区分所导致的精

① 同第63页注①书,S. 163;第208页。

神对自然的统治，以及他的自然目的论的根本困境，同样也批判了费希特将同一建立在绝对自我的理智直观而非自然之上的做法。谢林通过对自然现象本身(如能量守恒、紫外线的存在、电磁现象、生命有机体与疾病、化学反应、级次进化论等)的反思，突破了笛卡尔和牛顿的自然观。谢林的思辨物理学是一种不同于古代活力论和现代自组织理论的“自然解释学”，它建立了以理解自然、解释自然为人类意志的根据的原则，因而使评价自然科学成为可能。谢林的思辨物理学、思辨医学、思辨进化论和思辨生物学等都不同于自然科学的解释学，甚至与约纳斯所说的“进化认识论的虚无主义”根本对立。在德国哲学传统中，只有谢林堪当捍卫自然生态本体论的优先性地位的重任。谢林总是将自然视为人类生存的本体论关系，视为根据与整全，他与荷尔德林、海德格尔共同分享一种近乎神性的自然观。在生态问题上，谢林绝对是一个先知。他的自然哲学对于重建古老的、可以克服现代自然科学认识论和技术形而上学的自然本体论来说是不可缺少的。

谢林对人的本质的理解，可能是西方哲学中最深刻的思想之一。在《先验唯心论体系》中，谢林将人视为上帝在历史中借以启示自身的“自由的演员”:“如果我们把历史设想为一出戏剧，参与表演的每个演员都十分自由如意地扮演自己的角色，那么这种杂乱的表演中的合理的发展过程便只能这样来设想:有一位大师给一切演员制作诗歌，这位诗人写的章句就是各个演员要演的情节，他预先把整个演出的客观效果与各个演员的自由表演协调起来，使得最后一定会真正出现某个合理结局。但是，假如这位诗人不参与他写出的剧本的演出，我们就只是演唱他已经做出的诗句的演员。如果他不是不参与我们的演出，而是仅仅通过我们的自由表演本身，不断把自己启示和表露出来，以至于连他自己的生命也与这种自由不可分离，那么，我们自己便是参与整个戏剧创作的诗人，是我们所演的特定角色的亲自编造人。”① 谢林将人视为上帝在世界历史中启示自身的中介，作为中介者的人

① 谢林，《先验唯心论体系》，梁志学、石泉译，商务印书馆 1976 年版，第 251－252 页。

则是自身的自由生存之自由的演员。人是自己自由命运的热爱者,这构成谢林的自由生存论的一个方面。

在另一面,谢林指出人的生存之恶的可能性。恶的可能性来自人的生存中无意识的、盲目的、意志的、黑暗的和骚动不安的那个核心:自然和根据的引力。谢林还指出这种黑暗的意志类似于生殖的冲动。恶的可能性就像燃烧着地狱的毁灭之火的深渊,人总是时刻处于深渊的边缘。生存中充满了"畏",这种"畏"不是对于死亡和无的"畏",而是对生存中的恶的可能性的"畏"。这种恶的可能性使人实际的生存情调充满悲伤和忧郁,在谢林晚期的实定哲学中,这种准悲观主义的生存情态成为未来存在主义的先兆。

在海德格尔所说的、相当于康德的《纯粹理性批判》以及黑格尔的否定之否定的、谢林的"恶的形而上学"中,恶是理解人的自由和人的本质的关键。谢林 17 岁时的硕士论文的题目就是《根据〈创世纪〉的第三章对有关人类罪恶起源的古代哲学命题的批判和哲学分析的尝试》。早在 20 岁以前,谢林就已经将莱布尼茨的《单子论》和《神义论》烂熟于胸。和莱布尼茨一样,谢林从人类自由的本质入手,思考恶的可能性问题,并依据同一性原则寻求最后的根据,最终归结到上帝,在这五个方面二者是相似的。①谢林依然保留了传统的理解人的本质的视界,即从善"与"恶来理解人的本质。如果恶是人类本质的不可根除的严峻可能性,那么在前善恶的、非善恶的甚至是超善恶的现象学、生存论、本体论和解释学中,恶的问题的空白与缺失这一症候意味着什么呢?如果自由不再追问善与恶的问题,不再追问自己所归属的根基的问题,那么自由如何以理性的方式论证自身至高无上的地位?谢林忠于基督教的传统观点,认为恶是精神性的,是由人的精神性存在带入世界的。谢林认为:"恶的东西没有通过自身而存在的力量,在恶中存在的东西是善的东西。"(I/7,341;第 263 页)恶为何有力量?那是因为恶的力量

① Walter E. Ehrhardt, "Schelling und Leibniz. Ein Vergleich im Problemfeld Theorie und Praxis", in *Theoria cum praxi. Zum Verhältnis von Theorie und Praxis im 17. und 18. Jahrhundert I*: Theorie und Praxis, Politik, Rechts-und Staatsphilosophie (Wiesbaden, 1980), S. 165 – 170.

来源于善的力量,恶的力量与善的力量同步增长,恶总是借助善的名义和善的方式施展自己的力量。而对于黑格尔而言,恶是一个经验的概念,是反对世界精神和理性的力量,尽管在“理性的狡计”之下看起来好像是恶在推动世界历史。维纳·马克斯就谢林观点说:“一、不同于黑格尔,人的本质不可能只是恶,而是恶在人之中显现出来。道德的东西正在于善与恶之争;二、不同于黑格尔,人的精神不可能从恶那里解脱出来,人的精神正在于这一整体性的堕落之中;三、恶不仅体现在个体的自由之中,还体现在普遍性之中。这是一种普遍的现实性,亦即恶控制着一个民族的绝大部分人;四、恶也是一种生命力,是生命的自我肯定的形态。因此当历史科学着手研究越轨与偏差的现象时,它自有其合理性。”[①]对于谢林而言,恶首先不是一个道德范畴,而是现实存在的,恶的可能性对于生命本身来说是不可缺少的,因为“没有它就会是完全死亡、善的沉睡。哪里没有斗争,哪里就没有生命。”(I/7,400;第317页)

由于本体论和神义论的恶的问题的存在,使人的本质更加难以理解。谢林的本体论神学是超越人类事务来看待人的本质的,对于谢林来说,人是不同于上帝的一个他者,一个上帝启示自身所由以中介的存在者,人的本质分有神性的本质。谢林的上帝概念是与他的自由概念分不开的,他是从对斯宾诺莎的自因的上帝的批判出发,发展出自我分裂和自我启示的上帝的,用谢林自己的话说就是“两极”和“级次”的上帝。谢林的上帝是在理性和观念体系之外的活生生的意志,谢林的上帝概念就是“启示”。谢林说:“这是一个在上帝中被理解的体系,但上帝不是体系,而是生命。”(I/7,399;第316页)上帝不仅启示在民族的历史中,还启示在个人的自由中,人通过自己的历史,不断地做出上帝存在的证明,而这种证明只能由无限敞开的全部历史来完成。谢林的启示的上帝概念与作为根据的上帝概念是不可分离的。本体论神学的“根据律”就是上帝的启示,其中最高的争执就是斯宾诺

---

① Wener Max Schelling, *Seine Bedeutung für eine Philosophie der Natur und der Geschichte*, Hg. L. Hasler (Stuttgart: Frommann-Holzboog Verlag, 1981), S. 68.

莎所说的上帝的自由与必然性,而人的自由则归属上帝的自由。谢林认为只有上帝才是同一和根据,并且同时也是整全。人不是单独和特出的主宰性的存在者,人属于存在者的实在和整全,《自由论文》的题目中的"相关对象"就是指这个整全。最终,谢林将人的自由奠基于上帝的自由的基础之上。[①]

(作者系中国人民大学哲学系讲师)

① 萨弗朗斯基,《恶或者自由的戏剧》,卫茂平译,云南人民出版社 2001 年版,第 44－59 页。

逻辑经验主义的遗产

江 怡

在当代西方，哲学家们掀起了一场重新评价逻辑经验主义的热潮。但这种重新评价主要是基于重新发现了一些历史资料，并强调了逻辑经验主义在历史和社会方面的重要影响。本文则主要从三个方面重新整理了逻辑经验主义的思想遗产：第一，对逻辑与经验关系的重新解释；第二，科学主义的主张；第三，从科学的统一到科学哲学的兴起。作者认为，逻辑经验主义运动虽然已经成为历史，但它所代表的理性主义精神和逻辑分析传统在当代哲学中却成为宝贵的思想财富，对西方哲学的未来发展将会继续产生深远的影响。

20世纪的70年代末至90年代初，面对科学哲学中的历史主义的衰落以及实在论与反实在论争论在不同领域中的展开，西方哲学家们开始重新关注维也纳学派，特别是反思他们在过去的几十年中对维也纳学派以及逻辑经验主义哲学的评价中的失误，重新挖掘纽拉特、费格尔、克拉夫特等维也纳学派成员的重要思想，力图恢复维也纳学派的历史真实面目。在这种复兴维也纳学派的热潮中，哲学家们的企图是十分明显的，这就是要从维也纳学派以及逻辑经验主义的思想中，寻找能够帮助解决当前面临的哲学问题的重要线索和根据。[①]但无论他们的动机如何，有一点是肯定的，即在维也纳学

① 从西方哲学家发表的著作目录中就可以清楚地看到这一点，例如，Werner Diederich, ed., *Theorien der Wissenschaftsgeschichte. Beitraege zur diachronen Wissenschaftstheorie* (Frankfort am Main, 1978); Johann Dvorak, *Edgar ilsel und*

派的思想以及整个逻辑经验主义哲学中,的确存在着值得重新挖掘的无价之宝。

逻辑经验主义的哲学遗产不单是由维也纳学派留下的,因为维也纳学派不是逻辑经验主义运动中的唯一流派,虽然它是其中最为重要的代表。我们知道,除了维也纳学派之外,构成后来成为一种国际范围的哲学运动的逻辑经验主义的,还有以塔尔斯基等人为代表的华沙学派、以赖欣巴哈等人为代表的柏林学派以及包括艾耶尔、亨普尔、洪谦等人在内的,范围波及英国、美国、中国等广大范围的实证主义思潮。斯塔德尔在他的《维也纳学派》中详尽地介绍了整个逻辑经验主义运动在世界范围内的发展历史,为我们认识当时的历史背景(特别是以奥地利为首的欧洲各国在20世纪上半叶的文化背景)和这场运动的来龙去脉(特别是统一科学运动在国际上的强烈反应),提供了详实可靠的宝贵资料。然而,从思想的继承发展来看,逻辑经验主义的哲学遗产并不在于这些历史资料,而是(毫无疑问地和更为重要地)在于它提出的那些造就了后来哲学发展的重要观念、理论和问题,在于它对后来哲学发展的直接和间接的思想影响。本文试图对逻辑经验主义的这些思想遗产重新做出整理,以便可以清楚地看到当代西方哲学发展的基本走向。

一、对经验与逻辑关系的重新解释

逻辑经验主义的哲学遗产,首先就体现在它对经验与逻辑关系的重新解释上。"逻辑经验主义"这个名称本身,就表明了这种哲学是把逻辑与经验密切联系起来的结果。

---

die Einheit der Erkenntnis (Wien, 1981); Hans-Joachim Dahms, *Positivismusstreit. Die Auseinandersetzungen der Frankfurter Schule mit dem logischen Positivismus, dem amerikanischen Pragmatismus und dem kritischen Rationalismus* (Frankfurt am Main, 1994);等等。斯塔德尔在他的《维也纳学派》中开列的书目就达50多页。见该书第910－961页。

维也纳学派的哲学最初被称作“逻辑实证主义”或“新实证主义”,这个名称表明了这种哲学与孔德、马赫等人的实证主义之间的血缘关系,卡尔纳普等人起草的《科学的世界观:维也纳学派》对这种血缘关系做了清楚的阐述。但同时,卡尔纳普等人在这篇宣言中也指出了他们的实证主义与传统的实证主义之间存在着重要分歧,而且正是由于这种分歧才使得他们的哲学具有了特殊的重要的意义:“逻辑分析的方法从根本上把现代经验主义和实证主义与以前的、更具有生物学-心理学倾向的经验主义和实证主义区别开来了。”[①]艾耶尔在《语言、真理与逻辑》(1936)中则把他所宣称的经验主义与实证主义区别开来。[②] 他在《逻辑实证主义》(1959)的编者导言中,把“逻辑实证主义”看作是包括了罗素、摩尔、维特根斯坦以及牛津日常语言哲学家的更为广泛意义上的分析哲学运动。[③]迄今为止,大多数德国哲学家仍然把维也纳学派以及相关的哲学称作“新实证主义”。[④]

当然,即使在维也纳学派中,并不是所有的成员都接受了“实证主义”的称呼。石里克就明确表示,他不同意把维也纳学派的哲学称作任何形式的“实证主义”,而更愿意被叫做“彻底的经验主义”或“逻辑经验主义”。[⑤] 实际上,在维也纳学派解体之后,更多的学派成员都愿意把自己的思想放到“逻辑经验主义”的名称之下,而不再坚持称作“实证主义”。这种情况说明了两点:第一,实证主义的许多主张,特别是维也纳学派的一些早期观点,已

---

① 卡尔纳普等:《科学的世界概念:维也纳学派》,载陈启伟主编:《现代西方哲学论著选读》,北京大学出版社 1992 年版,第 441 页。

② 艾耶尔:《语言、真理与逻辑》,尹大贻译,上海译文出版社 1981 年版,第 156 页。

③ A. J. Ayer, ed., *Logical Positivism* (A Free Press, 1959), p. 3.

④ 克拉夫特的《维也纳学派:新实证主义的起源》(1950 年德文版,1953 年英文版)一书在西方哲学界产生了重要影响,是哲学家们了解和研究维也纳学派思想的重要历史资料。哈勒也愿意把维也纳学派的哲学称作“新实证主义”,而把由这种哲学所引起的整个分析哲学运动称作“逻辑经验主义”。见哈勒:《新实证主义》(韩林合译,商务印书馆 1998 年版),第 4-5 页。

⑤ M. Schlick, "Positivism and Realism", in A. J. Ayer, ed., *Logical Positivism*, p. 82;参见洪谦:《论逻辑经验主义》,商务印书馆 1982 年版,第 75 页。

经受到了各种批判，他们对这些观点和主张都做出了一定的修正，在这种情况下，他们就不需要坚持自称“实证主义”了；第二，从维也纳学派建立之初，他们就明确地表示了他们对逻辑与经验关系的重新思考，并且把经验放到了十分重要的地位。[①] 所以，他们自然就愿意接受“逻辑经验主义”这个名称，以便更清楚地表明他们与传统实证主义不同的哲学立场。

逻辑与经验的关系是西方哲学的一个重要问题。在近代哲学中，休谟把这个问题提到了一个重要的地位：他对关于观念关系的知识与关于事实的知识的区分，首次把分析命题和综合命题的区分放到了认识论的核心地位。这就提出了单凭思想就可以推出的知识与必需由经验加以判定的知识之间的关系问题，也就是逻辑的知识与经验的知识的关系问题。在休谟那里，虽然逻辑的知识与经验的知识在认识论上具有同等重要的地位，但他更强调的是经验的知识，因为在他看来，只有经验的知识才能扩展我们的认识内容。到了密尔那里，逻辑的知识得到了前所未有的强调，因为在他看来，一切经验的知识只有符合逻辑的知识，就是说，只有用逻辑的方法，才能得到它们的真实性和确定性。但他强调的逻辑方法，还只是亚里士多德建立的传统形式逻辑，并且用心理学的内容去解说这种逻辑规则。可以说，在逻辑与经验的关系上，休谟和密尔的经验主义基本上是从感觉经验出发，没有认识到构成经验知识的命题形式对经验本身的作用。

逻辑经验主义所发动的“哲学上的革命”（艾耶尔语），一个重要内容就是对逻辑与经验的关系做出了全新的解释。首先，逻辑经验主义者通过对逻辑性质的理解，把逻辑与经验密切地结合起来。石里克就把这场哲学革命的产生归结为“看清了逻辑自身的本质”，卡尔纳普等人则把逻辑分析的

---

① 卡尔纳普等人在《科学的世界概念：维也纳学派》中明确指出，这种世界观的特点就在于它既是经验主义的又是以逻辑分析方法为标志的：“我们已经根据两点规定基本上描述了科学世界观的特点：第一，它是经验主义的和实证主义的，只有来自经验的知识，这种知识是建立在直接所予的基础之上的。第二，科学的世界观是以一定的方法即逻辑分析的运用为标志的。科学工作努力的目标是通过将逻辑分析应用于经验材料达到统一科学。”载《现代西方哲学论著选读》，第443页。

方法看作区分他们的哲学与传统经验主义的重要标志。在他们看来,这种对逻辑性质的理解,不仅仅是采用了现代逻辑的方法,更重要的是认识到,逻辑的本质就在于它构成了一切知识的表达,因而,澄清这种表达就成为哲学的真正任务。由于一切有意义的命题或陈述只能是单凭形式就可以为真的分析性陈述和具有经验内容的综合陈述,所以,对一切命题的逻辑分析,最终就是要还原为记录了经验内容的可以证实的命题或陈述。这样,逻辑经验主义者就把逻辑和经验"完美地"结合起来了。石里克明确地写道,一切语言规则"最终统统指向实指定义,通过这些实指定义,可证实性就同……经验联系起来了。……逻辑和经验之间不存在任何对抗。逻辑学家不仅能够同时是一个经验主义者;而且,他如果想要理解他自己所做的事的话,他也必须是一个经验主义者。"[①] 这表明,作为一个逻辑学家和作为一个经验主义者,在石里克看来是完全一致的。这种一致就表现在,他是在经验还原的基础上运用逻辑分析的方法,或者说,他对一切命题的意义所做的逻辑分析,目的就是为了能够使它们在经验上得到证实。所以,石里克和卡尔纳普等人一再强调,只要是能够在逻辑上经得起分析的命题,就是可以在经验上得到证实的。这就是所谓的"原则上的"或"逻辑上的"可证实性。

其次,这种逻辑与经验的一致,排除了对经验的心理主义的解释,把经验本身解释为一种可以用符合逻辑规则来表达的、超越了个人直接感觉材料的陈述内容。石里克和卡尔纳普等人都强烈反对一切心理主义、唯我论和唯心主义,因为在他们看来,"唯心主义和实证主义的主要区别就在于实证主义完全避免了自我中心的困境"。[②] 自我中心困境是传统经验主义遇到的最大麻烦之一。根据经验主义的观点,一切认识都以经验为基础,而这种经验又只能是个人的直接感觉材料所给与的。所以,经验主义者要摆脱感觉材料的束缚,就必须证明自己的理论所理解的经验是超越了个人感觉的,可以为所有的人认识的。马赫和阿芬那留斯把这种经验解释为"中立的

① 《逻辑经验主义》上卷,第 52 页。

② 同上书,第 56－57 页。

要素”,试图由此克服经验主义的困境。但由于他们借助的是物理学和力学的原理,把感觉材料作为具有中立特性的物理要素,这仍然无法解决自我中心的困境。逻辑实证主义者利用现代逻辑手段,通过把感觉经验问题转换为表达这种经验的记录句子问题,把所谓的外部问题(即关心外部世界的实在性问题)转换为所谓的内部问题(即关心语言的表达形式问题),由此取消了或“完全避免了”经验主义面临的自我中心困境问题。他们认为,自我中心困境问题的根源在于,用来表达感觉的陈述使用的是第一人称陈述的方式,这就不可避免地会用“我”或“我们”的感觉代替经验的内容。石里克写道:“在我看来,看到原始经验不是第一人称的经验,这是一个重要的步骤,采取这个步骤,才能使哲学上的许多最深奥的问题得到澄清。”[①] 由于把关于经验的性质和来源问题转换为关于经验内容的表达问题,这样,一切涉及到经验主体的问题都可以解释为主体使用具有主体间性的陈述来表达命题的问题。

再次,经验的表达不是一个内容的问题,而是一种表达形式的问题,即采用什么样的经验表达形式就决定了这个经验表达的内容。石里克在分析经验的中立特性时指出,我们通常使用“我的”一词,表达的不是经验主体的自我感觉,而是一个毫无意义的句子。因为说“我能够感觉到别人的疼痛”,实际上是说“我能感觉到我的疼痛,如果别人也有疼痛的话,我就可以从他的行为中设想他的疼痛和我的一样”。但在这里,“我能感觉到我的疼痛”是一个同义反复的句子,它的意义不是由于内容而是由于其形式决定的;“如果别人也有疼痛的话,我就可以从他的行为中设想出他的疼痛和我的一样”这句话是没有意义的,因为我们不能从他人的行为中推断出心理活动的内容。所以,这里的关键是表达方式,即我们用来表达经验的句子是否符合逻辑句法的要求,决定了我们对经验内容的接受和理解;反过来说,只要我们的表达方式是符合逻辑的,无论其内容是什么,都是可以接受和理解的。根据这种解释,石里克指出,唯心主义和唯我论的主张都是可以接受的,只要

① 《逻辑经验主义》上卷,第57页。

它们符合了表达式的句法规则。问题就在于,它们并没有符合逻辑句法,而是用一种“奇怪的说话方式”,“一种笨拙的语言”,把“我的”一词毫无例外地加到每个事物上去了,由此导致了没有意义的“自我中心困境问题”。

然而,在逻辑经验主义内部并不是完全接受了对逻辑与经验关系的这种重新解释,而且即使是石里克和卡尔纳普等人,他们在逻辑与经验的关系上最后也是摇摆不定,对与此相关的许多重要问题都无法给出令人满意的解答。石里克和卡尔纳普把对逻辑与经验关系的这种解释看作是判定一个句子是否有意义的标准,但纽拉特始终就不同意对有意义和无意义的句子的划分,他关注的是物理学意义上的记录句子的意义。同样,对逻辑与经验的这种解释也遭到了波普尔、内格尔等人的反对。针对来自逻辑经验主义内部和外部的各种批评意见,石里克和卡尔纳普对他们的观点也做了修正和调整,如强调了逻辑上的证实可能性等,特别是卡尔纳普在移居美国之后把研究的重点放到了概率理论和归纳逻辑的研究,这使他更多地落入经验主义的阵营。

二、科学主义的主张

蒯因在被看作是抽掉了逻辑经验主义根基的重要文章《经验论的两个教条》中指出,逻辑经验主义受到两个教条的制约,即分析真理与综合真理的区别和还原论的主张。但在这篇文章发表50多年之后的今天,当我们重新审读蒯因的文章,反省逻辑经验主义的工作,我们会发现,蒯因所指出的这两个所谓的“教条”,正是逻辑经验主义留下的哲学遗产。

我们知道,对分析陈述和综合陈述的区分是逻辑经验主义的重要思想之一。这个思想来自休谟以来的经验主义传统,但逻辑经验主义者对这个区分给出了全新的论证和解释。他们明确地把逻辑和数学陈述看作是分析陈述的主要内容,这些陈述的意义或真主要是由它们的形式确定的,因而它们不涉及到任何经验的内容;但综合陈述虽然在内容上属于经验科学的范围,但在表达形式上仍然必须符合逻辑句法的要求;或者说,只有符合了逻辑句法的综合陈述才是有意义的，才是真正的科学陈述。在石里克、卡尔纳普等人看来，分析与综合的区分并不完全是一种认识内容上的区分，更重要的是认识形式或对认识的表达方式的区分：分析陈述由于其形式本身的有效性而具有意义；综合陈述(或经验陈述)由于必须对世界有所断定并符合逻辑句法才具有意义。维也纳学派最初为哲学规定的任务是澄清命题的意义，这里的“命题”不是一切命题，而主要是指“科学的命题”，即经验陈述的意义。由于分析陈述自身具有意义，所以不需要用逻辑方法去澄清意义。正由于经验陈述或科学命题往往由于形式上的混乱或违反了逻辑句法，因而需要用逻辑分析的方法对它们的意义做出澄清。这里所谓的“澄清”，就是使原来的陈述符合逻辑句法的要求，从而呈现出这个陈述原本的意义或使这个陈述的意义变得更加清楚。①

在逻辑经验主义者看来，分析陈述可以由于形式而具有意义，而要确定综合陈述的意义，还必须使这些陈述的经验内容能够得到证实，这个证实的过程不是对规律性命题或概括命题的经验验证(事实上，也无法对这样的命题做出直接的经验验证)，而是对具体的记录句子的经验证实。由于表达了自然规律或概括内容的经验陈述必须能够还原为记录句子才能获得意义，所以还原论的主张自然就成为逻辑经验主义讨论意义问题时所要坚持的基本信念之一。可以说，只有坚持了还原论的主张，逻辑经验主义者才能把分析陈述与综合陈述的区分坚持到底。在这种意义上，石里克和卡尔纳普等人提出的意义的可证实性原则就具有了强烈的还原论特征。

从逻辑经验主义的这两个重要特征中可以看到，这种哲学致力于按照科学研究的方法，或者说，以追求科学命题的意义为目的，把哲学研究置于科学的范畴之下。这种被后人称作“科学主义”的哲学宗旨，集中体现了逻辑经验主义为当代西方哲学留下的巨大的哲学遗产，由此形成的西方哲学

---

① 实际上，通过对语言的逻辑分析清除形而上学的错误或把形而上学命题判定为“假命题”，这不过是维也纳学派或逻辑经验主义在推行逻辑分析方法和展开科学意义研究中的附带工作。

中的“科学主义思潮”,被看作与欧洲大陆哲学中的所谓“人本主义思潮”相抗衡。[1]虽然逻辑经验主义者并没有明确地把自己的哲学称作“科学主义”[2],但反省逻辑经验主义者的论述,我们可以看出其中包含的科学主义的主张:

第一,强调哲学的任务是澄清科学命题的意义,哲学研究的范围只是那些可以为科学命题所涉及的领域,这就把哲学与科学紧密地联系起来了。石里克在《哲学的转变》中明确指出,“每一门科学都是一个知识体系,即真的经验命题的体系;而全部科学,包括日常生活中的命题在内,都是知识的体系,在这之外,再没有一个‘哲学的’真理的领域。哲学不是一个命题体系,它不是一门科学。……我们现在认识到哲学不是一种知识的体系,而是一种活动的体系,这一点积极表现了当代的伟大转变的特征:哲学技术那种确定或发现命题意义的活动。哲学使命题得到澄清,科学使命题得到证实。科学研究的是命题的真理性,哲学研究的是命题的真正意义。科学的内容、灵魂和精神当然离不开它的命题的真正意义。因此哲学的授义活动是一切

---

① 虽然逻辑经验主义者以及早期分析哲学家并没有明确地把自己的哲学划定为“科学主义”的阵营,但把他们的哲学称作“科学主义思潮”和把欧洲大陆哲学中的现象学和存在哲学等称作“人本主义思潮”,却是在逻辑经验主义达到鼎盛时期的20世纪50年代左右。历史地看,对这两大思潮的区分还可以推到19世纪末20世纪初的欧洲哲学。但到了20世纪末,西方哲学家对这两种思潮的区分已经提出了挑战。参见罗蒂对这种区分的批评:《自然科学是否具有自然性》,载他的《后哲学文化》(黄勇编译,上海译文出版社1992年版),第49-74页;“The Analytic and the Continental, in Conversation with Simon Glendinning”, in *New British Philosophy*, ed. Julian Baggini & Jeremy Stangroom (Routledge, 2002), p. 201-215.

② 目前在西方,对“科学主义”概念有两种不同的理解:第一种是认为,它是指“一种认为科学是唯一的知识、科学方法论是获取知识的唯一正确方法的观点”(《西方哲学英汉对照辞典》,第903页),这是对“科学主义”的积极理解;第二种是认为,它是指“一种明显的柏拉图主义和笛卡尔式的信念”(马格利斯:“先期盘点20世纪的美国哲学”),即认为可以用科学的方式解释一切自然的和精神的现象,这是对“科学主义”的消极理解。蒯因、戴维森等人的哲学被看作属于第一种,而丹尼尔·丹尼特(Daniel Dennett)、保罗·丘齐兰(Paul Churchland)、乔姆斯基、杰里·福多等人则被看作属于第二种。我们这里所说的逻辑经验主义提出的科学主义主张,当然属于第一种理解。

科学知识的开端和归宿。"[①]石里克这里所说的"科学",是指经验科学的内容,而不是为获得这些内容所从事的科学实验或一切科学活动。在他看来,从事科学实验,通过实验去证实科学命题或假设的真伪,这是科学家的工作;哲学家的工作是用逻辑分析的方法去澄清这些科学命题的意义。所谓的"确定或发现"意义或"授义活动",都是指这些科学命题原本具有意义,但需要通过分析来使这些意义更为清楚。由于哲学的任务就是要澄清科学命题的意义,哲学是一种澄清命题意义的活动,所以,就不存在专门的哲学命题;一切被看作属于哲学命题的东西,经过逻辑分析,都可以显示出它们不过是一些伪装的分析命题,或者是一些违反了逻辑句法的假命题。这样,哲学研究的范围就只能限于科学命题,哲学由此就成为科学的"仆人"。

逻辑经验主义对哲学性质和任务的这种规定,直接导致了当代西方科学哲学的产生:维也纳学派提倡的"科学的世界观",就是西方科学哲学诞生的重要标志。[②]当然,这种明显的科学主义主张,在维也纳学派发展的鼎盛期间就遭到了来自学派内外的一些批评。内部的批评者主要是纽拉特,外部的批评者是波普尔。他们主要认为,对哲学性质的这种规定把哲学与科学过于紧密地联系在一起,这就极大地限制了哲学的研究空间,客观上排除了对其他知识领域从事哲学研究的可能性。

历史地看,虽然逻辑经验主义试图以科学为模式建立哲学的理想已经被证明是一相情愿的"乌托邦",但它所提倡的一些科学主义的思想,如以科学的或逻辑的方法确立哲学研究的基本原则,以澄清命题意义为主要任务来规定哲学的性质等,却对当代西方哲学产生了深远的影响,这些不仅促成了科学哲学的兴起,而且在很大程度上改变了西方哲学的思维方式,即从体系哲学转向了"问题哲学"——一种以解决问题为宗旨的哲学研究走向。

第二,无论是否可以为经验所证实,可证实的命题就是可以表明其必然

---

① 石里克:《哲学的转变》,载《逻辑经验主义》上卷,第8-9页。

② 时至今日,西方哲学家在讨论西方科学哲学的历史时,仍然是把维也纳学派作为这个历史的开端。参见 F. Stadler, *The Vienna Circle* (Wien & New York: Springer-Verlag, 2001), pp.9-27.

为真的命题,这种对真的追求正是体现了科学的精神。维也纳学派的理论中遭到批评最多的是它的"证实原则",逻辑经验主义者对自身理论修补最大的也是这个原则:石里克、卡尔纳普、艾耶尔等人,都在维护和修正这个原则上花费了大量精力,对批评者的意见先后提出了各种不同的解决办法。虽然后来的研究表明,这个原则本身存在许多理论上的或逻辑上的漏洞,但它体现出的求真的科学精神却仍然为后人所继承。蒯因和戴维森等人就明确地把对真的追求看作哲学工作唯一正确的内容。蒯因在他晚年发表的《真之追求》(1990)中,追随塔尔斯基[①] 的思想,把求真理解为一个追求实在的过程,把关于真的符合论理解为一种去引号的做法。他写道:"正像塔尔斯基告诉我们的那样,真之符合论有某种根本的有效性。我们不说'雪是白的'是真的,当且仅当雪是白的是一个事实,而可以把'是一个事实'作为空洞无意义的东西简单地去掉,这样与事实本身联系起来:'雪是白的'是真的,当且仅当雪是白的。把真归于句子即是把白归于雪;在这个例子中,这就是符合。真的归属恰恰取消了引号。真即去引号。因此在把真归于一个给定的句子时,真这一谓词是多余的;你可以仅仅说出这个句子。但是对于没有给定的句子,真却是需要的。这样我们可能想说,某人在某场合说的每一件事情都是真的,或者,真理论的所有推论都是真的。在做逻辑分析时,这样的语境表明,真这一谓词不是用于引号,而是用于代词或约束变元。"[②]在这里,蒯因没有把真理解为句子与实在的简单符合,而是理解为句子的一个属性,即可以得到肯定的不加引号的句子本身。逻辑经验主义者不说"……是可证实的",而是说"……"或"……是有意义的",同样,蒯因认为,对于被断定为真的句子,我们不说"……是真的",而是说"……"或"的确,……"。这样,我们就得到了真的句子。这样,"真"这个词就可以被取消了,代之以对所要断定的句子的肯定。可以看出,蒯因对"真"这个词的处理使

---

① 我们在这里把塔尔斯基看作是一个逻辑经验主义者,虽然他的思想与维也纳学派的主张有很多不同。参见《卡尔纳普思想自述》(陈晓山、涂敏译,上海译文出版社1985年版),第95-103页。

② 蒯因:《真之追求》,王路译,三联书店1999年版,第70-71页。

用的完全是逻辑的方法,即通过把"真"用于代词或约束变元而取消"真"在句子中的出现。应当说,这完全符合逻辑经验主义者对"可证实性"概念的处理方式,即可证实性(1)取决于逻辑上证实的可能性;(2)主要用于判定句子有无意义,而不是用于判定句子的真假。这些都取决于他们使用了逻辑的方法,因为只有逻辑的方法才能保证作为分析对象的句子可以必然地为真或必然地具有意义。

在当代分析哲学家中,戴维森最早意识到塔尔斯基关于真的语义学定义对构成语言意义理论的重要作用。但与塔尔斯基不同,戴维森在构造自己的意义理论时,把关于真的理论建立在关于一种语言的意义理论的基础之上,用意义理论来解释真的理论。他把真理解为人们在某个特定场合说出的话语的特性,这样,"真"就成为一种表达句子、说话者和说话时间之间关系的谓词。他写道:"语句仅仅相对于一个说话者和一个时间才为真,并且被认为是真的。带有指示词的语句产生出一个十分敏感的对于意义理论正确性的检验,并构成那种在语言与人类所关切的那些反复出现的宏观对象之间的最直接的联系。"① 在这里,戴维森把句子的真限定在了句子的使用中,或者说,把"真"概念理解为句子的一种使用特性。虽然这与他对意义概念的解释有很大的不同,② 但这种做法却也符合科学主义的精神。因为科学的目的就是要把经过证实的命题(规律)用于具体的实践活动,并在这种实践活动中进一步验证这个命题(规律)的正确性(为真)。而且,逻辑经验主义强调逻辑与经验的结合,目的其实就是为了使经验活动具有逻辑的合法性,并最终确立经验命题的逻辑必然性。

第三,提倡这样一种明确的观点,即认为一切知识问题都可以通过自然科学的方法得到解决;由于自然科学具有主体间性,因而可以避免和排除个人的心理因素对认识活动的影响。这里所说的"自然科学的方法",在逻辑

---

① 戴维森:《真理、意义、行动与事件》,牟博编译,商务印书馆 1993 年版,第 24 页。

② 戴维森对意义概念的处理是用语义学的方法定义这个概念,把它理解为一种可以从形式上加以定义的概念。这似乎更符合塔尔斯基的动机。

经验主义者那里，特别是在卡尔纳普那里，先是数学的方法，然后是物理学的方法，最后是语义学的方法；当然，在所有这些方法背后，起关键作用的是逻辑的方法：虽然逻辑并不属于自然科学，但它却为一切自然科学的知识体系奠定了理性和必然性的基础。实际上，逻辑经验主义者在突出逻辑的关键地位时，目的是为了强调这种研究方法具有的主体间性。卡尔纳普在说明物理主义语言的优点时，特别指出了这种主体间性的重要意义：它说明，哲学研究，或者说，对命题意义的逻辑分析工作，不是一种依据研究者个人的知觉或经验去完成的事业，而应当是能够为所有的研究者共同观察到的、使用共同的语言来表达的、可以相互交流的研究事业。这样的事业不可能是依据对个人心理的分析或推测来完成的，而只能是依靠对共享的研究对象做出客观的、逻辑的分析来达到的。虽然自然科学的知识体系本身具有这样的主体间性，但这样的知识仅仅是对偶然的经验事实的描述，并不具有逻辑的、必然的性质。根据逻辑经验主义的主张，“原始经验是绝对中立的，或者像维特根斯坦偶尔提到的那样，直接感觉材料是‘没有所有者的’”。[①]这样，我们就可以通过把经验中立化即通过使用具有客观中立性质的逻辑句法和规则，而使表达经验内容的命题得到主体间性特征。

实际上，强调经验的客观中立性，始终是实证主义以及传统经验论的一个重要主张。但以往哲学家大多用心理学的分析方法，借助于个人经验知识的可靠性，推出客观普遍有效的命题。与传统哲学家不同，逻辑经验主义者认为，只有使用现代逻辑的方法，才有可能把经验陈述完全确立为一切知识的可靠基础；这样的方法能够保证一切有意义的陈述在逻辑上是有效的，在经验上是可以得到证实的。虽说现代逻辑并非仅仅作为一种研究方法出现的，但在逻辑经验主义者看来，现代逻辑即使作为一种方法，在现代哲学的产生中同样起到了决定性的作用。这种作用就是，把我们的说话方式从内容方面转向了形式方面，把我们对命题的分析从心理内容的考察转向了对语言表达形式的分析和规定。这种转变的最大结果，就是使哲学完全摆

① 《逻辑经验主义》，上卷，第 57 页。

脱了传统的心理因素的束缚，走向了分析具有客观性和主体间性的语言表达式。这种结果对当代哲学的深远影响显而易见。

三、从科学的统一到科学哲学的兴起

科学的统一是维也纳学派的理想，也是逻辑经验主义具体落实的行动纲领之一。正是通过这个纲领和口号，维也纳学派把自己的哲学观念推广到了奥地利之外的其他欧洲国家，并推广到了美洲大陆，从而使逻辑经验主义最终成为一场国际性的哲学运动。[①]

1935年在布拉格召开的第一届国际"统一科学大会"是逻辑经验主义在国际范围内公开亮相的开始，科学统一的口号也是维也纳学派最初获得国际认可的重要标志。据称，这个主张最初是由纽拉特提出，他提倡用物理主义的语言分析一切被称作经验的陈述即记录句子，并希望以物理学作为统一各种经验科学的基础。这个主张很快被卡尔纳普接受，成为维也纳学派的主要观点。维也纳学派清楚地认识到，"统一科学的语言必须满足以下两个要求：第一，它必须是主体间的，也就是说，从形式的观点来看，它必须构成一种共同的记号和规则的系统，从语义学的观点来看，一个给定的记号，对于任何一个使用语言的人来说都必须有相同的意义；第二，它必须是普适的，也就是说，无论何种语言的任何语句都必须是可以翻译成此种语言的；它必须构成一种可以表达任何事况的概念系统。"[②] 卡尔纳普和纽拉特相信，物理学的语言完全满足统一科学的这两个条件。所以，维也纳学派的

---

① 关于统一科学纲领的历史文献，请参见卡尔纳普：《作为统一科学语言的物理语言》（载《认识》，第2卷）；卡尔纳普：《使用物理语言的心理学》（载《逻辑经验主义》，下卷）；纽拉特：《经验社会学》（1931，"科学的世界观丛书"，第5卷）；纽拉特：《统一科学和心理学》（《统一科学》杂志，第1期，1933）；费格尔：《物理主义、统一科学与心理学基础》（《逻辑经验主义》，下卷）；Friedrich Stadler, *The Vienna Circle*, §§7.2.5.2－7.2.5.8, pp.356－393.

② 克拉夫特：《维也纳学派》，李步楼、陈维杭译，商务印书馆1998年版，第142页。

这个主张就被称作“物理主义”。

虽然物理主义和科学统一的主张自提出后就始终遭到不少反对，但逻辑经验主义者并没有放弃实现统一科学的理想，而是以各种方式在努力按照这个主张工作。首先，“国际统一科学大会”从 1935 年到 1941 年共举行了 6 次，后来由于战争才被迫终止。历届大会的主题包括了逻辑经验主义的科学哲学、科学的统一、伪问题与语言、归纳与概率、逻辑与经验、数学哲学、逻辑、逻辑史和科学哲学、物理学、生物学、心理学、社会学、科学逻辑的一般问题、统一科学的目的和方法、科学方法与科学的语言、具体科学的方法论、精确逻辑的问题、科学与社会、科学史等等。参加历届大会的代表来自世界各地，涉及的领域涵盖了当代科学和哲学发展的几乎全部内容。这个传统至今得到了继承，开始于 1960 年的国际“逻辑学、方法论和科学哲学大会”，每四年举行一次；而且，创立于 1937 年的由纽拉特担任过主席的“国际哲学学会”至今依然活跃在国际哲学舞台。

其次，1938 年，由纽拉特任主编，卡尔纳普和莫里斯任副主编的《统一科学国际百科全书》正式出版，该丛书的顾问委员会成员包括了波尔、杜威、费格尔、米塞斯、耐格尔、赖欣巴哈、罗素、塔尔斯基等许多重要的哲学家、经济学家、物理学家、逻辑学家、语言学家等。从这些组成人员所从事的领域就可以看出，该丛书涉及的领域涵盖了众多的学科，体现了其建立统一科学的根本宗旨。1938 年作为该丛书第一卷第一册首先出版的《统一科学百科全书》，就是由纽拉特、波尔、杜威、罗素、卡尔纳普等人共同完成的，随后出版的各卷册内容包括了语言学、数学、物理学、宇宙学、生物学、心理学、伦理学、经济学等学科。该丛书一直出版到 1968 年，共出版了 20 卷册，许多对后来哲学发展产生了重要影响的著作，最初都是在这个丛书中发表的，如莫里斯的《指号理论的基础》(1938，第 1 卷第 2 册)、布龙菲尔德的《科学的语言学方面》(1939，第 1 卷第 4 册)、耐格尔的《概率论原理》(1939，第 1 卷第 6 册)、弗兰克的《物理学基础》(1946，第 1 卷第 7 册)、纽拉特的《社会科学的基础》(1944，第 2 卷第 1 册)、库恩的《科学革命的结构》(1962，第 2 卷第

2册)等。[①]

当然,作为一种哲学理想,实现科学的统一只能留在历史文献之中;但作为一种研究方法和基本思路,科学的统一仍然不失为一种积极可取的方向,虽然不一定以物理学为这种统一的基础。逻辑经验主义者提倡以物理学为模本统一科学,其目的是为了以一种具有主体间性的语言表达知识,为了使经验陈述完全摆脱个人心理的影响、达到客观可观察的结果。正是出于这种目的,逻辑经验主义者以现代逻辑为工具,以自然科学研究为模本,力图把哲学建立在精确科学的基础之上,由此开辟了科学哲学的研究方向。

赖欣巴哈在1951年发表的《科学哲学的兴起》中公开宣称,逻辑经验主义的哲学是一种可以作为科学的哲学,它与传统的思辨哲学有着根本的区别。作为一门科学的哲学,首先就要求确立自己的研究对象和方法具有明确的客观性,其次要求这门科学使用的语言必须是可以共同交流的。赖欣巴哈在书中讨论了思辨哲学的根源以及科学哲学的主要成就,从中可以看到这门科学所涉及的领域包括了几何学、物理学、进化论、现代逻辑、伦理学等。他在对所谓的"旧哲学"和"新哲学"的比较中,明确地指出了他所理解的"新哲学"的科学哲学的特征:第一,这种哲学不是用类比的方法去说明知识论问题,而是对科学的结果做出逻辑的分析;第二,这种哲学拒绝承认任何关于物理世界的知识是绝对确定的,相信逻辑和数学的原理是可以获得确定性的唯一领域;第三,这种哲学完全放弃了提出道德规律的奢望,认为道德目的不是认识的产物,而是意愿的产物,而且意愿不能从认识中推导出来。[②] 同样是维也纳学派成员的弗兰克在他于1957年发表的影响很广的著作《科学的哲学:科学和哲学之间的纽带》中,则明确地把理解科学及其运作方式看作是科学哲学的主要内容,把科学哲学看作是连接科学和哲学的

---

① 关于"国际统一科学大会"和《统一科学国际百科全书》的详细资料,参见 F. Stadler, *The Vienna Circle*, pp. 356-398; pp. 607-609.

② 参见赖欣巴哈:《科学哲学的兴起》,第234-235页。

必不可少的重要纽带。[1] 1966年,卡尔纳普出版了他于1958年在美国加州大学洛杉矶分校的讲课稿《科学哲学导论》,他在书中没有直接讨论科学哲学的性质或任务,而是详细讨论了归纳问题、定量语言、空间的结构、因果性与决定论、理论规律和理论概念以及量子物理学中的非决定论问题等。[2] 但正是这些问题构成了当代西方科学哲学的主要内容。

(作者系中国社会科学院哲学研究所研究员)

① 参见弗兰克:《科学的哲学:科学和哲学之间的纽带》,许良英译,上海人民出版社1985年版,第4-5页。

② 该书中译本由张华夏译,中山大学出版社1987年出版。

“不要想而要看”：日常的与哲学的理解

王 希 勇

维特根斯坦把很多日常用语引入后期哲学中，“家族相似”为其一，维特根斯坦欲以之取代传统哲学概念“本质”。但这导致人们在维特根斯坦后期思想研究中，普遍过于日常地理解它们，并殃及与之相连的其他哲学概念，曲解和肤浅化维特根斯坦后期思想。本文以 Stanley Cavell 对“家族相似”的批判为典型范例，证明他混淆了“本质”概念的日常含义与哲学含义，堵塞了我们认识日常语言分析所具有的哲学意义；进而通过传统视角对“家族相似”提出种种问题，以问题引领我们深入到维特根斯坦诸多论证的深部、细部，揭示出其日常语言分析如何是真正的、具有普遍哲学意义的思考。

在《哲学研究》中，维特根斯坦提出了许多别致的概念和思想，如“遵守规则”、“家族相似”、“生活形式”、“语法”等等。由于与传统哲学相距甚远，其位置难以迅速圈定。虽然有人坚持维特根斯坦的思想对哲学有根本的革命作用，但重要的是他的看法有何根据。《哲学研究》不是自娱自乐的个人思考记录，不是私人日记而是哲学著作。例如维特根斯坦在《哲学研究》§§116－132 里面，就哲学应该是什么、不是什么，作了大量断言。他在前言中说，本书应该对照《逻辑哲学论》来读，但其断言却显然不是只针对后者。由于他身处的哲学环境，即使鲜有提及，他也必定知道有其他哲学思想，他的议论及于它们。然而从文本及文本现有的阐释，均无法的与其他哲学思想直接建立起相互比较的基础。所以现状是哲学家我行我素、置之不理者众，听从者少之又少。即便有些信徒迷信他到了盲从的地步,实践他的原则,也总是画虎不成反类犬。他的其他重要思想,如遵守规则、私人语言论证等,也是众说纷纭。理解维特根斯坦的深层思想,依然任重道远。

本文以 Stanley Cavell 对“家族相似”的质疑为切入点,通过层层设疑,首先将问题放到其本该处在的原初之处,再从这里出发去审视维特根斯坦的论述,展现出其本来的意义。在这一进程中,将作出两个重要区分:第一,区分对概念或命题的日常理解和哲学理解,证明在理解维特根斯坦哲学时,不能日常地理解日常语言;第二也是更根本的,区分概念的内涵对其外延形式的语法的与原形先蕴的决定作用,这一区分是维特根斯坦思想的关键所在,它是对词、概念(内涵)的原初的、一般性的思考,任何哲学理论都必须从此得到原初的审视。维特根斯坦正面思想的脉络在这两个区分的背景之下才能得以彰显,现有阐释没能认识到这个关键,不能充分认识到他的思想的深刻性和一般性。

一、日常意义的“本质”对“家族相似”的离题质疑

Cavell 认为我们完全可以谈论“本质”。他以对“本质”、“共同之处”等的日常用法反驳维特根斯坦:我们可以对卡拉马佐夫(Karamazov)家族说,其成员均有一种卡拉马佐夫性质(Karamazov quality),即使说不出来这性质是什么,等等。他认为维特根斯坦用“家族相似”来取代“本质”概念,不要想而要看,是空洞的。[①]

维特根斯坦的“家族相似”概念,起初讲的是同一家族的成员之间具有相似之处,如成员 A 与成员 B 形体相似,B 与 C 步姿相似,C 复与 D 眼睛长得一样,但 A 与 C 则可以没有什么共同之处。家族成员就

① 参见 Stanley Cavell, “Excursus on Wittgenstein's Vision of Language,” in Alice Marguerite Crary and Rupert Read (eds.), *The New Wittgenstein* (London: Routeledge, 2000), pp. 35 - 36。Cavell 的理由比较乱,没有意识到需要澄清语词的日常用法与哲学用法的区别(本文不详述)。只有清除这类混乱,才可能理解维特根斯坦思想。Cavell 的思想是误解维特根斯坦的典型。

是靠这样一种相似的链条联系着的[①],并无一种共同的性质。他要表明的则是,概念(或笼统地说语言)的用法也是如此,没有共同的本质。"家族相似"因此而被认为与"本质"针锋相对。

维特根斯坦并没有放弃"本质"这个词,他说过"本质表达在语法之中"(§371)。[②]如果这句话从概念到思想都是正面的,那么连他自己都使用了"本质";如果他引用其对手的概念,那也说明"本质"概念不是不可救药,只不过需要从语法的角度去理解它。

(1)"本质"这个概念无须反对,不能笼统地说维特根斯坦反对本质主义。

不过无需做什么特别的研究也可以知道,对于反驳"家族相似"来说,Cavell 的日常例子都是错的。他没有意识到需要分析维特根斯坦讨论的"本质"是什么意思,更没有认识到日常的,也就是他的例子中的"本质"概念,与前者完全不同。

把概念的日常含义当成哲学含义是思维的惯性,理解任何哲学都免不了。但对于维特根斯坦,这有致命的危险。维特根斯坦用日常语词表述思想,鲜有专门术语,论述又不成系统,多是对话、事例、议论等,容易使人们完全从日常的生活经验去理解之,使其哲学意味荡然无存。

日常谈论的"本质"与下面三种情况都可并行不悖。

第一,卡拉马佐夫家族新出生的一位成员,并不具备卡拉马佐夫性质(不管它是什么)。假如我们把"精明"视为该家族成员的本质,那么总有可能,一个新出生的成员并不精明。

第二,甚至在明知有例外的情况下,我们有时依然说,该家族成员的本质是"精明"。例如"卡拉马佐夫家的人一个比一个精明,那是他们的本性,只有老二例外"。

第三,我们不把一切精明人都算入卡拉马佐夫家族之中。即使另外一个家族的成员的本质也被认为是"精明",这两个家族也不被视为同一家族。

---

① 维特根斯坦:《哲学研究》§66,商务印书馆 1996 年版。除非无节码可用,下面引用时将只注节码。

② Cavell 亦提到这点,但他的解释与本文不同。参见 *The New Wittgenstein*, pp.35－37。

哲学所谈论的“本质”则排斥这三条,它要求(以游戏为例):

(2) 只有游戏具有这种性质(游戏的本质);凡具有该性质(游戏的本质)的事物就是游戏。

传统哲学中的范畴对子,本质与现象、一与多、共相与殊相等的辩证关系,对此说得再明白不过。可见,

(3) 哲学谈论的“本质”绝不是日常谈论的“本质”,纵然反对“家族相似”,也不能用Cavell的例子——那根本是文不对题。

这也警示我们,维特根斯坦的许多其他表述,也存在类似被歪曲的危险。例如,对于维特根斯坦语言意义在于使用的观点,分析哲学中就有如下总结:

(4) 语词的意义在于其日常使用;语词的哲学“用法”或形而上学用法不是日常用法;所以语词的哲学用法是没有意义的,应该抛弃。

如上所析,日常的“本质”概念不严格,甚至极端混乱,用它来排挤“本质”的“哲学用法”,难说就是好事。

(5) “哲学用法”是不满意日常用法的混乱才创造出来的。它试图抓住日常混乱用法的本质,纵然有误,也不会一无是处。

此外,重要的一点是,

(6) 维特根斯坦把语词的日常用法与许多讨论,如遵守规则联系起来,也就是说,他所谓的“日常用法”,自然要切合这些讨论。然而这些讨论却一点也不“日常”。

讨论它们的文献汗牛充栋,但鲜有一尊之见,日常地理解“日常用法”,却根本用不着这些讨论。所以有理由怀疑:

(7) 日常理解的语词的“日常用法”,未必合维特根斯坦本意,他真正的意思或未被领会到。

设想柏拉图的理想超额实现了,世界上所有的人,而不仅仅是统治者,都是哲学家,讨论形而上学成了日常生活的一部分,语词的“哲学用法”是否便成为“日常用法”了?如果是,这种区分简直毫无哲学意义。如果不是,就得继续追究:“日常用法”是指有实践后果的用法,哲学用法则不然吗?等等。而且必须与(6)联系起来。

即使不论哲学用法大行其是的事实,

(8) 单就语言由简到繁发展、

日常用法不是一蹴而就而论，哲学用法便有可能是日常用法的复杂形态，是其发展。

果真如此，连截然区分开二者都是错误的，更不用说用其一排挤另一。(4)既不清楚，也流于肤浅。

二、对"家族相似"的质疑

虽然以 Cavell 的例子质疑"家族相似"在一开始就失去了准星，但这并不表明"家族相似"不可质疑——只不过不能那样质疑。

维特根斯坦对"家族相似"的论证通常被描述为大致如下。

他以游戏为例问道："对于所有这一切，什么是共同的呢？"所谓共同之处，在这里可以理解为本质，因为，虽然一类事物的共同之处不必是其本质，也可以是所谓偶性，但我们不必关心偶性，可以直奔主题，将"共同之处"理解为本质。

维特根斯坦的对手提出，游戏当然都有共同之处，否则它们怎么还会都叫游戏？这个思辨往往被视为自明之理。维特根斯坦则认为，不能想当然地这么推断游戏存在共同的本质，劝诫我们"不要想而要看"[①]，"看"了再说游戏有无本质。这与光从门外停着的车辆，推断邻居家有人并不可靠，到邻居家"看"了才是可靠的，似有几分相近。

维特根斯坦是这样"看"的。他先问游戏都是"娱乐性的"吗？"看"到的结果是：有反例；又问它们总是"有输赢"的吗？依然能"看"到反例。最后他说，无论拿出什么性质作为游戏的本质，都能找到不具有这些特点的游戏[②]，游戏之间根本不存在共同的本质。虽然如此，各游戏之间倒也不是毫无联系，其间存在着由相似性交叉重叠起来的网络，有时是细节上的相似，有时是总体上的相似[③]，游戏按照这种"家族相似"的方式联系在一起。这否定

---

① 维特根斯坦：《哲学研究》§66。从维特根斯坦的劝诫，有人认为他主张我们不思不想，只是保守地看现实中有什么。这是很庸俗的，即使从常理推测也不可能。哲学以"想"著称，不"想"还叫什么哲学？维特根斯坦怎么可能如此糊涂？他是针对想当然地思辨本质必然存在讲那句话的，有许多哲学论证作基础，将它孤立出来理解，只能是胡乱联想、发挥。

② 维特根斯坦：《哲学研究》§66。当然，维特根斯坦的考察还有很多，但均存在同样的疑问。

③ 维特根斯坦：《哲学研究》§66。

了概念的外延靠共有本质而为一类的机制,提出了通过家族相似的性质而为一类的新机制。这反对本质主义,大概属实;但反对是否有效,还不能匆忙认定。

首先是一个小问题:

(9) 维特根斯坦只是认为某些种类的事物,如游戏,不具有共同的本质,还是认为所有种类的事物都是如此?

若是前者,他对本质主义的反对就比较轻微,不是一般地反对本质主义,主张某一种类的事物是否存在共同本质,需要具体去“看”。“看”的结果可有两个:有些种类的事物有,而另一些种类的事物则无本质。若是后者,就比前一种情况严重多了,是一般地反对本质主义。即使通常理解的维特根斯坦对家族相似的论证证明了第一种情况,也不见得可以证明它。

不过,

(10) 即使通常理解的维特根斯坦论证不足以证明其结论,也不等于维特根斯坦没能证明,因为他的论证未必如通常所理解的那样。

三、通常理解下的“家族相似”论证的逻辑缺陷

事实上,即使是(9)的第一种情况也包含许多艰涩的哲学问题。显然,要能够“看”到游戏的成员不具有共同本质,首先要有一个预设:

(11) 游戏有没有本质,可以“看”出。

而这个预设要求,

(12) 在原则上必须能够“看”到:第一,所有游戏;第二,游戏的所有性质;第三,每一项性质都有例外。

三条中但有一条得不到满足,通常理解的维特根斯坦论证根据就不充足。

对于(11),后面将会分析,可以提出很多怀疑,它们有利于传统哲学中的本质主义,而不利于家族相似。

对于(12),从有限、无限的角度考虑“所有游戏”,是最为自然的。如果“所有游戏”是有限多的,那很好办,逐个考虑即可。如若不然,“所有游戏”是无限多的,我们就无法“看”到其全部,从而无法逐一检

验游戏是不是具有共同本质——除非"看"了有限的一些就等于"看"了全部,而这不啻于假设,有限的这些游戏能够代表所有游戏。一个游戏要能够代表一类游戏,只能是因为它具有该类游戏的主要性质,或者干脆说是"本质"。当然,这在目前只是假设。

容易想象,古代的"所有游戏"只有三种,先是没有娱乐性,后来逐渐有了娱乐性。到了现代,游戏成千上万、层出不穷。虽说游戏的本质如果存在,游戏的数目就不是关键,但即使抛开假设,从能否找到本质的角度看,游戏的数目又很重要。一粒种子可能与其他种子外形一模一样,只有它发芽、生长、结果了,才能知道它的本质。若把概念比做种子,则可以说,只有概念发展到一定程度,其成员充分多了,它的本质才暴露出来;在此之前,我们找到的本质可能只是偶性,现有的该类事物都具有它,其他事物则不具有它,但以后却不是如此(现在发现不了)。

这个比喻用于这里,误导性超过了价值,因为概念与种子不可比的方面更重要:种子从发芽到结果有确定的周期,概念的发展则不是如此。在任何一个时候,"所有游戏"可指"所有可能游戏",因为"游戏"本身并没有从时间上限定自己。我们只说今天的游戏比过去更多,但不说今天的"游戏"概念,与过去的不是同一个——若是那样就用不着假设"游戏的本质"了。可是,在任何时候,我们只能"看"到"现有的所有游戏",未来的"可能游戏"尚未出现,怎么保证现在抓住的确实就是本质?

(13) 要使确定的恰好是游戏的本质,必须保证第一,这个本质不会用于其他一切非游戏类事物;第二,未来的游戏不会有例外。

维特根斯坦说"无论拿什么性质当作游戏的本质,都能找到反例",作了一般断言,而考察的却只不过是"有娱乐性"、"有输赢"等个别性质,存在下述危险:

(14) "本质"没被"看"出——漏看、错看或者目前尚看不出。

规避(14)的一个借口是,

(15) 承认本质存在,但把它归到本体论里面;而找没找到,找对找错,则是认识论里的问题。永远可以用这个借口维护本质主义。

例如我们先把游戏的本质确定

为性质甲,后来发现有的游戏不具有此性质,于是不再把它当成游戏的本质。但是我们不放弃游戏有本质,而是继续寻找本质,又将之确定为性质乙,出了例外之后再寻找性质丙作为本质,等等。这不会违反(13),但却使我们陷入从来没有抓住过本质的困境。

四、抽象本质对“家族相似”的消解可能

尽管(14)、(15)很令人头痛,但还不是全部麻烦。(11)这个预设也必须被质疑:本质是否一定要能被“看”到?抽象性质,特别是形而上学所考虑的抽象性质,无论如何是“看”不到的。哲学史上以抽象性质作为事物本质比比皆是,可以说是主流。人的本质若是有理性或思维,“理性”能被“看”到吗?有理性的行为能被看到,但“理性”看不到。如果“爱的本质是奉献”,我们能够“看”到“爱”还是能够“看”到“奉献”?能把“奉献”从“爱”中取出,就像从书包里取出一本书那样,让爱成为空壳吗?“看”有什么意思,并不明确。[①]

(16)引入抽象本质的一个后果,就是原来“看”上去没有共同之处的事物,现在也可能有共同之处了。

辩证法号称对“所有”事物都能找到“共同之处”,这种“共同之处”,每个游戏自然都得具有。只不过它太过宽泛,不是“游戏的本质”。但从寻找“共同之处”的角度来看,它足可否定以“看”的方式判定“本质”的命运:游戏的本质存在,但是还没有概括出来,“看”到的差别是表面上的,可以克服。引入抽象本质使得(15)如虎添翼。

维特根斯坦的论述中有一个例子,说人们可能会这样总结绳子的本质:

> 有某种东西贯穿绳的全长——那就是那些纤维的连续不断的重叠。[②]

---

① 此外,我们并不是对每一个人都说其有理性。有些人类成员没有智力,但许多哲学仍认为人的本质是有理性,不以此为反例。虽然这在哲学中司空见惯,但简单套用概念的内涵与外延的关系,在此并不合适。这里总归有些奥妙。

② 维特根斯坦:《哲学研究》§67。

“纤维的连续不断的重叠”在本质主义那儿成了绳子的本质，不过它是抽象的；而在维特根斯坦那儿，却只算是家族相似，因为“看”不到一根纤维贯穿绳子的始终。面对同样的事情，“家族相似”与“本质”不必水火不容：依是否允许抽象本质、坚持“看”做标准而定。

(17) 不确定抽象性质的地位，不给抽象领域里的“真”、“存在”定位，无论是家族相似还是本质，都没有哲学意义。

蒯因的“本体论承诺”，讨论的就是这件事情，从“承诺”一词即可看出其难度。抽象领域像是无底深渊，无论赞成抑或批评抽象性质，都难以施展手脚。

抽象本质也要满足(13)，它也有与(14)类似的问题：

(14)′概括出的本质即使不像辩证法那样，为每个事物所共有，但也可能没有特殊到所需地步，而是外延比“游戏”大的概念，如“活动”(假设它的外延比游戏的大)的本质。

五、维特根斯坦的可“看”本质与抽象本质

维特根斯坦考虑过抽象性质。在提出“家族相似”概念之前，他借对手之口提出了疑问：

> 你避开了难题！你谈到各种各样可能的语言游戏，却没有一处说到语言游戏的本质是什么，从而也没有谈到语言的本质是什么。……(§65)

这是一个挑战。维特根斯坦的观点与传统所钟爱的本质主义冲突，而他又没有直接批判本质主义，“避开了难题”，所以对手自然要请他作正面回应。听维特根斯坦的口气，他似乎马上就要做出正式回答，然而在行文上，他是在这个问题之后，才如我们所描述的考察了游戏，做出游戏没有共同本质的结论的：

> 的确如此。——我没有提出某种对于所有我们称之为语言的东西为共同的东西，我说的是，这些现象中没有一种共

同的东西能够使我把同一个词用于全体,——但这些现象以许多不同的方式彼此关联。而正是由于这种或这些关系,我们才把它们全称之为"语言"。我将试着来说明这一点。(§65)

他承认自己没有谈到本质,理由是"这些现象中没有一种共同的东西能够使我把同一个词用于全体"。他"试着来说明"的,则是通常理解的他对"家族相似"的论证。这不禁令人失望,因为上面的问题就是针对这一论证的。

当然我们不必拘泥于行文。在更早的§14里,维特根斯坦对"共同之处"——也可说"本质",有所评说:

"所有的工具都是用来改变事物的。锤子是用来改变钉子位置的,锯子是用来改变木板的形状的,如此等等。"——那么尺子改变了什么呢?熬胶锅、钉子又改变了什么呢?"改变了我们对事物的知识,改变了胶的温度,改变了箱子的结实程度。"——对表述的这类同化能赢得什么呢?(§14)

"所有的工具都是用来改变事物的"似乎揭示了工具的"本质",这是维特根斯坦对手的观点。"改变事物"是抽象性质,说明维特根斯坦考虑了抽象性质。他的看法是,这不过是语言形式上的"同化",并不能"赢得什么",不算数:

以这样一种方式使对词的使用的描述相互类同,并不能使词的使用本身彼此有更多的相同之处!因为,正如我们所看到的,词的用法是绝对不同的。(§10)

"改变了我们对事物的知识"和"改变了钉子的位置"中的两个"改变",的确不会因为它们都是"改变",而使得学习知识和钉钉子更为接近。维特根斯坦祭出的,还是"看"的法宝:词的形式尽可以被同化,但我们"看"到的词的用法,是决然不同的。

(18) 在否定抽象性质的基础上,“看”到的成了唯一的和终极性的东西,“家族相似”才不能被抽象本质消解,得以立足。

这更突出了(17)的重要性。

六、“家族相似”和概念同一与不同一

下面的原则可以作为思考的出发点:

(19) 就算游戏不存在共同的本质而是家族相似的,游戏毕竟也不同于战争等等不同类的事物,我们至少总需要维持不同概念之间的差异。

虽然像是确凿无疑,对(19)的反思是允许并且应该的。

很显然,不同概念的外延之间也可以有相似之处。不同家族的成员,也可以“步姿相似”;“打斗”(不指拳击之类真正的游戏 - game)和部分游戏都是有输赢的。既然游戏是靠家族相似的性质连起来的,“打斗”也可以通过“有输赢”而与游戏连起来,是否“打斗”可以并入“游戏”? 一般地,

(20) 若不同概念的外延可通过家族相似的性质连在一起,它们是否可视为同一概念?

如果能够,则在直观上,不同概念的外延都可以如此连起来,所有概念都将被同化为一,只能是最普遍的概念如黑格尔意义上的“有”或“存在”。

以不同概念本质或内涵不同,以它们有“本质差异”来拒绝这种可能,在这儿是无效的。概念的涵义,按照传统的分法,有本质的及非本质的两类。

(21) “本质”若为“家族相似”取代,以本质不同区分概念的旧办法,也需逊位于以家族相似的性质链不同作区分的新方法。

既然不同概念的外延也可以由家族相似的性质联系起来,这种区分便难以奏效。概念之间的“本质”差异似乎能够消除:就像几根绳子可以拧成一根,就像一条链子与另一条链子可以连起来——尽管它们粗细不同,形状不同。

“同一”与“不同一”是古老的哲学问题。

赫拉克利特说我们“不能两次踏进同一条河”,认为没有任何同一

的事物,一切都在流变之中,重差异乃至以任何差异来否定同一,要求的是绝对同一。这不是我们日常所谈论的同一。即使从未被刻意强调过,谁都明白从婴儿到成人,一个人从生理到心理都有巨大的不同,我们就是如此讲人的自我同一的。绝对同一意在把握日常同一的本质,但想把握住的本质与游戏的本质还不同:游戏的本质要适用于既有游戏,有例外就改正自己;绝对同一却责令日常用法以自己为准。本质主义确定本质的这两种做法往往交织使用。暂时接受(19),仅仅以之为出发点,还是也以之为终极性的东西,一定不同。

黑格尔从空洞的“有”出发,但重视万物的差异,认为万物“原形先蕴”在“有”之内。“原形先蕴”是典型的本质主义,它肯定世界上差异的万物,因为它们早已“先蕴”于前。于是,原本是语言同化的“有”,便不是空洞的,反有了开端、源头的意味。抽象的东西非但与具体的东西不相对立,反而在某种意义上成了最具体的东西,比一切现实还要具体、丰富。原形先蕴想法的深远意义,在下节讨论语词与其用法的逻辑关系,并引出再下一节所作的区分时,将会变得十分明显。

七、词(概念或其内涵)及其使用(外延)的原初关系

概念规定世界万物,可以说世界是诸概念的外延之和。

(22) 世界被原形先蕴,对应于所有概念的外延都被原形先蕴。

原形先蕴要求有“蕴者”和“被蕴者”。问概念的外延是不是被原形先蕴了,“蕴者”自然是该概念。可是概念并不是独立于其内涵与外延的第三者,不能脱离内涵而存在——虽然在形式上它们像是两个东西。

通常认为语词有“形、音、义”三个因素。“音”和“形”的因素在逻辑上与“义”不相干,同样意义的词可以写成任意的符号、读任意的音。然而,没有了“形”和“音”作为载体,“义”或者概念就与一切物质的东西都不沾边,有些神秘起来。

日常解释词义的做法,没有直接的哲学意义。那无非用一些词解

释另一些词的意思，不被同时解释的那些词的"形"、"音"、"义"问题，被弃之不顾，陷入用语词解释语词的循环。而哲学一般地考虑语词的意义问题，不能陷入循环。

维特根斯坦在§208中讲述怎样向一个人说明"规则的"等等词的意义时，提出过语词解释不能循环的原则：在解释时要用到某些概念，如果他已经理解这些概念，解释便可终止；而如果他"还没有这些概念，那么，我就要用实例并通过实践来教他使用这些词"。"设想你就是这种教学过程的见证人。在其中没有一个词是用它自己来说明的；没有逻辑循环"(§208)。维特根斯坦先说只有对于不熟悉这些概念的人，才用实例等等进行解释，但他接下来如释重负地表白"没有逻辑循环"，点出了他的一般原则：

(23) 语词解释语词(内涵)不能是最终的，必须避免循环(实例、实践打破了循环)。

不过，实例、实践纵然终结了语词循环，也不表明怎么终结，中间过程是黑箱。将其直接用于解决语词解释的循环——尽管在维特根斯坦研究中这很普遍，意义不大。实际上，连它是否真的终结了语词循环，甚至"终结"意味着什么，也是迷雾重重。

显然，教(训练、语词解释等等)总是有限的，任何人、包括语言专家都只可能有限次地使用一个语词；检测一个人是否掌握了该词，比如学校的语文测验，直接检测的只是他会不会该词的某些使用，不可能是该词的一切使用。

(24) 一个人掌握了某个词的判据，永远只可能是他过去对该词的使用，是有限的。

学会一个语词——无论是通过学习实例、训练，还是语词解释——不等于死记硬背教过的内容，这连巧嘴的鹦鹉都有可能做得出来。必须能超出所学的实例，会在其他场合使用这个语词，这是常理。

但是超出多少才算会了？如果可限定某一部分使用，掌握了它们必定就是学会了一个词，那么死记硬背住它们也算学会。看来不能限定。就是说，任一种未来使用都不能被排除，很自然便有，

(25) 掌握词的意义就是掌握其一切未来使用。

对词的内涵(意义)或本质，上

面丝毫没有提及。这不是缺陷,恰恰相反,它们是考虑内涵或本质的基础。

(26) 词的内涵或本质如果有、能被决定出来,那就只能在词的有限使用中或概念的有限外延中实现。

这与(24)的道理一样。因而在原则上,

(27) 词的这些有限的使用在逻辑上可视为先于内涵,讨论它们与词的未来使用或外延的关系,是原初性的、必然的要求。

这与休谟因果论证的联系于是凸显出来。根据休谟的因果论证,

(28) 一个人无论掌握了多少词的过去使用,都不能保证他必然掌握未来使用。

维特根斯坦在遵守规则的讨论中证明,

(29) 任何一个行为都可以制定得与任何一个规则相符,词的未来使用在逻辑上不是预决了的。

它们都否定(25)是可能的。(28)表明,即使词的未来使用是预决的,每个人都不能必然地掌握之;而(29)则表明,词的未来使用根本都不可能被预决,更谈不上掌握了。

然而,思辨却好像可以将它们轻描淡写地化解掉。

某个词的“有限使用”或“未来使用”,严格地说,指的是特定的“这个词”,比如“游戏”的有限使用。所以可以这样思辨:既是“这个词”——“游戏”的使用,当然先有了“这个词”——“游戏”;纵然只有一个外延、一次使用,那也是“游戏”这概念的外延、使用。概念有内涵才是自己,于是,

(30) 概念(的内涵)在其一个外延、一次使用中已有了;凡符合此内涵的事物才是该概念的外延、它的使用,所有外延也在概念的一个外延、一次使用中预决出来了。

这个顺理成章的推论,与(2)异曲同工,但它对同样顺理成章的(24)-(29)不亚于釜底抽薪。

八、词对其使用的仅仅语法的与原型先蕴的“决定”

要解开这里的疙瘩,必须区分外延被“预决”或“决定”的两种情况:原形先蕴的以及(仅仅)语法的。我们打个比方来表明这种区分的重

要性。

假设古代有两个人就一个三岁的女孩子说，“她的丈夫一定会……”，但断言相反；再假设这个女孩将来一定会结婚。那么，在指腹为婚的情况下，“她的丈夫”在说话之时就已预定，就是特定的某男孩；而在大多数情况下，谁都不知道茫茫人海中哪个人将成为她丈夫，“她的丈夫”不是预决了的——抛绣球选择丈夫时尤为明显。

三十年后，二人重新拾起当年的话题。

在前一种情形下，一个人或许得意地说“一岁看小，七岁看老，我早就看出……”，总算讲出些道理。

而在后一种情形下，要不是因为下雨推迟一天抛绣球，要不是绣球抛偏一点等等，“她的丈夫”就会是另外一个人，二人谁对谁错都是偶然的，就像摸彩票。那时所说的“她的丈夫”，与抛绣球确定的她真实的丈夫，除了都用到“她的丈夫”这同一个词，毫无共同之处。然而，由于“她的丈夫”在任何时候都是“同一个词”，而在三十年后它指称一个既定的人，显得我们在不同时候所谈论的，是“同一个人”；显得我们在三十年前就已经在谈论甚至以一种奇妙的方式指称着“她的丈夫”；显得“她的丈夫”早在冥冥之中就注定是谁，被预决了。这有极大的迷惑性甚至神秘性。其实在抛绣球之前，“她的丈夫”这个语词所决定的，不是特定的人，而只是：无论哪个人后来与这小女孩结婚，这个人都被“她的丈夫”指称；“她的丈夫一定会……”与任何事实无关，尚无对错可言。

在每一种情形中，“她的丈夫”都“决定”了什么。前一种情形中之决定，可称为原形先蕴的。此时亲家已定，嫁妆都可以送到亲家；后一种情形之决定，用维特根斯坦的话，仅仅是语法的决定。[①] 此时亲家未定，送嫁妆更是无从谈起。

语法的决定作用，源于词(包括个体的名字)超越时间的、空洞的、无内容的、形式的同一性，是先天的，但不是综合的同一。

---

① 参见他在《哲学研究》§431以及§461的前后对“命令预期了命令的执行”的分析。

词对其外延的原形先蕴的决定,则超出语法决定的空洞形式,是词在时间中的、具体的、有内容的、实质性的决定。它如果可能,一定既是先天的,又是综合的。维特根斯坦有很典型的总结:

> 那个意指命令的活动已经以其特有的方式做了所有那些步骤;在你意指的同时,你的精神可以说已飞向前方并且在你事实上到达这一步或那一步之前就完成了所有的步骤。
>
> “甚至当我在书面或口头或思想中完成这些步骤之前,真正说来它们就已经被完成了。”而且这些步骤看来似乎是以某种独特的方式被预先决定并被预期的——就好像只有意指活动才能预期实在。(§188)

简言之,词的一切未来使用都是现成的,就像早已寄存在上帝那里一样。①

概念对其外延的仅仅语法的决定,无论概念的外延是不是被原形先蕴着的,无论概念有本质、还是其性质家族相似,都不可能不存在,与原形先蕴的决定并不对立。原形先蕴的决定是解释语法的决定如何实现的一种可能,未必只有这一种可能,这种可能也未必成立。但它至少清醒地认识到,仅仅语法的决定在哲学上是不足道的。这并不容易认识,尤其是两种决定遁形于深奥的哲学理论中时。

概念对外延的语法的决定,使得概念好像总是背负着它的所有使用。它方便了本质主义——无论概念的外延是怎么确定的,都能以(15)的方式,通过引入抽象本质构造理论,将之解释为“其实”早已被本质原形先蕴着,语法的决定于是悄然成为原形先蕴的决定。它使反对本质主义的一方百口莫辩,永远不能举出反例,在经验的层面证明本质主义不对。因为只要一使用概念,(2)或(30)便如影随形:反例如果不是这一概念的外延,与此概念的本质无关;如果它是这一概念的外延,便已经被笼罩在(2)或(30)的阴影之下,无可奈何地听任(15)肆

① 这两种“决定”的区分是理解维特根斯坦哲学的关键,但要说清它们极其困难,本文利用这个区分勾连维特根斯坦的思想,不能充分展开对它的讨论。

虑。本质主义对不对,好像成了无头公案,这是我们挥之不去的梦魇。

(31) 必须借助于直观,在彻底的现象层面理解(24)-(29),理解“词的过去使用”等,才能看出(29)与(30)并不冲突。(30)属于概念思辨,所讲的“决定”,只是语法的,是普遍的,不涉及原形先蕴;而(29)不是概念思辨,断言原形先蕴不可能。两种“决定”必须分清。

维特根斯坦多讲“词的使用”这种使用词的现象,可能多多少少包含了这方面的考虑。它较少使人联系到内涵、意义以及概念思辨。

(32) 真正有意义的本质主义,讲的是本质对外延的原形先蕴的决定,不能仅仅是语法的决定。

但二者不是小葱拌豆腐那么一清二白。以思辨而言,它若谈及事物,只能利用概念在语法上对其外延的决定,不是真正谈论经验事物。比如,认为可以举实例证明“物极必反”,完全是误解。“物极必反”是一个语法性质的命题,规定我们谈论事物的方式:它把事物在时间中的发展变化比做某种像是曲线的东西,有高点,有低点,分别代表标志其发展的高潮、低潮(“盛极必衰”更加明显)。一物若是已发展到“极”,它只能“反”——若还能继续发展,就称不上发展到“极”了。而对任何一个具体事物已经发展至其“极”的判定,则是经验性的,不可能从“物极必反”中演绎出来,就像不能从一个空口袋推论它只能装什么一样。如果我们预测一事物在某一点上发展至其“极”了(如资本主义到了最后发展阶段),必定开始“反”,然而却没有,这证明“物极必反”错了吗?没有。我们会说,对该事物已发展到“极”的判定是错误的,实际上它还没有到“极”(资本主义没到最后发展阶段),或者已经“反”了但我们没认识到(表面上没有,但实际上已“反”,如出现了社会保障等“社会主义”的因素,表明资已经“反”向社,或资、社正在融合等)。所以,“物极必反”根本脱离经验,是先天有效的。

辩证法真理之所以令人反感,不是由于它们是错的,而是由于它本对事物无所言,只是规定了言说事物的方式,却又好像能认识经验事物,且未卜先知、料事如神;一旦失手便诿过于其他因素(其实是通过改变概念含义的方式,如重新认识帝国主义怎么才算"反"了,与原来理解的"反"不同),全身而退,总能立于不败之地,常有理。(15)所述坚持本质主义的做法,与此类似。将辩证法贯以"唯物",其错尤甚。在逻辑上,这不是理论联系实际的问题,好像联系已经现存,由于(29),既有用法先于"本质"(普遍概念),它不是从"本质"(普遍概念)中推演出的;相反,联系并不存在,必须去创造它,决定怎样把具体事物"说"(解释)得符合普遍概念、普遍命题。有的事物很难套用普遍命题,明显需要规定某个普遍教条对于它们的具体涵义。这是"实际联系理论"。

九、维特根斯坦的"经验"论述的普遍性

维特根斯坦许多日常面貌的论证的一般性和根本重要性,在如上的澄清之后方可看到。

在§138 讨论把握词的意义时,维特根斯坦叙述了其对手的一个想法:

> (33) 我们在一刹那间就把握住了它的意义,而我们以这种方式把握住的东西一定与在时间中延伸的"使用"是不同的东西!(§138)

但有掌握词的意义这档事,"一刹那把握住了它的意义"都是必然的。从(24),掌握词的意义总是在有限的词的使用中,也就是在有限时间内实现的,在此之前则未把握住,总有在一刹那掌握词的意义的问题。不管是否能够确定如此戏剧化的"一刹那"——就像英国伊利莎白女王"爬树时是公主,下树时成了国王"① 那么戏剧化,也总可以假设有这么个一刹那。其实质不在时间,而是依据并突破词的过去使用,会在未来使用它(掌握词"在时间中延伸的使用")。这只能由"在一刹那"把握住的东西——"词的意义",或者保证能掌握"词的意义"的任何东西,来实现的。比如,认为词,至少名字的意义就是头脑中的一个观念或影像,一旦把握住了这种观念

---

① 伊利莎白女王的父亲驾崩时,她正在外游玩,按照英国宪法,这个瞬间她即成了国王,故有此说。

或影像，这词“在时间中延伸的使用”就决定下来了（符合此影像者），等等。

由此可见，维特根斯坦关于“一刹那”的表述浓缩了上面一系列根本课题，绝不是(30)那种表面的、语法的谈论，非常深刻；但由于它如此平常，像是在叙述个人的学习体验，又显不出来。

(34) 仅仅日常地理解维特根斯坦的论述，不能明确地认识(24)－(32)，无法欣赏到(33)的哲学妙处。

对于(33)的可能性，是需要质疑的：

> 在一瞬间在我面前呈现的东西，在一瞬间在我心中浮现的东西，怎么能够适合于一种使用？
>
> 我们在一刹那间抓住的东西能不能符合于一种使用，适合于或不适合于该使用？（§139）

于是有了本质主义的许多设想、理论去论述(33)何以可能。比如在§209中，关于用例子教别人学习词，本质主义合理地提出：理解超出这些例子即词的过去使用，但又全靠它们达成，中间有一个裂缝需要靠“猜测”来弥补：

> 你难道不是只让他猜测本质的东西吗？你给他举例子，——但他必须猜测这些例子的趋向，猜测你的意图。（§210）

在§213中，本质主义就自然数序列提出了另一种设想：直觉。自然数序列虽说是无限长的，但我们只能写出有限一段，用省略号表示它无限延续。然而，如何实际地延续该序列的某一有限部分，逻辑上可设想出不止一种可能，于是有人设想“只有直觉才能消除这些怀疑”，选择出唯一“正确的”解释，即通常的自然数序列。关于直觉，还有别的例子，如§186：“为了正确地执行‘+n’的命令，每一步都需要有新的领悟——直觉。”

类似的设想有很多，不限于“猜测”、“直觉”，《哲学研究》中随处可见。维特根斯坦遵守规则的讨论证明了(29)，表明任何设想都不可能实现(本文不可能将此讨论充分展开)。

十、以苏格拉底方法为例

既然(29)一般地否定了(24)与(25)有调和的可能,(24)又明显正确,(25)成了无意义的要求,如同在抛绣球的十年前对小女孩说“我想与你的丈夫谈谈”是无意义的一样。不过,(25)根深蒂固,人们几乎本能地坚持着它,并以之排挤“掌握”的日常用法。

兹以著名的苏格拉底方法为例。

在讨论正直的行为与非正直的行为时,苏与其对话者欧提德穆斯都承认,必然有某些行为真正出于正直。苏自然地说,欧一定能够告诉他那些行为是什么,欧爽快地承认是,并且还说能告诉苏非正直的行为是什么。于是苏邀请欧在相对的两行中写出它们。欧认为“虚伪、欺骗、偷盗、奴役”,都得放到非正直的一行里。苏特地让欧申明“没有一样这类事情可以放在正直的一行里”,然后开始举反例。这与维特根斯坦论述游戏是家族相似的,在方法上非常相似。他举了某些奴役行为、欺骗行为不属于非正直的例子:一、将军惩处损害国家利益的敌人,奴役他;二、他运走敌人的财物,或者在战略上欺骗他。欧不得不承认苏是对的,醒悟到自己其实只想说,欺骗朋友或错待朋友是非正直的。苏先是清点胜果,让欧承认“在某些情况下,同样的行为就得分列在两行里”,其后不依不饶地对欧的新断言又举出反例:一、假定一支军队已丧失勇气,分崩离析,将军欺骗他们生力军即将到来,使他们鼓起勇气,取得胜利;二、孩童需要吃药,可又不肯吃。其父欺骗他,说药好吃,哄他吃了,救了他的命;三、有人发现朋友处于极端疯狂的状态,怕他自杀而偷盗了他的剑。对于这几种行为,欧均承认是正直的,连自己修正后的断言也不得不放弃。最后,面对苏的询问“一个有意破坏正直的人比一个无意破坏正直的人更不正确”,信心完全崩溃,“因为整个事情已经变得同我原来想象的恰好相反”。[①]

---

① 吴永泉译:《回忆苏格拉底》,商务印书馆 1984 年版第 145 - 147 页。转引自梯利:《西方哲学史》商务印书馆 2000 年增补修订版第 53 - 55 页。

欧提德穆斯之所以最后失去了信心,不是因为他不能判断具体情况下,某个行为是不是正直的。恰恰相反,他能够判断,所以才知道自己的普遍断言被苏格拉底抓住辫子了。他的潜在前提(“原来想象的”)是:懂得一个概念就是对它有个一般的、本质的概括,仅仅懂得它的一些具体使用,并不算数——否则他又何必失去信心?苏格拉底方法也依赖这一前提。在日常生活中,苏格拉底方法也常常被使用。如说“照你的看法,连……都……”,意指对方的说法导致不可接受的荒谬后果,以此证对方之理不确。

苏格拉底方法究竟证明了什么,大有考究。

举反例的论证方法预设:一、例子确实无疑地是某个语词之使用的例子;二、例子是“反例”,所“反”的是个一般断言(对概念的一般概括)。因而在例子与一般断言相冲突的时候,才能认为一般断言错了,而例子不属于那个概念的用法,反不了。连(15)也要求了概念的用法在先——修改本着它们进行。苏格拉底谦虚地认为自己无知,不过是因为他不是一般地知或“全”知(而这本是不可能的);其实他知得最多,只有知得多,才知道还有自己不知道的。苏格拉底的谦虚掩盖了两种根本的思想冲突:哲学的“知”(全知)与日常的“知”的冲突、(24)与(25)的冲突。

日常“掌握词的意义”——“他基本上会了”,“他什么都会”,“他不太会”,“他会一小部分”,“按他的年龄就算会了”,“他会这些,不会那些”等等——杂乱无章,没有确定的标准。在哲学“他到底会不会”的棒喝之下,只知道“会”的日常用法,就像是对一件事只知其然而不知其所以然;哲学要求“到底”,一亮相就气概非凡:不仅知其然,更要知其所以然,把日常用法从浑浑噩噩中拯救出来,探到它们的本质。当然这首先预设了:

(35) 概念的本质存在于它的家族相似的用法之间。其潜台词是:概念有本质,它对概念外延的决定不仅仅是语法上的。

它的直接表现和后果是合二为一的:

(36) 语词是概念本质的代言人,在概念的使用中它们如同本质亲临;概念、命题的形式上的同一(语法的决定),与本质之同一(原形先蕴的决定)悄然融为一体。

如果再考虑到命题一般是主谓形式,主语、宾语都像名字,以普遍概念指称抽象实体,引入抽象本质,就是不足为怪的了。这源于语言整齐划一的形式(参见 §12 里的比喻)。

开辟形而上学领域,解释两种决定如何合一,使传统哲学拥有巨大的发挥空间。如前面分析绝对同一时已经涉及过的,其一般做法是:

(37) 时而概括日常用法的本质,时而批评日常用法不当,取消其资格,以取得自身独霸地位。

概括从日常用法出发,即使使用归纳,也绝不是纯粹归纳,要从中揭示本质、共相。在“看”不到本质,“看”到的结果是家族相似的时,更明显地要超出归纳。根据(29),普遍概念(共相)的应用不可能预决,概念“混乱的”或家族相似的日常用法,在逻辑上是终极性的,不可还原。“本质概括”或普遍概括,利用共相所作的普遍断言(形而上学用法或哲学用法),虽然具有整齐划一的外表,在逻辑上却不能演绎出(原形先蕴)具体事物是怎样的(日常用法)。它要想是普遍必然的真理,只能在深入了解具体事物的基础上,规定出运用于它的具体方式。这在本质上是一种教条主义。只有在日常用法十分清晰,而且在我们的生活中占据着不可撼动地位的情况下,教条主义才显得可笑而不是深刻。所以,本质概括或普遍概括在根本上只是“描述”日常用法,以一种工业化的整齐方式,因而也以歪曲的方式描述本来不整齐划一的事情,让后者“委曲求全”(“全”可理解为“普遍”)。所谓哲学只是描述,而不是说明、解释;达到清晰性、“看到关联”是哲学的目的(一般性让位于全面性,而非本质主义的普遍性),这又意味着哲学问题应该完全消失(因为这预期的是本质主义的普遍解释)等。[①] 所谓“本质表达在语法之中”(§371)、“哲学的一整片云凝结成了语法的一滴水”[②],必须在(24)至(38)的大背景下去理解。

这是严格地从逻辑上确定传统哲学的实质,并不断言它们一定是

---

① 参见维特根斯坦:《哲学研究》§122、124、133。

② 维特根斯坦:《哲学研究》第 339 页。

错的。

(38) 由于“语法是任意的”(§497),采用普遍形式来说事物无对错可言;以之为对事物有具体断言,是把“本属于描述方法的东西断言给了事物”(§104),才是错的。

唯物辩证法是“将给我们留下了深刻印象的比较的可能性当成了是对一种具有最高概括性的一事态的知觉”(§104)的典型。

维特根斯坦提倡日常用法、反对形而上学用法,不是(4)那么简单。没有(24)-(32)这类似于辩证法“否定之否定”的思想之旅,日常理解之下的“日常用法”,不会从丑小鸭变成白天鹅。返朴归真不是滞留于“朴”之懵懂或浑浑噩噩,是先离朴而去(求知),最后又“返”回到朴,认识到终极智慧在于朴之具体,知在于看出诸“朴”(诸般事情)之内在联系(真正的本质),不在于找到可演绎出它们的一般之物,因其本不存在。这是大智若愚。

十一、维特根斯坦新的哲学基础提示

维特根斯坦着意扭转(25),既是扭转根本的哲学成见,也是扭转日常成见。

> 我们是否应当说,由于我们不具有关于这个词的每一种应用的规则,我们实际上并没有给这个词赋以任何意义?(§80)

回答当然是否定的:

> 如果我说“我把这个人锁在房间里——只有一个门还开着”——那么,我根本就没有锁住他,他的被锁住只是个骗局。在这里人们将会说:“借此你还没有做出任何事情。”有洞的围墙如同没有围墙一样——但是是那样吗?(§99)

“有洞的围墙也是围墙”表明,不具有词的每一种应用的规则,我们也仍然赋予它以意义了。这在(29)之下不可避免,但所导致的后果十分严峻。

(39) 词的未来使用既然不是预决的,任何一个行为都可以制定得符合任何一个规则,遵守规则的行为到底怎么确定?

这个问题令人窒息。没有现成的路,但是又得前进,似乎只能自己"决定"。但维特根斯坦否认这里需要做决定:

> 比之这样一种说法:在每一点上都需要一种直觉,下面的说法几乎要更正确些了:在每一点上都需要做一个新的决定。(§186)

维特根斯坦断言"决定"说比"直觉"说稍好,只是因为它反对原形先蕴,反对(25),但认为它仍不正确(还可参见§214至§227间的讨论等)。更一般地,维特根斯坦认为,在遵守规则时,不需要"选择"之类的理性活动:

> 人们并没有感到他们非要等待规则的点头示意(或暗中示意)不可。相反,对于规则接下来将要告诉我们什么,我们并不感到提心吊胆。……它(规则)总是告诉我们同样的东西,而我们则照它告诉我们的去做。(§223)

> (40) 当我遵守规则时,我并不选择。我盲目地遵守规则。(§219)

"并不感到提心吊胆"和"盲目",相当于"不怀疑、不猜测、没有直觉、不选择"等等,与常识似乎都不协调:不是遵守所有的规则都不需要动脑筋。维特根斯坦自己也承认,在遵守规则的时候,可以有根据:

> 在延伸一串装饰图案的教学中,不管你如何教他,——他怎么能知道他自己如何继续进行下去呢?——可是,我是怎么知道的呢?如果那意味着"你有根据吗?"那么回答就是:我的根据很快就会用完。而那时,我就行动而没有根据。(§211)

有了根据才能有"根据用完"的时候,而使用根据是怀疑、比较、选择等理性思维活动,不是通常理解的"盲目"。需要澄清维特根斯坦在什么意义上讲"盲目"。

"根据很快就会用完"表面上并不奇怪:"以经验来辩白终有尽头"(§485),乃是必然的,因为根据都是过去的词的使用,是有限的;用完根据之后"我就行动而没有根据"是必然的。不过这里显然有个隐含的前提:

(41) 新的遵守规则行为并不能为这些根据所决定——若可决定,"我就行动而没有根据"就毫无意义了——就如同你把票交给检票员,然后摊开手说"我没有票",是毫无意义的一样。

所以(39)不过是(29)与确实有遵守规则的事情二者之综合,在根据用完、没有根据时也得"行动"。这使"根据"十分尴尬:

(42) 那些根据既是根据,却又像是摆设,什么也决定不了。

不过在维特根斯坦看来,(42)这种忧虑是由于误判了根据的作用:

> (43) 这里的根据并不是在逻辑上蕴涵所相信的东西的命题。(§481)

并不是维特根斯坦不考虑逻辑根据,只关心没有逻辑蕴涵关系的根据,而是根据本来就是(38)所述那样的。"我有时作推论。例如,我看到一张照片并且说:'那里必定放过一把椅子'或者……但并非属于逻辑的推理。"(§486)归根结底根据会被用完,因此"一个好的根据就是一个看上去是好的根据"。(§483)(41)也是维特根斯坦对理性作用的定位,它避免了(28)以及更为严厉的(29)——它们只涉及有逻辑蕴涵关系的根据。这些根据也有作用:

> (44) 如果有谁说关于过去的信息难以使他相信某件事会在将来发生,那么我会对他感到不理解了。……如果这些不是根据,那么什么才是根据呢?(§481)

根据使人相信,但本身并不蕴涵所相信的东西,这是维特根斯坦对根据的定位。问题是,按照所相信的去做,确是超出"根据"的"行动"不假,但未必就是在遵守某个规则:

(45) 如果"根据"使大家所相信的不一致,导致行动不同,将无法有遵守规则的事情。因此这里还需要有一致性。

这是种根本的一致性,必须以(29)为中心去理解。[①] 维特根斯坦强调这不是意见的一致而是生活形式的一致。(§241)意见一致不属于根本性的一致,取得一致意见的根据比意见更重要,在根据的终点才出现这种根本一致。对无根据之处风景的描画,是维特根斯坦的正面哲学思想。他认为生活形式是必须接受的、被给予的东西。[②] 生活形式不能被解释(从比它更原初的前提推出),接受[③] 它之后才有通常的解释活动。这表明维特根斯坦不只是摧毁"一切伟大的和重要的东西",以之为"纸糊的房屋"[④],他还奠立了新的哲学。如果把以第一前提演绎一切的哲学归为理性主义,那么首先要否定的就是理性主义。理性活动的基础或最终根据被维特根斯坦揭示出无所谓理性,是代代相传的世界图景[⑤],这是生活形式一致的具体表现。理性对世界图景只能"相信"(和"确定性"或"确实性"等价的"相信",不是信仰意义上或意见方面的"相信",远比怀疑有根本性)[⑥],理性的基础本身无所谓理性。世界图景包括许多"经验命题",如"地球早已存在",无真假可言,因为它们不被判断而是判断其他命题真假的背景。但它们不是绝对不可动摇,它们的地位可以被改变,但只能依托世界图景中不被同时改变的其他部分。换句话说,世界图景只能逐渐改变,不可能一下子抛弃,犹如河岸可以被水流冲

---

① 此处再无根据,然而传统哲学却往往以一个东西,如意识导致人们认识同样的真理、规则等来解释。这种解释必须放回到(24)-(32)去重新审视。

② 维特根斯坦:《哲学研究》,第345页。英文版(Basil Blackwell, 1967), p. 226。

③ 如《哲学研究》§§654-655对语言游戏的评论(可能还需参见§23对语言游戏与生活形式关系的说明,第342页。"确定性的种类就是语言游戏的种类"等),以及§240-242和第342-347页对这种一致的被给予性的评论等。

④ 维特根斯坦:《哲学研究》§118。

⑤ "世界图景"是《论确定性》中的核心概念之一,参见§93-95,162,167,233,262。

⑥ 参见《哲学研究》§§472-486以及 *On Certainty* 一书(中文译为《论确定性》或《论确实性》,本文采用前一种译法。无论如何都必须强调,这里的"确定性"或"确实性"不能作通常解)。

刷变形，但在任一时候，总可以区分出河床、河岸和水流。[①] 这导致对"真理"的重新审视。维特根斯坦引入语言游戏，说遵守规则是习惯（习俗、制度）（§199）、是一种实践（§202），改变了人与事物的关系是认识者与被认识者，以及语言描述世界、命题描述事实等等成见，从根本上化解了（19）等疑问。这里未能充分展开这些思想。

要认识维特根斯坦哲学的价值，在考察任何哲学问题时都不能存有先入之见，必须对其施行（24）－（32）这种根本还原，还需要从整体上考虑问题。不能采用目前哲学中的惯常做法：对一个问题，叙述某某主义怎么认为，另一主义又怎么认为，似乎这样就万事大吉。维特根斯坦哲学要求从（24）－（32）考察所有主义的基础，为哲学找到任何人都不可能不承认、不是门派之见的真正基础。从论述的内在性上看，维特根斯坦也取得了成功。

（作者系商务印书馆副编审）

---

① 参见《论确定性》§97、§99。总之，维特根斯坦的思想有整体性，不可分割。但《哲学研究》批判性强于建设性，许多重要话题或者没有引入，或者没有充分展开，必须以《论确定性》作补充。《论确定性》里面的思考与传统哲学有更直接的接触点，在思想上甚至比《哲学研究》更适宜作他的新哲学的基础。当然，这是个极其困难的课题，本文的研究远远不足以表明这一认识。

奥斯汀的伦理语言探究及其启示

杨玉成

奥斯汀通过对"行为"、"责任"、"自由"、"if"和"can"等语词的使用作详细探究，旁敲侧击地探讨了相关的伦理问题，对于我们正确地理解相关的伦理概念具有大的启发意义。他对"行为语言"的研究加深了我们对"行为"概念的理解，从而对行为哲学以及相关的一些理论领域做出了重要贡献；他对"自由"概念的语言分析为"消极的自由"概念提供了语言哲学上的新论证；并且他对"if"和"can"诸用法的研究对于自由意志问题的解决也很有启发。

斯汀(J. L. Austin)是二战后英国著名的语言分析哲学家，对伦理问题的关注是其哲学工作的一个重要方面。早期的奥斯汀曾以对亚里士多德的伦理学作精细的研究而著称，1939年之前撰写的《亚里士多德〈伦理学〉中的 *Agathon* 和 *Eudaimonia*》一文就是这种精细研究的成果。[①] 于1952年当选为牛津大学怀特讲座道德哲学教授之后，奥斯汀似乎又恢复了对伦理问题的兴趣，在1956年写就的两篇名文《为辩解辩》和《如果和能够》都与伦理问题有关。尽管奥斯汀并未形成系统的伦理观或者道德理论，但他通过对"自由"、"责任"、"行为"等与伦理问题有关的语词的意义或用法作细致的研究而提出的一些非常有趣的新见

---

① 参见 J. L. Austin, *Philosophical Papers* (Oxford: Oxford University Press, 1979), pp. 1－31。

解，尤其对于我们理解"消极的自由"概念有很大的启发。

一、奥斯汀的"辩解词族"研究及其行为哲学

按照佛古森的看法，奥斯汀的后期作品几乎都包含有对行为概念的不同方面的研究，而他所提出的一系列观点对行为哲学也贡献甚巨。[①] 这里主要以奥斯汀的《为辩解辩》和《泼墨的三种方式》为依据，讨论他对"行为"概念的研究。在这两篇文章中，奥斯汀对行为的探讨最为直接且最为广泛。

在《为辩解辩》中，奥斯汀认为，辩解大量充斥于人的活动中，对它们的研究会有助于对我们的行为方式的理解，从而可以为道德哲学做出贡献。因为在伦理学或者道德哲学中，我们所研究的善与恶、对与错在很大程度上都与行为有关，因而对行为概念的理解是伦理学的前提，或者说，行为理论或行为哲学是伦理学的基础。然而，在奥斯汀看来，传统哲学中对行为概念的讨论不能令人满意。因为哲学家们从未直接关注行为概念本身，而通常只是在讨论其他问题(如伦理学问题)时顺便提到行为。传统哲学关于行为性质的一些原则实际上只是一些相当不严格和不明确的假定，而这些假定似乎根源于他们对某些表达式(如"做一个行为")的特殊使用，这种使用与日常言谈中的使用极为不同。

奥斯汀认为，哲学上所使用的"做一个行为"(doing an action)是一个非常抽象的表达式，它是某些带有人称主语的动词的替代物，正如"事物"是实体名词的替代物，而"性质"是形容词的替代物一样。[②]当然，奥斯汀并不是在指责哲学家们对这些表达式的使用，因为这些表达式不仅在哲学文本中，而且在日常言谈中都有极为合法的使用。如果这些便利的"替代性的"表达式不存在，谈话确实会极不方便，并且肯定会令人感到厌烦。但是我们必须

---

① 参见 L. W. Forguson, 'Austin's Philosophy of Action', in K. T. Fann (eds), *Symposium On J. L. Austin* (London: Routledge & Kegan Paul, 1969), p. 127。

② 参见 J. L. Austin, *Philosophical Papers* (Oxford: Oxford University Press, 1979), p. 178。

记住,它们仅仅是一些方便的表达式,除了作为替身,它们自身没有任何特别的意义。例如,我们不应该被充斥于言谈中的“事物”和“性质”这样的表达式所误导,以为它们是“实在”的基本特征的“名字”。然而,哲学家们却经常受到这种误导,以一种过分简单化的本体论形式把“实在”划分为“实体”和“属性”这两种彼此相互排斥的范畴。不仅如此,他们还受“做一个行为”这样一个极为有用的替代性表达式的迷惑,倾向于是把它看作是

……自我解释的、基础层次上的描述,一种通过简单的观察就能使涵盖于其下的每一个事物的本质特征都适当地揭示出来的描述。[①]

这种把“做一个行为”看作是描绘一切行为性质的基础语词的思考方式,很容易使我们把所有“行为”都看作是相同的,从而使各种具有不同特性的“行为”齐一化和抽象化,而它们的不同或区分则很容易因此被忽视。奥斯汀挖苦道,按照这种行为观

……平息一场争吵和划一根火柴是一样的,赢得一场战争和打一个喷嚏是一样的。[②]

奥斯汀指出,这种过于简单化和齐一化的行为观的问题在于,我们弄不清哪些动词以及它们在哪些场合的使用可以为“做一个行为”所取代。显然,在有些情形中,我们不能用“做一个行为”这样的表达式来取代带有人称主语的动词。例如,“我摔下楼去”(“I fell down the stairs”)中的动词就不能用“做一个行为”来取代。在日常言谈中,我们很容易辨别那些不能取代的情形,但是我们是否理解不能取代的原因呢?能够被取代的情形有什么共同之处?而不能被取代的情形又缺少些什么?更为困难的是,存在着许多

① 同上页注②书,pp. 178－179。

② 同上,p. 179.

边缘情形,在这些情形中,判定特定场合中所使用的动词是否是“行为动词”并不是件简单的事情。例如,相信什么是在做出一个行为吗?决定做什么呢?或者打个喷嚏、吸口气是在做出一个行为吗?这些边缘情形的存在表明,为了从语法上相似的其他动词中挑选出行为动词,还需要引进许多其他的考虑,仅仅考虑带有人称主语的动词是否出现肯定是不够的。人们期望能够给“做一个行为”提供一般的说明,以便我们在边缘情形中能够据其做出判定。哲学家们在形而上学中倾向于把“物质事物”同化为桌子和椅子这样的简单模型,他们在涉及行为的讨论中也倾向于把“做一个行为”最终分析为简单的身体动作。但是正如奥斯汀所指出的,即使是那些“最简单的”行为实际上也并非表面看来的那么简单,它们确实不仅仅是在做出一些身体动作。然而对于究竟还有哪些东西包含在其中,哪些东西不包含在其中,以及在一个行为中我们所使用的复杂的内在机制的详细内容是什么,我们还不是很清楚。①

奥斯汀认为,对于“行为语言”的研究将有助于理解上述基本问题。因为研究我们的实际言词有助于理解我们用言词所谈论的实在,而研究我们用于谈论人类行为的许多言词自然有助于对行为的理解。在行为语言所使用的词汇中,动词构成最大的语法种类,但是在奥斯汀看来,单纯研究动词本身可能收获不会很多。他特别感兴趣的是用于限制或修饰“行为动词”的表达式,因为他相信,通过研究所谓的异常情形,我们能够最大限度地理解正常情形中的“做一个行为”包含什么。因为通常只有在行为出了点什么差错时,我们才开始注意它正常进行的条件。正如我们只有在时钟开始发生故障时,才关心它如何运作。用奥斯汀的话说就是

> ……异常情形将会使正常情形更加清楚,有助于我们看透掩盖正常的成功行为机制的容易和明显的遮蔽面纱。②

---

① 同第116页注②书,p.179。

② 同上,p. 180。

在奥斯汀看来,修饰表达式只用于异常情形之中,“在没有偏离常轨的情况下就无需修饰词”,被他看作是研究辩解所得来的首要的收获。[①] 因此,注意修饰表达式对理解行为的重要性是理所当然的。

当我们开始研究与行为动词相关的修饰表达式时,我们很快可以看出,它们倾向于形成“族群”。奥斯汀对两个族群尤为感兴趣,一个是在对行为进行辩解中用来修饰动词的语词所形成的族群,如“错误地”(by mistake)、“意外地”(by accident)、“漫不经心地”(inadvertently)和“无意地”(unintentionally),等等;另一个是在不接受辩解或确定责任时用来修饰动词的语词所形成的族群,如“有意地”(intentionally)、“有目的地”(on purpose)和“蓄意地”(deliberately),等等。这两个词族彼此互补,前者用于对令人不快的行为进行辩解,从而使行为者摆脱困境,后者则用于对令人不快的行为进行谴责,从而使行为者仍处于困境中,甚至可能使问题变得更糟,二者对于人类的行为的理解都很重要。

通过对限制或修饰“异常行为”的表达式做细致的比较和区分,奥斯汀认为他已揭开了遮掩行为机制的面纱,他曾几次提到行为的“内部机制”的复杂性,认为它可以被分成若干“部门”,每个部门都有其适当的功能,又有其特定的失灵方式。诚然,考察行为的内部机制必须从行为者的身体动作开始,但一个行为又确实不单纯是身体的动作。那么,除了身体的动作之外,做一个行为还包含哪些因素呢?奥斯汀认为,首先,我们必须考虑“约定”问题。至少对于一大类行为而言,约定是某些行为应被视为一种行为而不被视为另一种行为,或根本不被视为一种行为的决定因素。约定是一种社会现象,是社会组织的模式,因此,“做一个行为”既由身体动作所构成,也由社会体制所构成。比赛、挥手告别、向人打招呼、买东西等许多日常的社会活动都因社会约定而成为社会行为,即只有在社会体制中,它们才由身体动作摇身一变,成为某种社会行为。例如,挥手告别和以一定方式运动手

① 同第116页注②书,p. 189。

臂,在身体动作上也许是相同的,但是在它们之间有着很大的概念上的差异,这种差异只有用约定才能进行说明。

在对人类行为的辨认和描述上,意图扮演同等重要的角色。尽管如前所述,奥斯汀认为在正常的情况下不必对行为动词使用修饰词,因而说“他有意地做它”是不适当的,但这种“不适当”并不是因为在正常的情形中我们的行为不是有意做出的,而恰恰是因为意图和我们正常的行为密切相关,在正常的情形中不必使用这个修饰词。事实上,大多数行为动词都把所要实现的意图作为它的“意义”的一部分,故而再加上“有意地”这个修饰词就属多余。在《泼墨的三种方式》一文中,奥斯汀明确主张,当我们转向注意行为的“有计划性”方面时,“我们使用与意图相关联的语词”。[①] 意图对于描述和评定我们的行为来说非常重要。我们把某个人的行为的某一阶段看作是一个单独行为的组成部分的依据就是意图,也就是说,我们对所涉及的意图的看法会影响我们选择何种语词来描述行为。例如,我们可以将 X、Y、Z 看作三个单独的行为,由三个单独的名称来进行描述;或者,如果我们认为有一个单独的意图,而且没有特别的考虑要求我们做更加精细的区分,则我们可以把 X、Y、Z 看作一种行为,由一个名称来进行描述。如我们可以说“他拿起他的铅笔,选一把铅笔刀,用铅笔刀削铅笔,等等”,或者简单地说:“他削铅笔。”当然,奥斯汀对“做一种行为”的复杂的内部机制的其他方面也作了深入的研究,这里不再一一详述。总的来说,奥斯汀对行为“内部机制”的研究获得了许多重要的成果。尽管他的许多研究还是尝试性的,尚不够细致,还需要做更多的“田野工作”,但他无疑已为行为哲学做出了重要的贡献。

现在,我们可以把奥斯汀的行为观概括如下:传统哲学有关人类行为的考察过于简单化,而我们所需要的是一个全新的开端,一种新的“现代的行为解释”,[②] 这种解释建立在对一切可以获得的资料作彻底的研究的基础

---

① 同第 116 页注②书,p. 283。

② 同上,p. 177。

之上，并将导致细心的分类，最终获得对行为的界定；不过，在对行为的研究中，我们必须发掘事实，必须小心地从事实出发，警惕过早的分类和匆忙的概括，奥斯汀承认自己对行为的研究还停留在最初的探索阶段，远未达到最后的概括和理论化阶段。当然，在我们看来，尽管奥斯汀并未提出或持有任何一般的行为理论，即他并未对人类行为的"性质"形成系统的、全面的观点，但是他对行为概念的考察大大增进了我们对行为的理解，他的观点对行为哲学来说具有巨大的原创性和重要性。哲学家对行为概念的考察很早就已经开始，但只有在奥斯汀的《为辩解辩》发表之后，哲学家——尤其是英语国家的那些哲学家——对行为概念的考察才大量增加，最终使行为哲学成为哲学中的一门显学。由于行为理论处于伦理学、法哲学、心灵哲学以及有关自由意志的争论等问题领域的交叉地带，因此对于这些领域的探讨具有极大的重要性。在不首先澄清什么是行为和什么不是行为的情况下，人们就无法有意义地谈论这些领域的核心问题。

在这里尤其值得特别讨论的是，奥斯汀认为他对行为语言(尤其是对辩解词)的研究的另一重要贡献是使许多传统的伦理问题被消解。其中，首先被消解的是自由问题。传统哲学家在问"我们能自由地行动吗?"时，往往认为我们应该找出行为中的某种成分或者特征，认为我们只有在一个行为具有这种成分或者特征时才有理由说该行为是自由的行为。也就是说，"自由"被看成是需要加以澄清的"肯定性的"词，被当作是指称行为的某种特性的语词。然而，奥斯汀认为传统哲学的这种看法是错误的。因为在他看来，自由并不是一个肯定性的术语，说我们自由地行动不过是在说我们并非不自由地行动，并非在威胁下行动，以及错误地行动或者粗心大意地行动等等。[①] 因此，在通常的情况下，如果某个人做了某件事，都可以说他"自由地"做了这件事，除非有特别的理由(如威胁)表明他"不自由地"做了这件事。我们无需特别的理由来确定一个行为的自由，正如为确定一张桌子的真实性，除了确定它是一张桌子外，我们无需找寻任何特别的特征来"积极

① 同第116页注②书，p. 180。

地”确定它是一张真实的桌子。用奥斯汀的话说，正如“真实”一样，“自由”仅被用于排除被看作是其对立面的某种暗示，又如“真理”不是断言的特征之名称一样，“自由”也不是行为的特征之名称，而仅仅是评价行为的一个维度之名称。[①] 正是由于“自由”不是一个“肯定性”的概念，我们可以根据它的对立面来进行理解，即在研究每个行为可能不“自由”一切方式中，在研究简单地说“X 做了 A”行不通的情形中，我们方可希望去解决自由问题。为更好地理解自由问题，奥斯汀还引进了与之相对的“负有责任”这一概念，认为它和“自由”都是关键性语词，尽管它们之间的关系尚不完全清楚，但我们可以希望通过对辩解词的考察，而使二者之间的关系得到清楚的说明。

由此我们可以看出，奥斯汀对“自由”概念的理解与英国古典自由主义的“消极的自由”概念是一致的，他为这种“消极的自由”概念提供了语言哲学上的新论证，这特别有助于我们对这个概念的理解。在 20 世纪 30 年代，奥斯汀和以塞亚·柏林是哲学讨论的合作者，他对“自由”概念的看法也许曾受过柏林的影响。柏林对“消极的自由”和“积极的自由”进行了区分，认为前者是以霍布斯式或经验主义的术语定义的“自由”，意指的是“无强制”或者“不干涉”，这种自由是有限制的自由，是法律控制下的自由；而后者则是卢梭意义上的自由，意指的是“自我控制”或“自我实现”，柏林认为这种积极外扩的自由最终将走向反面，即走向专制。[②]奥斯汀认为“自由”这个词并没有“肯定的”意义，而只有“否定性”的意义，这个看法与柏林的观点有异曲同工之处。目前我国的学术界对柏林的“消极的自由”概念有很大兴趣，也许认真考虑奥斯汀关于“自由”用法的观点会更有启发。

二、对“ifs”和“cans”的研究和自由意志问题

在探讨某人行为的善与恶、对与错时，或者说在探讨某人的行为是应受

① 同第 116 页注②书，p. 180。

② Isaiah Berlin, *Two Concept of Liberty* (Oxford: Clarendon Press, 1958).

称赞还是责罚时,我们总会提出进一步的问题:他当时能够以不同的方式进行行为吗?他当时能够做与他实际上所做的不同的事情吗?对这类问题的肯定性回答通常被看作是道德评价的前提,因为如果行为者没有自由行事的能力,或者说,如果一切行为都是被决定的而没有自由意志插手的余地,那么道德评价或道德责任之归属就是很成问题的,持决定论观点的那些哲学家似乎就面临这种困境。

穆尔在其 1912 年所著的《伦理学》的第六章中,区分了我们原本能够做而实际上未曾做的行为和我们原本不能够做而未曾做的行为,由此得出至少在某种意义上我们有时能够做我们实际上不曾做的事情的结论。他举例说明这种区分,如"今早我原本能够在 20 分钟内走一英里,但我肯定不能够在 5 分钟内跑完两英里"(I could have walked a mile in 20 minutes this morning but I certainly could not have run two miles in five minutes)。这句话所说的两种状况都是有关"我"的身体能力的,在 20 分钟内走一英里是"我"的身体所能胜任的,是"我"原本有能力做的事情。而在 5 分钟内跑完两英里则是"我"的身体所不能胜任的,是"我"原本没有能力做的事情。这两种情形的区分表明,至少有时说一个人原本能做他实际上未曾做的某件事是正确的。

然而,决定论者对穆尔的观点并不满意。他们认为,尽管在 20 分钟内走一英里是"我"今早的身体所能胜任的,但"我"实际上还是不可能做它,因为如果今早实际存在的一切情境都为我们所把握的话,那么我们就会看到事件的实际过程是被因果地决定的——鉴于那些确切的情境以及已知(或未知)的自然律,除了实际上确实发生的事件外,没有任何其他东西能够发生,替代性的方案实际上不可能得到实现。

穆尔试图与决定论者达成妥协。他认为在上述例子中的"could have"(原本能够)的实际意思是"could have if I had chosen"(原本能够如果我曾选择)或"should have if I had chosen"(原本会如果我曾选择)。穆尔坚持,如果这个分析是正确的话,那么我们的信念——我们通常原本能够做我们实际上不曾做的事情——就不与决定论相冲突。因为决定论者也承认如果情境发生变化(不同于实际出现的情境),那么所发生的事情也会随之进行变化,这样,如果"我"当时选择去做那些与实际发生的不同的事情,那么"我"就会做与"我"实际上所做的不同的事情,因为"我"的不同的选择会构成"我"随后行为的原因条件的变化,从而使随后行为本身发生变化。穆尔的论证的实质是把"x 自由地行为"等同于"x could have acted otherwise if he had chosen"或"x should have acted otherwise if he had chosen",认为自由行为主要在于其条件是选择,由选择所决定,因而自由与决定是相容的,他的论证的关键在于把"if he had chosen"看作是陈述一个原因条件。简言之,穆尔认为他在上述20分钟走一英里的例子中所使用的"could have"仅仅意味着"could or should have if I had chosen",而这正实现了我们对自由意志的渴望。

奥斯汀于1956年所作的《如果和能够》一文中的讨论就以穆尔对"could have"的意义所作的分析为出发点,他声称自己暂时还不想卷入同决定论者的争论,而首先要同穆尔论辩,以表明穆尔同决定论者达成的妥协或者说穆尔对自由意志所作的论证是无效的。奥斯汀将穆尔的意见归结为以下几点:①

①"could have"(原本能够)的意思仅仅是"could have if I had chosen"(原本能够如果我曾选择)。

②对"could have if I had chosen",我们可以用"should have if I had chosen"(原本会如果我选择)进行替换。

③在这些表达式中,if 从句陈述一些因果条件,依据这些条件可以推出我原本能够或原本会做与我实际所做的不同的事情。

对于这三点,奥斯汀提出了三点质疑:②

1."could have if I had chosen"和"should have if I had chosen"的意思通

---

① 参见 J. L. Austin, *Philosophical Papers* (Oxford: Oxford University Press, 1979), pp. 207-208。

② 参见同上,p. 208。

常或总是相同的吗?

2. 这两个表达式中的那个"if"(如果)是因果条件的"if"吗?

3. 在以"can have"或"could have"为主动词的语句里,我们都需要或都有资格去增添一个 if 从句,尤其是"if I had chosen"这样的从句吗?

奥斯汀对这三个问题的回答都是否定的。关于第一个问题,他认为,任何人都会承认"could "和"should"或"would"通常是很不一样的。如"I could have walked a mile in twenty minutes if I had chosen"和"I should have walked a mile in twenty minutes if I had chosen"的意思就很不一样,前者涉及"我"的机会或能力,而后者则是有些怪异的英语表达式,它似乎是一个有关"我"的个性力量的断言。①

对于第二个问题,奥斯汀认为,"I could have if I had chosen"和"I should have if had chosen"都不是实质条件句(p 蕴含 q)或因果条件句(p 是 q 的原因),因为对二者都不能进行逻辑上所谓的"质位逆换"(contraposition),即它们并不蕴涵它们的"质位逆换句"(contrapositive),而实质条件句则是可以进行"质位逆换"的。也就是说,按照逻辑规则,从实质条件句"如果 p 则 q"(p→q)可以推出如果非 q 则非 p(－q→－p),即后者是前者的"质位逆换句",如果用逻辑公式来进行表示,这个推理就是((p→q)∧－q)→－p。对于实质条件句而言,这个推理形式是正确的推理形式。但是奥斯汀指出,我们不能由"I could if I had chosen"或"I should have if I had chosen"推出"If I could not have, then I had not chosen to "或"If I should not have ,then I had not chosen to ",据此就可判断它们不可能是实质(因果)条件句。用奥斯汀的话说,无论它们中的"if"究竟是什么意思,但很明显它们并不是因果条件句的"if"。②

为进一步说明"I could have if I had chosen"不是因果条件句,奥斯汀还提出另一种检验:即我们不能单独地由"如果 P 则 q"(P→q)这种形式的因

① 参见同第 124 页注①书,pp. 208－209。

② 参见同上,p. 210。

果条件句推出“无论是否 P 都 q”(即$(P\vee -P)\rightarrow q$)或更简单地表达就是“q”。如我们不能单独地由“如果他步行则会迟到”推出“无论他是否步行都会迟到”或“他会迟到”,因为因果句的后件依赖于前件,我们不能撇开前件而推出后件。由此我们可以看到,“I could have if I had chosen”通不过这个检验,因为根据它我们可以推出“I could have whether I had chosen or not”或者简单地说“I could have”(无条件限制地),因为我的做事能力(这里的 could 是 can 的过去式,表示的是能够做某事)肯定不以我的选择为条件。当然,这条检验标准是否定性的标准,不能单独使用。奥斯汀就注意到“I should have if I had chosen”似乎可以通过这个标准的检验,但考虑到上述“质位逆换”的标准,我们还是不能把它看作实质条件句。[①]

奥斯汀还指出,不表示实质条件的“if”并不那么罕见。如“在餐具柜上有饼干,如果你想吃”(There are biscuits on the sideboard if you want them)中的“if”就不是因果条件句的“if”,它确实意味着“在餐具柜上有饼干”(不论你事实上是否想吃),但肯定不意味着“如果没有饼干,那么你就不想吃。”事实上,“if”除了表示条件外,还广泛地被用于表示怀疑和犹豫,其确切的意思要在特定的语境中进行辨析。上面的例子所要表达的意思是,“我不知道你是否想吃饼干,但恐怕你想吃,我就指明在餐具柜上有一些”。奥斯汀认为,过去的语法学家、词汇编纂学家和哲学家都过分注意表示条件的“if”,而从现在开始我们应注意表示怀疑和犹豫的“if”。[②]

对于上面所说的第三个问题,奥斯汀的回答是,如果把“could have”解释为过去虚拟语气式或条件式,那么它就需要一个条件从句跟它在一起,但“could have”同样也可能是动词“can”的过去直陈式,在这种情况下就未必需要一个条件从句来使之保持完整,因为这里的“could”表示的是“was able to”(有能力去做某事),而对做事能力的断言未必需要条件限制。因此,奥斯汀说

① 同第 124 页注①书,p. 211。

② 同上,pp.211-212。

……一旦我们认识到“could have”可以是过去直陈式的语句，那种一定要给它增添“if”从句的企图就消失了。[①]

从奥斯汀对穆尔的观点所作的批评可以看出，他反对将我们的“自由”行事能力视为以行为者的“选择”为条件，也就是说，自由并不在于其条件是选择。联系前面所讨论的“消极”意义的自由我们可以看出，奥斯汀实际上主张我们能够做各种的事情，我们的行为通常是自由的，只要不受外力的胁迫等反常因素的影响，就不存在“不自由”的问题。因此，“自由的行为”所意指的不是出自选择的行为，而是不受干涉的行为；自由行事的能力不是由选择所决定的能力，而是另有其他条件。当然，这些其他条件并不影响行为的自由。

从以上两个方面的论述可以看出，奥斯汀并未直接处理伦理问题，而是通过对某些语词的使用作详细的探究旁敲侧击地处理了有关的伦理问题。尽管奥斯汀很少由此得出正面的结论，但他对“行为”、“自由”等语词的意义所作的探讨，无疑对解决相关的伦理问题有极大的启发意义。

（作者系福建师范大学经济法律学院博士后流动站研究人员）

① 同第124页注①书，p. 215。

蒯因的本体论*

程　炼

本文分为五个部分。第一部分概述文章的脉络。第二部分指出和论证蒯因关于本体论的一般见解中存在的一种张力。第三部分研究蒯因自己的本体论及其发展。第四部分评论蒯因的本体论与他的物理主义论题之间的矛盾，论证他的物理主义本体论并不能与数学和心理两个领域中对世界的谓说协调起来。第五部分从普遍概念的角度考察蒯因的困境，并提出越过此困境的可能性。

一、导言

体论是关于存在的学说，本体论问题可以用一个简单的问句表达：这个世界上，归根结底，有些什么东西？哲学中的问题，问起来简单，答起来难。本体论问题，愈加思考，愈觉得复杂。在这篇文章中，我将评论美国哲学家蒯因（W. V. O. Quine, 1908－2000）对本体论问题的处理。我的评论将分为两个层次。在第一个层次上，我关心的是蒯因关于本体论的一般性见解，涉及到本体论和本体论探究的性质。在第二个层次上，我将考察蒯因自己的本体论，即蒯因最终告诉我们世界上到底有哪些东西。用哲学上熟悉

* 本项研究得到北京大学哲学系和北京大学外国哲学研究所提供的资助，在此致谢。邢滔滔和徐向东两位先生与作者讨论了本文的初稿，并提供了详细的、非常有价值的书面意见，在此一并致谢。

的行话讲,前者属于元本体论问题,后者属于本体论问题本身。用一个类比可能会有所启发。把一个本体论想象为一只容器,那么我们的两个层次的问题分别就是:其一,这个容器是什么?或如何制作这只容器?其二,容器里头装的是什么?

处理本体论的争端是蒯因的长久兴趣。蒯因一直在说,存在就是约束变量的值。这是蒯因本体论探究的起点,它告诉我们应该如何去理解存在。至于人们可能在某些问题上产生分歧,例如如何确定约束变量或哪些应该当作约束变量,蒯因就让"约束变量"宽容相对性:"约束变量"应该代之以"在一个人的理论中的约束变量"。因此,"存在"也需要做相应的调整,本体论也必须随之宽容相对性:"一个人认为存在的东西,就是他认作是他的约束变量的值的那些东西"。[①] 这就是说,不同的人,由于持有不同的关于世界的理论,所以可以有不同的本体论。关于本体论的这个一般性见解含有两个至关重要的部件:本体论的相对性和理论的优先性。

宽容是自由的孪生兄弟。当宽容容许自由时,它也在制约自由。但是,宽容和制约发生在不同的层次上。在蒯因看来,存在什么是相对于一个人对于世界的看法的,但同时必须有一个规范的(canonical)的方式谈论存在什么。[②]其结果就是,我们对世界所做出的断言是先于世界上存在什么的问题的。在第二节,我将论证,蒯因关于本体论的一般见解中有一个张力,发生在他的两个主张之间,一个主张是,本体论问题是哲学中最重要的问题,另一个是它们不是基本的。蒯因对此的解决导致他放弃了传统的对本体论的理解。然而,这种解决留下一个困惑,那就是,如果本体论的哲学意义被大量地削弱,为什么本体论

---

① W. V. Quine, "Ontology and Ideology Revisited", *The Journal of Philosophy*, vol. LXXX, no. 9 (1983), p. 499. 值得注意的是,每个人都有自己的本体论,是蒯因本体论相对性论题的结论,而不是对这个论题的论证。

② 参照蒯因如下一段很有启发意义的话:"我们不可能将对手的语句编写成他的规范表达形式,并让他相信得到的结果,因为不存在同义性;毋宁说,我们必须问他准备提供什么样的规范句子……如果他拒绝玩这个游戏,论证就终止了。"(W. V. Quine, "Ontic Decision", in *Word and Object* (Cambridge, Massachusetts: The MIT Press, 1960), pp. 242-243.)

问题占据了蒯因如此多的精力。

在第三、四两节，我将讨论蒯因自己的本体论，即他把什么当作是他的约束变量的值。我们将看到，蒯因一直在改变他的本体论俱乐部的成员。说蒯因的变化表明他批判和放弃以前的立场，这是不确切的。毋宁说，蒯因想要借助他喜爱的物理学的发展来纯洁和改进他的本体论。他背后的动因是所谓的简单性原则：我们应该吸收的成员越少越好，只要它们能够充分地服务于整个科学。在这个原则的指导下，蒯因最后将整个世界中存在的东西归约到一个单一品种，类。[①]我将讨论蒯因在归约过程中的某些未加辩护的交易。他的简单本体论产生了双重后果。一方面，他挑拣出了最少种类的对象，他认为它们能够服务于刻画世界的大部分理论目的。另一方面，本体论的这种简单性导致了另一种巨大的复杂性，使得对世界的谓说(predications)变得越来越繁重。这就是所谓的意识形态(ideology)的代价。直观地讲，当一个本体论被归约为另一个时，我们对归约后得到的对象所作的断言，远比我们对被归约对象所作的断言复杂。从数到类的还原就是一个例子。蒯因对本体论和意识形态之间的这种交易言之甚少，在把所有对象还原为纯粹的类之后，他将简化意识形态的任务交给未来科学，让未来科学设计出一套可行的谓词来。蒯因用一个物理主义论题来捍卫他的本体论，这个论题就是：没有物理的差别，就没有事实的差别。我将表明，这个论题在心理、物理和数学等场合中会碰到麻烦。

在最后的第五节，我将分析蒯因理论的困境背后的某种可能原因，探讨以莱布尼茨式的普遍概念主义逾越此困境的可能性。

二、元本体论

在哲学探讨中，最重要的问题和最基本的问题有着大量的重叠。通常，我们将哪些问题当作最重要的，将哪些问题看作最基本的，是有

---

① W. V. Quine, "Whither Physical Objects?", in R. S. Cohen, P. K. Feyerabend, & M. W. Wartofsky (eds), *Essays in Memory of Imre Lakatos*, Boston Studies in the Philosophy of Science (D. Reidel Publishing Company, 1976).

各种理由的。尽管这些理由在许多时候是交叉重叠的，一般来说，前一类理由比后一类要宽泛些。这是因为，被当作最基本哲学问题的问题主要是专业领域内部的问题：一个问题比另一个问题更为基本，如果对前者的解决在逻辑上更多地影响了对后者的解决，而不是反过来。例如，人们可能认为信念问题比知识问题更为基本，如果将知识定义为受到辩护的真信念(justified true beliefs)的话。相比之下，似乎没有什么逻辑的方式可以决定两个哲学问题(如如何求知和如何生活)中哪个更重要。这里要说的是，我们说一个问题重要，可能是基于广泛的因素和理由，这些因素和理由不仅是理论意义上的，而且是实用意义和其他考虑上的；说一个问题基本，则主要从理论的、逻辑的角度看。因此，这样说是合适的：最基本的可能就是最重要的，但不必说"反之亦然"。

在其思想的早期，蒯因说，"一个人的本体论对于他据以解释所有经验(即便是最平常的经验)的概念图式来说是基本的"。①我感到，这一点在蒯因的体系中既有点含糊又有点夸大。说它含糊，是因为我们尚不能直接理解蒯因所说的本体论对于概念图式的基本性。根据一种普通的理解，A对于B是基本的，如果(1)A的变化对B的影响大于B的变化对A的影响，或/和，(2)对A的研究要优先于对B的研究。这两个条件可以解释为什么蒯因在他的体系中夸大了本体论的作用。根据蒯因的哲学，通过以最优化的方式组织我们的经验流，我们得到构成"理论"的那些科学陈述，再以最经济的方式将这些陈述编写成规范的表达形式(canonical notation)，使得我们依据这种规范形式做出本体论承诺：对于一个人来说，存在的东西就是这样一些对象，作为约束变量的值，用它们量化他的理论中的开放语句使得这些语句为真。一个人的本体论是这个"理论"过程的最终产品。单从这个过程，我看不出为什么一个人的本体论对于他的概念图式是基本的。

蒯因的观点是，本体论问题属

① W. V. Quine, "On What There Is", in *From a Logical Point of View* (Cambridge, Massachusetts: Harvard University Press, 1953), p.10.

于哲学中最重要的问题，但不属于最基本的问题。本体论的重要性在蒯因的哲学中是明显的。他的大量著作都涉及到本体论，关于"本体论承诺"的理论更是他的标记性的学说。在与麦基（B. Magee）的谈话中，他更是强调了本体论在哲学中的重要性。[①]本体论的非基本性则不是如此明显。它隐含在他的本体论相对性和理论对于事物的优先性两个论题中。蒯因的解释是部分的。哲学关心我们关于世界的知识，而知识是一个巨大的信念网络，在其中种种（不仅仅是科学的）理论得以形成。离开一个以这种或那种方式刻画X的理论，赤裸裸地或脱离语境地说X存在，在蒯因看来，是毫无意义的。蒯因指出，本体论不是先验哲学要干的事，因为"先验哲学根本没有地盘"。[②]对本体论探究而言，不存在任何前理论的（pre-theoretical）根据。我们相信存在什么，以某种方式依赖于整个科学：用最经济的手段重写一切科学语句，这样将能确定什么对象有资格成为得出的那些科学语句的约束变量的值。我们没有任何方式去直接讨论存在的问题。传统的哲学本体论旨在得到一个一劳永逸的、统合性的关于世界上存在什么的学说，蒯因认为，这是受到一个令人误导的想法的误导，那就是，哲学需要先为所有别的知识探究（像自然科学）提供稳固的基础。因此，本体论问题的地位被蒯因双重降低了。首先，本体论探究不可能构成独立于"鼓舞自然科学的经验精神"的第一哲学。[③] 其次，本体论讨论不具有理论所具有的相对基本性，因为经验和观察是渗透着理论的，而不是直接触及对象的，真理和预言才是我们的最终目标。在蒯因看来，理论先于对象，语句先于词项（terms）。

> 人们容易这样想，当某人提出一个涉及某种对象的理论时，我们对他说的东西的理解将有两个阶段：首先我们必须

---

① Bryan Magee, "The Ideas of Quine", in B. Magee (ed), *Men of Ideas: Some Creators of Contemporary Philosophy* (Oxford & New York: Oxford University Press, 1982), p. 144.

② W.V.Quine, "Ontological Relativity", in *Ontological Relativity & Other Essays* (New York: Columbia University Press, 1969), p. 26.

③ 同上。

> 理解这些对象是什么，其次我们必须理解关于它们该理论说了些什么……但是，关于“这些对象是什么”，我们的大量理解要等到第二个阶段……我们之达到对这些对象是什么的理解，在极大程度上只是我们掌握了该理论对它们说了什么。我们不是首先学到我们谈论的东西(what to talk about)，然后才学到我们对之所说之事(what to say about it)。[①]

只要我们科学语句之真理得到保护，某种走向简单性的本体论改革或变化就应该受到鼓励。一旦我们认可了这种对本体论问题的地位的双重降低，世界上存在什么的问题就变得比先前看起来不严重多了。它变得不严重，并非因为我们现在有了一个满意的解答，而是因为我们以前将它看得太重。这里是蒯因的自我安慰：

> 本体论并非紧要之事……我们容忍留下所有理论实体(entities)是严格的；并且所有实体都是理论的。观察得到的不是词项，而是观察语句。语句，因其真或假，是更深层的东西；本体论是附带的。[②]

但是，在“并非紧要之事”或“附带的”与“最重要的”之间显然存在着张力，蒯因在自我安慰之后还欠一个解释。

解释可以采纳两种方式，历史的和逻辑的。历史的辩护通常诉诸观点的变化：一个人后来改变或放弃了以前的看法。自20世纪50年代之后蒯因的哲学的确有一个变化。在“论存在什么”(1948)中，他认为本体论是重要的，这个观点，直到他在《语词与对象》和“本体论相对性”中认识到指称的莫测性(the inscrutability of reference)和还原的问题时，才有所改变。这个变化显示在他的本体论内容的改变上：从物理对象加上抽象对象(如类)改换到纯粹集合。历史纬度上的解释不

① W. V. Quine, *Word and Object*, p. 16.

② W. V. Quine, “Facts of the Matter”, in R. W. Shahan & Chris Swoyer (eds), *Essays on the Philosophy of W. V. Quine* (Norman: University of Oklahoma Press, 1979), pp. 164 – 165.

能完全舒解上面指出的张力,因为他的本体论承诺理论一直保持不变。按照蒯因早期的本体论承诺的思想,我们很难理解本体论为什么如此重要。即使将相对性论题放在一边,本体论仍受制于其他考虑,如概念图式的采纳和理论选择。

逻辑上的解释要复杂得多,值得更多的注意。要理解本体论问题的重要性,我们需要询问本体论问题是怎么提出来的。我们通常谈论种种对象,而这些对象中的某些甚至许多,对于健全地理解世界来说不是必需的。要克服宇宙中成员过剩的弊端,本体论的工作基本上采用削减的策略。这意味着本体论工作像计划生育一样,根本上是消极的而非积极的,是精简而非扩充。蒯因认为,从一个较高的层次看,并非每一种言说事物的方式都必然导致一个本体论承诺,只有规范的言说方式才引出这种承诺;基于各种理由,在较低层次上出现的有缺陷的词项,要么应该被清除出去,要么应该被还原为其他词项。对蒯因而言,本体论是附着在我们当作为真的语句之上的。本体论的重要性可以归结为它为一个科学的、融贯的、经济的和有效的世界观所做的贡献。实际上,我们容易看出,蒯因自己的本体论变化和发展是他整个哲学发展中最剧烈的部分。因此,如果我们要求的逻辑解释是可能的,它必须是这样的:"本体论"这个词必须丧失其传统的意义(作为关于"终极"实在的形而上学学说的一部分),并获得一个蒯因式的弱意义。

这个一般性的看法,即使不考虑其细节,也会引发某些困惑。一旦本体论的意义被如此弱化,本体论知识就成为我们整个知识体系中最脆弱和易变的部分。传统的本体论隐含着一个假设,那就是,一个语句要为真,它所论述的对象必须存在。这里值得注意的是,这个假设是有限制的。我们显然要排除内涵语句。例如,"张三相信孙悟空有多变的本领"这个句子可以为真,但其中的一个要素,孙悟空,却可以不存在。我们做一个简单的设定。在外延语境中,我们设定一个真语句表达一个事实,那么这个语句所断言的对象是存在的。罗素就是这么认为的,他说,"发生在世界上的每个事实必须完全由存在的要素,而不是由不存在的要素构成的”。[①]将这个设定与蒯因的观点相对照，我们碰到一个问题：对象的存在与语句的真值，哪一个具有解释上的优先性？蒯因选择的是后者。但是，他的选择决不是教条的和盲目的，因为他相信，对于这个问题没有先验的回答。从实用的角度考虑，对整个信念网络的保护排除了任何先验的信念。

即使把存在与真值之争放在一边，蒯因也要面对另一个问题。蒯因指出，“所有的实体都是理论的”。如何理解这里的“理论的”？根据他的本体论承诺理论，语句对于词项的优先性来自这样一个事实：观察语句是对实在的感知反应的直接产物。这些语句谓说了什么对象，是一个“理论的”问题，因为语句需要被重写以形成一个完整的科学理论。但是，采纳哪个本体论却似乎不像一个“理论的”问题。蒯因说，

> 我认为，我们接受一个本体论，在原则上类似于接受一个科学理论，如一个物理学体系：我们采纳，至少只要我们是理性的，能够适应和安排无序的原经验片断的最简单的概念图式。[②]

那么，我们接受一个本体论，至少要建立在简单性之上。简单性之考虑是否是理论的，这一点尚不清楚。首先，我们并不清楚简单性的意思。比如，我们不知道一个儿童的包括“独角兽”的本体论和一个物理学家的包括“电子”的本体论，哪个更简单。其次，我们并没有一个关于理论考虑和非理论考虑的区分。说所有的理论，哲学的、科学的和常识的，都是理论的，说选择一个理论时所有的考虑都是理论的，并没有说出什么东西来。如果“理论的”一词用得太松散，就可能不提供什么信息。这里，我们需要一个规范性的关于什么是“理论的”说明。推设对象或接受一个本体论依赖于许多因素：简单性，功效，一致性，等等。所有这些因素都是理论的吗？还有哪

---

① Bertrand Russell, *Logic and Knowledge: Essays 1901－1950* (New York: The Macmillan Company, 1956), p. 220.

② W. V. Quine, “On What There Is”, p. 16.

些是非理论的?

三、本体论改革

我们需要讨论蒯因自己的本体论:蒯因的宇宙中存在什么,或蒯因认为世界上有什么?蒯因的一般观点是,像我们已经看到的,理论(theories)优先于事物(things)。但是,应该用什么理论来构造本体论呢?落实到具体问题上,蒯因认为,物理学优先于其他科学。这一点有非常微妙的物理主义味道。我们将看到,他最后提出的是一种非还原主义的物理主义本体论。

在其本体论发展的早期,蒯因要求本体论屈从于最简单的概念图式。由于简单性的概念既含糊,又是仅有的尺度,它不能够让我们做出唯一的决定。比较两个相互竞争的概念图式,一个是物理主义的,一个是现象主义的。

> 哪一个应该获胜?每一个都有自己的优点;每一个都独到地拥有其特别的简单性。我认为每一个都值得发展。我们可以说,每一个都基本,可是是在不同的意义上:一个在认识论上基本,另一个在物理上基本。①

在做出进一步决定的理由到来之前,宽容在这里起着作用。

在《语词与对象》的最后一章,蒯因做了大量的清洗世界的工作。在种种占据语句的名词位置的"事物"中,像物理对象、感觉材料、类、属性、量度、可能对象、事实、无限小、理想对象、几何对象、有序对、数、心灵等等,只有物理对象和类被保留下来,其他的要么被还原为保留下的两种东西,要么被轻松地排除掉。这样一来,蒯因在物理主义和现象主义之间保持的中立到后来就偏向了物理主义。蒯因的理由是,对一般性的世界图像而言,两个图式提供的功效(utilities)是不同的。首先,今天人们广泛承认,"我们不可能希望用这些(主观感觉)对象来充分排除物理对象"。其次,"除物理对象之外,我们并不需要它们作为(例如)报告错觉和不确定性

① 同上页注②书,第17页。

的手段。"[1]因此,功效看起来比简单性更重要。

由于所有对象都要服务于理论的目的,蒯因的本体论不可能只停留在物理对象上。物理对象做不了数学,而数学对于物理科学和整个自然科学是必不可少的。类的概念,由于其超级能力,能够符合整个科学的需要,得以成为蒯因本体论俱乐部的当然人选。实用主义让工具(类)和实体(物理对象)享有相同的本体论地位。因此,对蒯因而言,物理对象和像类这样的抽象对象都受到欢迎,它们就是构成世界的最简单、最少种类的东西,一句话,它们就是世界上所有的东西。这种本体论不是纯物理主义的,因为它纳入了抽象对象。蒯因的本体论不得不承受某种不纯,如果它还要挂上物理主义标签的话。

后来,蒯因发现物理对象的概念有点难以捉摸;《语词与对象》并没有告诉我们物理对象到底是什么。物理对象是一个一般的概念,但即便在物理学中也不是一个理论词项。更糟的是,我们还不知道这个概念可以用于哪些东西之上。当然,只要有进一步的资源可供利用,对这个问题进行蒯因式的解决总是可以预期的。这就是蒯因在其论文"物理对象何处去?"所做的,这篇文章的开篇段落值得引用:

> 什么算作是物理对象?我们首先想到物体,但物体的概念既太含糊又太狭窄。太含糊,是因为我们不知道一个东西要有资格成为物体,它必须多么分离、黏着和丰满。太狭窄,是因为就本体论的目的而言,对分离、黏着和丰满的考虑是离题万里。更为适当的做法是,让我们暂时将一个物理对象理解为某个空-时部分的聚合物质内容(material content),不管它是多么粗糙和不连续。[2]

尽管有某些改进,物理对象的概念仍是含糊的,因为它涉及到一个未加解释的"物质内容"概念。除了这个欠缺外,心灵(minds)的地位需要分开处理,因为心灵并不占据任何

① W. V. Quine, "Ontic Decision", pp. 234-235.

② W. V. Quine, "Whither Physical Objects?" p. 497.

空-时部分,它们只隶属于某些相关的身体。为了取悦于一个物理的本体论而将它们简单地排除掉,是非常粗鲁的。不如说,应该以某种方式将它们还原为物理的东西。在讨论蒯因对心灵的还原之前,我们先看看他是如何弥补"物质内容"的欠缺的。

方子的最终来源是现代物理学,场论。"当我们开始认真考虑电子的层次时,物质的概念就摇晃起来。跨时间地确认一个电子并不总是有意义的"。[①] 这一点也适合于其他基本粒子。"物质显然被丢弃了"。[②] 如果蒯因对物理对象的理解是成立的话,这番分析之后剩下的只是空-时区域(space-time regions),而物质内容消失了。或许,将物理主义本体论化的唯一方式是主张物理对象只不过是空-时区域。物理状态分配在这些四维空-时区域上,而这些空-时区域实际上等同于有序四元数组(ordered quadruples of numbers),或者四元数组构成的集合。接下来的事情是将物理状态指派给这些空-时区域。这里我们需要考虑两个可能性:(1)如果只有有限数量的状态,我们就给每一个状态一个谓词来表达它,无需对这些状态做出本体论承诺。(2)如果有无限多的状态,这些状态具有连续统般的、强度可变的可度量属性,我们只需加进不同的数来表示不同的强度,仍然无需将这些状态或属性纳入我们的本体论中。一个例子是将温度指派给一个区域。我们不说存在一个如该区域的温度之类的东西,我们只需说存在一个数满足某个谓词。因此,充其量剩下的只是数和四元数组。毕达哥拉斯主义复活了!由于数可以还原为类,所以我们的宇宙里只有一种成员,类。世界变成由我们以前当作理论工具的东西构成(我们承认类是以为它们是物理学不可缺少的工具)。

> 因此,具有讽刺意味的是,我们最后发现我们迫于这种来自物理学一边的、反物理的还原……物体曾是最好的,但基于物理学关注所给出的理由,

① 同上页注②书,第498页。

② 同上,第499页。对这一点的详细论证陈述在第498-499页。

> 它们需要被概括为物理对象……物理对象,接下来,蒸发为空－时区域,但这是物理学自身的结果;再进一步,集合论登场,只是因为需要把数学当作物理理论的助手。不管本体论有多空虚,我们的偏爱总是物理的。[①]

蒯因称这种还原为“本体论崩溃”。本体论崩溃之后,物理主义成为残痕。

四、物理主义:一些遗留问题

对蒯因而言,类是世界之所有,但并非世界之所是(the way the world is)。后者涉及到谓说。“我们的世界体系的本体论就这样被还原为集合论的本体论,但我们的世界体系并没有被还原为集合论;因为我们的谓词词典以及算符词典仍是顽固地分开的。”[②] 后一个事实使得物理主义依然保持活跃。本体论已经被集合论所关闭,但物理主义还有任务没有完成,就像蒯因在文章的最后所总结的那样,“自然科学的词典,而非本体论,才是形而上学行动的场所”。[③]

日常实践使我们区分数学的、物理的和心理的话语,涉及到不同领域的实体、对象、事实、语句和真理等。按照蒯因的思路,我们不把这三个方面的区分当作本体论上的,而是看作元语言的。那么,一个严肃的问题是,如何将这些话语统一在一个纯粹物理的本体论图式之中,或者说,如何按照物理的话语解释所有其他话语呢?

本体论的改良是要付出意识形态的代价的。举个例子,即使数学的还原也有代价。这是因为,像格兰迪(Richard Grandy)指出的那样,“人们对数所做的断言远比改革前要复杂得多”。[④]蒯因的物理主义主张是针对二元论的概念图式。一旦心理对象从他的本体论中排除出去,他在意识形态方面要付出的代价是,他必须耐心说明心理谓说以

---

① 同第137页注②书,第502－503页。

② 同上,第503页。

③ 同上,第504页。

④ Richard Grandy, “On What There Need Not Be”, *The Journal of Philosophy*, vol. LXVI, no. 22 (1969), p. 811.

及它们在我们关于世界的知识体系中的作用。当这个代价变得太高时,本体论方面的兴趣就不再那么要紧了。

本体论还原是本体论改革中最重要的部分。格兰迪曾经改进了蒯因原来的做法。根据格兰迪的改进,本体论改革有三个基本形式:清除那些干废活或干坏活的对象;简化那些其活可被其他对象干的对象;去掉那些根本不干活的对象。[①]在后来的一篇文章中,格兰迪认为蒯因的本体论还原的思想在哲学上是有缺陷的。主要的一点是,"把一个理论的本体论还原为另一个,应该意味着更多的工作,而不仅仅是找到一个对有不同域的语言的一个解释。"[②]一个理论的本体论是坐落在一个域加解释之中,而不仅仅在该域中。一个标准的还原是,一个一一对应代理函数告诉我们新域中的每个成员与旧域中的每个成员之间的对应关系,同时一个新谓词对于新域中的某些成员为真,就像在被还原的理论中相应的情形那样。在这种还原中,被忽略的是两个本体论的解释之间的关系。蒯因的还原并不能保证新的解释可以独立于旧解释旧域而被刻画出来。

格兰迪的结论可以应用到从心理到物理的还原。就像所有的唯物论者包括蒯因本人所承认的那样,心理域与物理域有不同的势。后者比前者要宽,因为肯定有某些物理对象与心理对象毫无关系,但反过来的情形却不成立。首先,我们把世界描述为既包含身体又包含非物理的心灵。这并不是一个二元论主张,因为说世界包含身体和心灵时,我们的意思不是说心灵可以离开身体的存在而存在,相反我们可以加上一句,任何心灵必须依附于某个身体。总之,我们不主张心灵的独立存在。其次,我们相信,身体总是有一个物理状态与该身体中的某个心灵状态相联系。心与身的这种关系可以用一个代理函数来表达,这个函数指示着从心理对象的域到物理对象的一个子域的还原。第三,我们以物理的方式重新解释原来的

---

① 同上页注④书,第810-811页。

② Richard Grandy, "Ontology and Reduction", in R.W. Shahan & Chris Swoyer (eds), *Essays on the Philosophy of W. V. Quine* (Norman: University of Oklahoma Press, 1979), pp. 69-78.

心理谓说，但不影响它们的真值。这样一种还原似乎使我们相信，当我们说出一个心理语句（如“我在疼痛中”）时，我们实际上是将一个物理状态归结到一个身体上（如“我大脑中的C神经激发了”），而不必对非物理的疼痛做出本体论承诺。

蒯因在1950和1960年代似乎倾向于接受还原主义的观点。他曾说，“意识……保持……为物理对象的状态”，[①]并且说物理主义“宣称心理的和物理的之间不存在种类上的不可逾越的差别”。[②]这些说法是否应该被解释为心身同一论，是另一个话题。但非常清楚的是，蒯因后来并不赞同同一论，也不使用格兰迪提供的还原策略。他的做法是，一方面用一种类似于戴维森(Donald Davidson)[③]提出的不规则一元论代替标准的类型－类型还原主义，另一方面尽可能最大程度地纯化本体论，同时让谓词自仍其是，不受此纯化的影响。

在前一个方面，他提出一个格言“没有物理的变化，就根本没有变化”(no difference without a physical difference)[④]，意思是物理事实一旦固定了，其他事实就没有变化的余地。这意味着，要捍卫物理主义，格兰迪式的还原策略既不合适也不必要。我们不指望将所有的心理语汇都还原为纯粹的物理语言。世界上只有物理对象，或者严格地说，只有空－时区域，没有心灵，没有心理对象，这个事实并不阻止我们使用心理谓词。蒯因宁愿说，心理语句并不是在根本上刻画世界所是的方式；物理主义仍是活跃的，正是因为物理词汇比任何其他词汇都要基本。就心灵的问题而言，蒯因拒绝将心理状态还原为物理状态。他通过一个虽难理解但很有名的物理主义原则来避免直接的还原：“物体的状态或位置没有变化，世界上就没有变化。”[⑤] 但是，他实际上只是单

---

① W. V. Quine, “On Mental Entities”, in *The Ways of Paradox and Other Essays*, 2nd & Enlarged Edition (Cambridge, Massachusetts: Harvard University Press, 1976), p. 227.

② W. V. Quine, “Ontic Decision”, p. 265.

③ Donald Davidson, “Mental Events”, in *Essays on Actions & Events* (Oxford: Clarendon Press, 1980), pp. 208－209.

④ W. V. Quine, “Facts of the Matter”, p. 162.

⑤ 同上。

向地提出这个原则，即只针对心理或意向实体，不针对抽象的或数学的实体。因为数学对象是没有变化的，所以这个原则应该重述为“没有物理的变化就没有心理的变化”。

> 如果一个人两次处在相同的物理状态，那么物理主义者认为，他两次相信相同的东西，他有相同的思想，他还有所有那些未现实化的思想和行动倾向。①

借助这样的重述，蒯因试图说明基本的事态是物理事态，从而避免承诺更强的同一性论题。但是，在什么程度上蒯因是成功的，依赖于如何解释这个物理主义论题。当我们重新审视上面的这段话时，发现蒯因使用的是虚拟条件句，这在某种程度上降低了这个原则的价值。蒯因说的“相同的物理状态”是什么意思，这一点并不十分清楚。我们可以提出两个问题：(1)物理状态的相同取决于哪些条件？(2)什么东西的相同状态？

哪个问题优先回答并不重要。在蒯因论题的语境中，相同意味着跨时间的同一(identity over time)，因为他提到“两次处在相同的状态”。所以，时间参数对于相同来说必须先放在一边，否则，只要涉及时间的变化，就不存在相同这回事。那么，我们可以说

> 一个人两次处在相同的物理状态，当且仅当，$F(\Delta, t_1)$和$F(\Delta, t_2)$都为真。

这里，F是一个谓词，Δ是一个表示除时间参数外其他所有维度的参数的有序组，t_1和t_2代表两个不同的时间参数。即使这样表述仍是不完整的，我们要问：所有这些参数是关于什么东西的？这就引出了上面的第二个问题。对这个问题至少有两个回答：局域的(local)和全域的(global)。② 根据前者，这些参数是关于包容这个人的区域的；根据后者，这些参数是关于整个地球或整

---

① 同上页注④。

② 参见 Barry Stroud, “Quine's Physicalism”, in R. B. Barrett & R. F. Gibson (eds), *Perspectives on Quine* (Oxford: Blackwell, 1990), p. 328。斯陶德用狭义回答和广义回答来区分。

个宇宙的区域。先考察局部区域。蒯因的论题可以表述为：

> $M(p, t_1)$和$M(p, t_2)$都为真，当且仅当，$F(\Delta p, t_1)$和$F(\Delta p, t_2)$都为真。

这里，$M(x, t)$代表一个人x在时间t处于一个心理状态，Δp代表某个人p的除时间参数外的其他参数集。首先我们要说的是，在这个表述中，我们不知道只用一个谓词F是否足以描述这个人的物理状态。因为在任何时刻都有大量的物理谓词对于一个人为真，但这些谓词不见得都与他的心理状态相关。举个例子。在我写作这篇论文的时刻，重140斤和离北京大学校园5公里远这两个谓词都对我为真，但它们并不都与我现下的心理状态相关。所以，如果说一个人处在一个物理状态时我们需要将所有对于他为真的物理谓说都考虑进来，那么，一个人两次处在同一个物理状态就要求整个世界两次都处在相同的物理状态。这个解释并没有告诉我们"一个人两次处在相同的物理状态"是什么意思。当然，我们不应该说这个解释就是蒯因心目中的解释。现在考察全域回答。它说，一个人两次处在相同的物理状态，当且仅当整个世界两次都处在相同的物理状态。这个要求似乎太昂贵了。我们宁愿相信整个宇宙不可能两次都处在相同的物理状态。即使我们接受这个可能性，我们也不愿意接受这样一个物理主义论题，它说，一个人两次具有相同的信念，当且仅当宇宙两次处在相同的物理状态。

当蒯因说物理学从根本上刻画世界所是的方式时，他不可能说物理学唯一地做这件事。他的物理主义遭遇到两个方向上的困境。首先，"没有物理变化就没有变化"的论题并不蕴含所有的心理语句都可以还原为物理语句。因为，即使蒯因相信所有的对象都是物理的，他也不能说所有谓词都是物理谓词。"这台计算机很便宜"中的"便宜"和"蒯因很聪明"中的"聪明"，都不是物理谓词，但两个句子都说了些关于世界的事情。说物理语句根本地刻画了世界之所是的方式，只是在说它们根本地为真，而不是说它们排他性地为真。如果心理语句至少也部分地刻画了世界所是的方式，一个纯粹物理主义的世界图像就留下了一些空白。蒯因物理主义的另一个困境出现在数学语境中。两个不同的数学命题陈述了不同的事实(facts of the matter),即使世界并没有物理状态上的变化。为了避免这个困境,蒯因将他的论题重新叙述为,"空-时区域的物理状态没有变化,就没有任何变化"。①但是,如果"变化"用"时间上的变化"来代替,他的重新叙述又能有多少帮助呢?

通过这些讨论,我想指出的是,蒯因的物理主义论题对于捍卫他的本体论思想并无多少帮助。当格兰迪式的还原策略(涉及到心身问题,但不仅仅是心身问题)似乎前景不大时,蒯因的更谨慎的"没有物理变化就没有变化"的格言,仍然没有像他希望的那样支持一种体面的物理主义。蒯因的选择是做出意识形态的牺牲,将确定物理状态谓词词典的任务交给未来的物理学。本体论还原对于本体论经济性的目的是有鲜明作用的,体现在对数、有序对、物体、物理对象和空-时区域的还原上。随着其他考虑(如系统的功效和经济性)变得急迫,本体论的兴趣就得靠边站。当我们震惊于还原带来的"本体论崩溃"时,蒯因的一个狐狸式的闪身是给予"纯粹本体论考虑更少的重要性,不像我们从前做的那样"。②这不像解释,更像躲避。我的反应是,这么一来我们反而不知道本体论到底是什么。或许,理解蒯因哲学最困难的是,我们还没找到一只蒯因式的夹子逮住蒯因式的狐狸。

五、结论和评论

像我在前面表明的那样,蒯因的整个本体论探究展现了一个令人惊奇的悖论。蒯因在从事了大量工作之后得出一个结论:本体论并不具有很大的哲学意义。对蒯因工作的细致考察表明,就本体论而言,他的看起来积极的计划产生了一个深刻的消极结论。我在第四节考察了蒯因的物理主义论题所碰到的困境,揭露这个困境背后的原因,将给我们许多有益的启示。我相信,我们能够从这些困境中学到一些东

① W. V. Quine, "Facts of the Matter", p. 166.

② W. V. Quine, "Whither Physical Objects?" p. 502.

西。

蒯因对于物理对象的分析和还原，在我看来是健全的和有价值的。他的困境主要体现在对心理事物的处理上。一方面，他坚持物理主义的本体论；另一方面，他又保留心理谓词。这种折中主义导致一个跛足的物理主义世界观。假设我们有一个封闭的物理理论 T。我们将 T 表达为＜O, P, I＞，这里，O 代表物理对象域，P 代表所有物理谓词的集合，I 是这样一个集合，其每个成员都是一个语句，这个语句指定某个谓词对于某个或某些对象为真的条件。由于 T 是封闭的，所以 I 实际上给出了所有物理语句的真值条件，在这个意义上，T 刻画了世界所是的方式。但是，如果在 P 中引进某些心理谓词，T 是否还是封闭的就成为问题，因为我们不清楚 I 是否能给出所有语句(包括心理谓说语句)的真值条件。按照蒯因的思路，这个问题至少是开放的。但许多人认为，T 不可能是封闭的，其理由是 T 无论多么完备，总有某些关于世界的事实不在 T 所能给出的描述中。①

关于物理主义的限度，存在着两种基本的哲学态度。一种可以称为“自然主义的”，另一种称为“自主主义的”。大致而言，自然主义者认为心理事物像物理事物一样，都是自然秩序中的一环，它们之间不存在不可逾越的鸿沟，哲学工作就是要说明它们在自然秩序中的地位。心灵哲学中的还原主义、消除主义、行为主义大都倾向于自然主义态度。自主主义者则强调心理事物与物理事物之间的非连续性，认为心理话语不可能被物理话语所代替，认为心理学是特殊科学，心理解释是自主的，独立于物理解释。蒯因尽管有某些折中的思想，在根本上仍是一个自然主义者。

两种思潮的对立和争端一直统治着最近几十年的心灵哲学。叙述这些争端就已经远远超出本文的范围，遑论评价它们。但是，从某个角度审视这种对立的原因，却对我们不无裨益。我认为，造成这种对立

---

① 这个问题的讨论非常复杂，不可能在这里详细展开。相关论证请参见 Thomas Nagel, “The Objective Self”, in Carl Genet & Sydney Shoemaker (eds), *Knowledge and Mind: Philosophical Essays* (New York: Oxford University Press, 1983), pp. 211－232。

的重要原因要从统治我们的概念体系寻找。我要问，难道除了这两种态度以及某种带偏斜的中间态度之外，我们再无其他选择？

今天的人类知识状况颇有点类似于政治状况。在政治方面，人类被分割成不同的国家、民族、文化、语言等。在知识领域，就目前的状况而言，有着不同层次和主题的学科，这些自然形成的学科分别拥有自己的概念体系或话语所描述的“理论”。蒯因在这一点上是对的，不同的理论导致不同的本体论承诺，分裂的理论导致分裂的世界观。即使一个最极端的物理主义者也无法摆脱心理语汇的纠缠。我们从教育中学到的是用不同的概念体系表达的、分离的知识和学说，我们在思考和探究时(许多时候不自觉地)遵从不同领域里的研究范式。我们不知道它们之间是否联系，例如，当我们认为“地球围绕太阳转”和“张三感到疼”这两个语句都为真时，我们不知道是否能够以一种统一的方式解释它们的真值。我们甚至不知道不同知识背景的人在一起交谈的时候说的是不是同一回事。这一切都与我们缺乏统一的概念体系有关。

300多年前，伟大的德国人莱布尼茨提出一个“美妙的想法”。莱布尼茨按照俗成的学科划分被称为“数学家、逻辑学家和哲学家”，但他终生没有进入这些专业行当，他在从事数学和哲学以及其他工作时，也从不认为他是在这些特殊的行当里工作。这种无行当的工作状态跟他的美妙想法有着内在的相通之处。他的想法是构造一种普遍文字，用以表达人类各个领域的全部思想、知识和推理，甚至表达哲学和神学论证。莱布尼茨认为，普遍文字的基本字符表达初始概念，字符的演算组合形成的复杂字符表达复杂的概念，因此，普遍的文字必然带来普遍的概念。他相信，一旦这种普遍概念得以确立，我们将有统一的工具来表达人类各种知识，弄清它们之间的关系。详细阐发普遍概念的思想需要等待另一个场合。即使这里的介绍十分简略，其启示也是明显的。从普遍概念的角度看，自主主义和自然主义都是有缺陷的。自主主义将不完善的工具(分裂的概念体系)所造成的后果(分裂的知识)看作是理所当然，而自然主义试图用某种不完善的工具(当代物理学的概念体系)来刻画全部实在。莱布尼茨的美妙想法可以称为"普遍概念主义",它提供了某种超越自主主义和自然主义之对立的可能性。有人也许会说,普遍概念主义是一种虚无缥缈的思想,它从来没有实现过。这也许是对的。但我认为,与蒯因憧憬的可能性(加进心理谓词的物理理论仍可能是封闭的)相比,普遍概念主义的可能性即使不是更大,也不至于更小。

空洞地讨论普遍概念主义的可能性对我们帮助不大,离本文的主题也相去甚远。下面,我将以图灵机的概念为例,[①] 简述一种可能的越过蒯因困境的方案。莱布尼茨理想之下的每一个进展,都依赖于新的概念工具或框架的出现。图灵机的思想是20世纪前半叶提出的,一台图灵机是一个抽象机器,执行某个算法。算法只是一套指令,在这个意义上,图灵机既非物理概念,也非心理概念,但每台具体化的图灵机(例如我桌面上的计算机)都是一个特定的、由各种具体材料构成的物理装置,这台装置的行为完全受到物理定律的支配。以图灵机为模型理解人的心理状态是心灵哲学中的重要成果之一。其基本思想是这样的:将人脑理解为一台以某种物理方式实现的图灵机,心理状态就是该图灵机的机器表状态,也被称为人脑的功能状态。[②] 这种思想被称为图灵机功能主义。一方面,图灵机功能主义不同于蒯因式的自然主义,这是因为,即使我们将人脑看作完全是物理的,人脑的功能状态却不必是它的物理状态。如前所述,蒯因的物理主义论题难以调和他的本体论与他对心理谓词的容忍之间的张力,而这种张力在图灵机功能主义框架下可以得到松弛。我们将某个东西看作纯物理的事物,并不影响我们相信这个物理的东西具有某种功能,并且能有效地(或许在许多时候,可错地)刻画这种功能。例如,一台电梯是纯粹的物理装置,但它有运载的功能("有运载

---

① 我们没有任何理由认为图灵机概念是莱布尼茨方案的终极产品,但一个更谨慎的说法却是无害的,那就是,将图灵机概念理解为沿着莱布尼茨思路的进一步推进。

② 关于更细致的对图灵机概念以及该概念与心灵哲学的关系的论述,请参见程炼:"人是机器又何妨?",《哲学门》第一卷(2000)第二册,第212-214页。

的功能"，显然，不是一个物理谓词)。另一方面，图灵机功能主义也不同于上面指出的自主主义，因为借助算法和功能的概念，我们能够给出对常识心理学(folk psychology)所依赖的心理概念的分析，从而使得日常心理谓说(如:"张三感到疼")，理想地讲，在图灵机功能主义架构下得到说明(如:"张三所实现的图灵机处在某个机器表状态，这个状态指定当机器得到某个外部输入时，该给出什么输出，并将机器内部状态转到哪个状态")；同时，图灵机功能主义者无需做出常识心理学所隐含的本体论承诺，以便为我们的世界观尽可能留下一个更为单纯的本体论。

若要简洁地总结本文，那就是，前文对蒯因本体论探究的批评决不意味着对蒯因探究方式的全盘否定。蒯因的核心思想，即世界中存在什么与我们对世界的知识是深深关联的，在我看来，是非常有价值的。蒯因的局限在于，他默认我们关于世界的看法中存在的分裂，并接受造成这种分裂的概念体系的多样性。在我看来，这种多样性只能作为哲学探究的起点，而不是终点，也就是说，它只能是我们探索的对象，而不是理所当然的前提。对普遍概念的追求正是驱动我们朝这个方向前进的原动力。

(作者系北京大学哲学系副教授)

站在近端与站在远端的两个奎因

叶 闯

在意义的决定和理解问题上，戴维森以自己"远端"观点来反对"近端"观点。他认为，奎因把近端的感觉刺激作为意义理论的基础，因此奎因的理论有可能，并经常在实际上产生哲学上的错误和困难。同时，戴维森又认为奎因并不总是坚持近端的立场，而是在不同的时间或场合站在近端与远端不同的立场上。本文要论证，奎因并非在不同的立场之间不时地转换，也不是在向所谓正确的观点进步。实际上，他是在不同的问题上，坚持不同的立场。而且，戴维森认为奎因所犯的那些错误，一些其实并不属于奎因，一些虽属于他，但那是在不改变理论的实质内容的条件下可以避免的，另有一些确实内在于奎因理论的核心，在不改变理论的主体的情况下将不可避免。在此所需要的是分析，什么是奎因的真正立场，为什么在语言理论的一个极重要的领域，实质上他一直持续地站在其中一个立场。

所谓"近端与远端之争"指的是在把握意义这件事上，以翻译者或解释者的角度来看，意义问题的关键是近端的刺激还是远端的世界中的对象与事件这样一个争论。争论发生于奎因和戴维森两人之间。"近端"[proximal，相应的理论叫做"近端理论"(proximal theory)]和"远端"[distal，相应的理论叫做"远端理论"(distal theory)]是戴维森喜欢用的一个说法。

戴维森认为奎因在意义问题上采取了错误的近端观点，并认为他在近远端问题上摇摆不定，使我们看到一个总体上持错误立场，即近端立场，但又确曾在远端出现的两个奎因。现在的任务就是考察：其一，从戴维森的观点来看，奎因在近远端问题上究竟可能犯哪些错误，在其中有哪些是更具根本性的，揭示着两人在近远端问题上的真正分歧；其二，从一般哲学分析的观点看，上述可能犯的错误中,哪些又是在不放弃奎因哲学的基本立场下可以避免的。而在奎因不可避免地要犯的那些戴维森认定的错误的领域,是否存在戴维森所描述的那种在近端与远端之间来回变换基本立足点的两个奎因。

一、奎因的刺激意义中的刺激

在不加细究的情况下,奎因所说的刺激似乎是大致清楚的,也许我们日常已对它有某种理解。但当把其实是含糊的此类概念用之于理解奎因通过刺激对意义和翻译的说明时,就会觉得它其实并非是那么清楚的,马上遇到的一个问题是,当奎因谈语句的刺激意义时,那个"刺激"是指什么?刺激意义的最初定义是这样说的:在适当的时间间隔内促使给定的说话者同意(assent)一个语句的所有刺激的类,是该语句的肯定的刺激意义(affirmative stimulus meaning)。否定的刺激意义(negative stimulus meaning)的定义类似。[①]这里对刺激本身没有说,但是在前面特别指出了什么不能算刺激。奎因说:"重要的是把促使土著人同意'Gavagai?'的东西看作是刺激而不是兔子。即使兔子用假的来代替,刺激却可以保持不变。相反,即使兔子保持不变,刺激却可由于在角度,光线和颜色对比上的不同,而在促使同意'Gavagai?'的力量方面有所不同。"[②]

现在好像奎因感兴趣的"刺激"概念的范围又重新变得清楚了,它正如奎因定义中所说,是促使说话者同意和不同意相应语句的所有刺激的类。它似乎是说,只要一种物理的,或生理的变化,也许是所有这些变化的某种组合,能促使说话者同意或不同意一个语句,那么这变化或变化的组合就可算是"刺激意义"概念中所包含的刺激。不过在这里加上一句话也许很有用处:不论刺激由以发生的最初起点是什么。即是说,只要产生同样的同意与不同意的结果,那起点上的差异就是无关紧要的。比如说,无论是真兔子还

---

① W. V. O. Quine, *Word and Object* (MIT Press, 1960), pp. 32－33.

② 同上, p.31。

是假兔子,只要到达视网膜的结果是一样的,那对刺激意义来说就是一样的。纯粹近端的观点就是这样,不认为远端的起点,世界中的对象和事件是决定意义的因素。

不过近端刺激的说法本身还是有点太笼统些,什么是刺激?按刺激意义的定义中所说,有两类过程都符合这里的刺激概念。一类是由以产生同意和不同意的态度的物理和生理的过程,比如空气的振动,在介质中传播的光的波长及其变化,神经元之间的电学传递之类,或者是此类物理生理过程的组合。另一类是物理过程对人的感觉接受器的作用,其实这只是第一类过程的一个子类,专指在人的生理器官和皮肤表面的接触点上发生的过程。比如针刺皮肤,眼睛接受光波等等。我们在这里不讨论一个物理过程是否可以,以及怎样产生了一个命题态度(比如同意),当然也避开心物关系和心物之间因果律之存在和性质等许多复杂的问题。我们像奎因一样,使用刺激所包含的物理和生理过程"引起"(不讨论"引起"的意思)了命题态度("命题态度"此处只是指可用心理谓词来描述的情况,并不含有对命题态度本身的哲学性质的断定)这个假设。在这个假设下,此处的两类过程都能促使(prompt)说话者同意或不同意相应的语句,如此也能构成该语句的刺激意义,准确地说就是也能符合奎因的刺激意义的定义。这时,真正的问题就提出来了,上述的所谓刺激和过程真能构成意义的要素吗?它真能完成奎因要为意义作一个说明的任务吗?如此又牵扯到对奎因来说意义是什么的问题。

二、奎因在讨论意义问题时对"意义"的使用及相关问题

首先,我简略地基本上不加论证地给出我自己的观点,这就是,奎因在讨论意义问题时主要在两个含义下使用"意义"一语:第一,意义是一种言语行为倾向的集(或者准确地说是由社会所强化的言语行为倾向的集);第二,人们对"意义"的一般常识理解。前一种用法是奎因的标准用法,不需多说;而后一种用法则时常为奎因哲学的评论者们所忽略或误解。在提醒大家注

意观察句的特殊性质时,奎因多次说过,观察句是“刺激意义的概念构成了合理的(reasonable)意义概念”的那类语句,[①] 所谓“合理的意义概念”中的那个“意义”,其实就是日常的“意义”概念,它按日常直观的想法合理。相应地,当说理论的语句或其他更抽象的语句的意义几乎不能由刺激意义来说明,不能说明的意义成分也是指日常意义。奎因的翻译的不确定性或者意义的不确定性理论是对意义实体存在观点的反驳[②],但他仍可以并实际上仍在一定的限制下使用日常的意义概念。没有后一个意义概念,至少在有些时候他无法讲清楚他所要表达的观点。比如观察句在语义上的特殊性质。我注意到奎因在《词与物》中准备谈同义概念时曾这样说过:“我对‘同义的’一语的使用并不是如此受限制的;我倾向于让这个词包容对‘意义上相同’的完全概括,而无论它是什么。”[③]显然这里的“意义”也是日常含义上的。最清楚的莫过于这个事实,翻译不确定性所说的就是存在着对一个语句的适合于行为倾向的彼此不同的翻译,如果行为倾向是全部意义,也就没有了翻译不确定性论点,因为行为倾向已把意义确定下来,没有什么留给不确定,也没有必要提出分析假设概念。这时,日常意义可以作为一个过时的,或错误的概念完全抛弃,就像抛弃意义实体概念一样。因此,日常的意义概念是被奎因的意义理论使用着的,虽然大多数时间它只是隐含地被假定的,但它确实起着理论作用。然而,这里所说决不意味着奎因要保留我们对意义的全部日常的直观观念。日常的意义概念也许可以保留,但对它们的看法必须有所改变,这正是奎因所做的。比如,有一个叫做意义的东西

---

① 同第150页注①书,第44页。在同书的第42页,奎因更明确地说,观察句的刺激意义可以不必担心矛盾地说是它们意义的完全的判定(justice)。

② 奎因说:“翻译的不确定性所表明的是,作为语句意义的命题概念是站不住脚的。”[Quine, *Pursuit of Truth*, Revised Edition (Harvard University Press, 1992), p. 102] 当然,命题在这里应该是指一种作为抽象实体的存在。奎因在说我们可以谈意义而不使用“意义”这个词,或者只使用动词“意味”时[比如在“Use and Its Place in Meaning”, in *Theories and Things* (Harvard University Press, 1981), p. 45],其背景都意在反对本体论性质的意义实体,这并不妨碍奎因使用日常的意义概念。

③ *Word and Object*, p. 61.

(实体)是翻译中要准确再现的,因此有唯一一个正确的翻译等等旧的看法将被新的看法所代替。

"日常意义"本身是个含糊的概念。但无论如何日常方式理解的意义至少有一个不可少的特征,即意义是在日常的交流场景中所能掌握的。这包括说话者在最通常的含义上知道自己所说的话的意思[即使他也许不能明确地(explicitly)描述它],听话者或理解者借助日常交流所提供的资源可以达到一般的理解。这个限制排除了只有通过复杂的科学研究等才能做到的那种理解。刺激意义所允许的刺激中有一些明显不合于日常意义所包含的这个最一般的要求。因为交流者在一般的交流场景下并不能知道达到视网膜的光波频率,也不知道自己和对话的另一方脑中所发生的生物化学和物理过程。知道这一点要通过科学研究。那么,奎因是否能说,意义可以不依赖于我们的日常理解,以及日常理解所需要的日常条件。比如说,他是否可以说,即使听话者不知道那些复杂的生物和物理过程,只要那些过程实际上引起了说话者同意一个相应的句子,至少在句子是观察句时,那些刺激就属于刺激意义,因而也就属于意义。这是日常交流场景下的普通语言使用者可能根本不知道,甚至可能没有任何概念和理解的意义。这与常识中我们对自己所说的话意味什么有第一人称的权威的看法相冲突。许多人(包括戴维森)认为,这个权威的存在是语言交流的一个条件。如此就出现了意义的第三种用法。问题是第三种用法是奎因的语言理论所真正需要的用法吗?当把奎因的理论作为一个整体考虑时,看他对儿童学语,意义的行为主义说明等中所讲的内容,再根据本文最后一节的分析,第三种意义即使确实被奎因承认为一种意义,谈这种意义的理论兴趣也不在纯粹语义学,当然更不在解释日常的意义概念,它是以特定方式来进入语义学的一个结果。

分析奎因的所谓"radical translation"(这个词组不大好译,从其实际所描述的意义来看,我认为叫"新大陆翻译"很合适,它描述的恰是哥伦布来到新大陆的那种情况。但就本篇文章的题目来讲,过多讨论词的译法显然是不适当的,我们就用已有的译法"极端翻译",只要把它当作一个不完全任意的符号,把握奎因原本的描述即可)将能给上面的结论以更直接的支持。不管怎么样,极端翻译场景下的田野语言学家并不感兴趣拿着科学仪器去研究操未知语言的人们头脑中和皮肤表面的物理和生理过程,而更感兴趣在我们日常的意义上他们的话语意味着什么。奎因感兴趣的相应也是田野语言学家如何在虽然“极端”但也确实在很大程度上是日常的条件下实现他们的兴趣。因此奎因设计极端翻译的思想实验的目的并不在于第三种意义,否则他就不会那么精心地构想极端翻译这个非常特殊的场景,用它来说明意义问题和理解。因为在极端翻译的场景和两个持同一语言的说话者的交流场景中,一只兔子跑过会引起相同的刺激,产生相同的物理和生理过程。所以说,在定义上满足刺激意义的许多刺激不是奎因仅为语义学目的所真正想要的。那么,奎因真正想要的是什么?

我们现在暂时抛开奎因刺激意义的定义,来看当他谈刺激意义时他所谈及的事例是哪些。就“Gavagai”来说,它的典型的刺激意义就是兔子在近处跑过。奎因谈知识储备对刺激意义的作用时,还举例说一种蝇子在近处的出现可能也是“Gavagai”的刺激意义。因为讲“Gavagai”的那个语言共同体也许知道此种蝇子总是伴随兔子的出现而出现。可是,兔子跑过和蝇子出现在何种意义上能是一种刺激呢?本来,无论是兔子跑过还是蝇子出现都是世界中的事件,它们本身不是刺激,至多是能够引起对于生物的感官刺激(当然在不精确的说法中,也可以把引起刺激的对象和事件叫做“刺激”,奎因和戴维森有时也这么用,但这一点也不影响我们这里的讨论)。不过,奎因作为经验主义者,他可以不说刺激是外在事物和可观察行为,而是说我们看见兔子跑过,等等。看见这件事可以是刺激的综合体(不解释成感觉材料,因奎因反对传统经验论的“感觉材料”概念)。但是,假兔子也能引起效果同样的感觉刺激,即是说,假兔子也能使我们“看见”。于是,问题就出来了,到底是近端的刺激还是远端的对象是意义的决定者?

我们已经看到奎因的刺激意义的定义和他对刺激意义的例示有着某种不一致。定义似乎更切合于对近端刺激的概括,而例示更接近于远端的对象。奎因的一个难题似乎是,我们的知识最终来自于感觉刺激,与我们的知识关于外在世界的对象这两件事情都是自然科学告诉我们的,怎么把两件事统一起来。刺激意义也许提供了统一的一种方式。但这并不能消除说话者也许不知道却又受其影响的刺激怎么可以是关于对象的一个语句的意义这个直觉上的困惑。

无论奎因想给出怎样与众不同的意义理论,他还是想对我们大家日常想说的意义给出一个说明,尽管这说明本身也许是新颖的。[①] 根据上面的讨论,可以看到这个意义要借助日常可知的资源。因此,它们必是某种戴维森意义上远端的资源。虽然奎因的刺激意义定义允许太多也许对日常意义来说无用的东西,但奎因在日常意义的说明中不能不求助于日常远端的资源。实际上,《词与物》的前言中一开头就是:"语言是一种社会的艺术。在习得语言中,我们不得不完全依赖于对说什么和什么时候说的主体间可用的提示(cues)。因此,除非根据人们公开地反映于社会可观察的刺激的倾向,就不存在对正要核对的语言学意义的判明。"[②]这里的刺激和也可做刺激解的"cues"都不可能是各个交流者感觉器官或脑中的心理或生理过程,而是远端的事物或可观察行为,或者是"看见"远端的事物或可观察行为。[③]

看来,奎因和戴维森两人的分歧在于,因果链的远端还是近端对意义重要。分歧似乎又在日常意义的说明上有所减弱,因为两人都在某种程度上依赖于远端的对象。

---

① 我不认为奎因想用言语行为倾向(dispositions)来代替日常的意义概念。言语行为倾向只说明了经验可观察的东西对意义的贡献,而不能说是全部意义(即使是对观察句,在考虑指称问题时,行为倾向的区别作用也受到极大的限制)。否则,奎因完全可以简单地说,描述了行为倾向就描述了意义,而不用引入分析假设的概念。奎因的结论恰恰是这样,同一个句子在不同的分析假设下可以有不同的日常意义,但却可以适合于同样的行为倾向。

② *Word and Object*, p. ix.

③ 但是,请不要小看"看见了兔子"与"兔子"在哲学上,同时也在概念上的区别。从极端经验论的角度,无论你说"看见了兔子"与"兔子",你其实都只是看见了兔子,或者摸到了兔子,如此等等。这个意识正是贝克莱哲学上的出发点,由这个意识也使缸中之脑的例子成为可理解的。体察到这一点,也有助于我们理解为什么戴维森既不是一个传统的经验论者,也不是奎因式的新经验论者。

三、奎因可以避免的一个范畴错误

比较起奎因的刺激,戴维森的远端对象与事件要清楚得多。世界中的对象和事件是我们的意义与信念的原因,是世界到人的因果链的起点。人与世界的因果链的重要性在于它是我们语言的意义和我们信念之可能的条件。在戴维森所强调的人、他人与世界的三角形中,其中的两条边就是由说话者与解释者到达一个共同对象或事件的两条在远端相交的因果链。

从上述对远端对象和事件的认识出发,戴维森在奎因的观点中看到不止一处错误。但不论戴维森所举出的每个具体的错误是什么,大多数错误的直接根由都发生在对因果链哲学含义的理解上。要是纯粹从字面上理解奎因的一些说法,戴维森也许很容易在奎因那里看到的一个错误是把原因当作证据。这个错误首先是一个概念或范畴上的错误。即使奎因真的像戴维森所说的那样在向远端靠拢,或者像本文所分析的那样,奎因的日常意义概念使他不得不向远端靠拢,远端的奎因也仍可以犯这个概念上的错误。产生这个错误的根源在于,信念的证据只能是信念,不能是与信念不同质的其他东西,比如刺激或世界中的对象。因为信念与其证据之间的关系是逻辑关系,但很明显信念与刺激之间不存在这样的关系。

奎因说过:我们关于外在世界的唯一信息来源是通过光线和分子对我们感官的表面所造成的影响。对这句奎因哲学的评论者们常引用的话(戴维森也不止一次引用过[①]),戴维森评论道:"使我烦恼的是怎样解读'来源'和'信息'这些词。外在世界的对象和事件引起我们相信外在世界的事物,这一点确实是真的,而且,因果性如果不是全部,也是大部分借助于感官的通道。不管怎么说,信息概念以非隐喻的方式只能用于被产生的信念。如此,'来源'就不得不解读为'原因',而'信息'被解读为'真信念'或'知识'。

① 比如在"Meaning, Truth and Evidence"之中, in R. B. Barrett and R. F. Gibson (ed.), *Perspectives on Quine* (Basil Blackwell, 1990), p. 69。

被我们的感觉所引起的信念的判明(justification)还不在视野之中。"①

只从奎因的这句话确也没说感觉是证据,也没说刺激是证据。刺激是信念的原因这话戴维森自然也不反对,因为感觉刺激确实是人到世界的因果链的一部分。但是就在所引的这段话的注释(注释6)中,戴维森指出奎因的其他一些文字中确有要把感觉的原因同化(assimilate)为证据的意思,并给出了部分文本的依据。不过,在我看来,此注释中后面的一句话更重要,戴维森明确讲奎因放弃了谈论观察而去谈观察句。因为戴维森在知道此点后,在有关的文章中仍批评奎因的近端观点,并批评奎因对观察句所采取的哲学立场,表明戴维森看到奎因错误的根本不在他是执着于观察还是执着于观察句,也就是说,不在于他是否犯上面那个范畴错误。

我很怀疑在奎因的思想发展中,有一个从把观察当作证据到把观察句当作证据的转变。信念(或是陈述、语句)才是信念(或是陈述、语句)的证据是弗雷格都讲过的东西,中间至少还有纽拉特(O. Neurath),以奎因思想上同这些人的渊源关系,奎因当然知道这个概念上很明显的结论。奎因之所以在表述上很多地方有把感觉或刺激当作信念的证据之嫌,是因为他的理论不同于以往的研究同一个问题的理论。他想通过信念如何达到,并如何获得支持来完成说明科学知识的证据的目标。而这个目标在奎因之前更通行的办法是希望借助逻辑的探究来完成,无论是归纳逻辑、概率理论,或确证问题的其他逻辑研究。这种通行的办法直接工作在语言问题上,或者说问题已直接变换为语言问题,因此它即使在表面上也很少会犯前面所说的那种范畴错误。奎因当然也长于逻辑研究,但在他看来,证据问题或确证问题的逻辑研究是在自然科学告诉我们的有关我们自己及其认识方式的基础上的,以那个为出发点。故在他讨论问题时,即使是证据问题,也首先从"怎样"这类问题出发,而不直接从证据问题入手,证据问题是整个"怎样"的大

---

① "Coherence Theory of Truth and Knowledge", in Ernest Lepore (ed.), *Truth and Interpretation: Perspectives on the Philosophy of Donald Davidson* (Basil Blackwell, 1986), pp. 311 – 312.

问题中的一部分。戴维森也注意到奎因处理证据问题的特点,在评论奎因时他写道:“……在奎因的证据理论中,证据概念是基本的这一点并不清楚。”[①]又说:“所需要的是描述感觉刺激怎样决定了观察句的意义——内容。……那么,我们可以避开回答什么构成了证据的问题,而代之以谈什么决定了观察句的意义。……证据理论可以像奎因所设想的那样,忘记证据而径直研究感觉刺激与观察句的意义的关系,刺激引起同意和不同意这些观察句。”[②]刺激决定了观察句的意义,并且观察句作为其他语句的证据这两句话可以同时成立,可以同时是奎因的理论的组成部分。但尽管如此,奎因是个经验主义者,他又把经验主义看作是一种证据理论。[③]在这样的分析之下,我们也许就能理解,为什么奎因表现出似乎经常犯一种明显的范畴错误。实际上,奎因并非不大了然一些范畴上的区别和功用,他所做的其实是以不同于在他之前流行的方法来解决证据问题,他有解决同类问题的新思路。他的错误的性质更多地属于在研究经验心理学问题,即他的认识论问题,与研究从属于上述大的认识论问题的证据问题,即逻辑问题时,没有准确地使用语言。

结论自然是,奎因并未系统地犯一种范畴错误(虽然也许偶尔犯过)。我们下面要论证,即使他没犯上述的范畴错误,他也仍然面对戴维森在刺激与观察句意义的哲学解释问题上对他的批评,那个批评的有效性并不实质性地依赖奎因是否犯上面的那个范畴错误。

四、戴维森看到的奎因的两个更严重的错误

那么,什么是奎因所犯的错误,或者说,在戴维森眼中,什么是奎因在这

① “Meaning, Truth and Evidence”, *Perspectives on Quine*, p. 69.

② 同上, p. 71。

③ “On the Very Idea of a Third Dogma”, *Theories and Things* (Harvard University Press, 1981), p. 39.

个方面所犯的哲学上后果更严重的错误？我们设想奎因没有犯前面提到的那个范畴错误，他关于证据所说的全部都是对于语句或陈述的，特别是对于观察句的。在这种情况下，奎因仍不能避免犯两个相互有联系的哲学错误，其一是怀疑论；其二是相对主义。也许我们应该说，奎因不是一个怀疑论者，至少不是一个自觉的怀疑论者。他并不想使自己的哲学最终达到怀疑论的结论。尽管他认为经验不能唯一地确定一个我们要达到的理论，也不认为行为倾向和刺激能唯一地确定我们必须接受的翻译。但他并不否认我们可以谈科学真理，当然它的意思只是说，这个真理属于经验上等价的可能的理论中的一种；他也不否认与行为证据相协调的翻译可以达到，当然它的意思只是说，这是与行为证据相协调的可能的翻译中的一种。不管怎么说，奎因让我们在纽拉特的船上，且让我们是自然主义者，这使得如果我们要前后一致地说话，便不能直接提出怀疑论的结论。如是可以想得到，假如我们当下还想不出引出怀疑论的新方式，那么我们就可以推测，奎因的理论如能引出怀疑论，应该是他的理论中有与过去导出了怀疑论的那些知识论相似的要素，不久我们会看到，情况恰是如此。

至于奎因是不是相对主义者，从对相对主义的一般理解来说，应该说是的(不论他本人是否承认或愿意承认)。因为相对主义最简单的界定无非是说，一个命题或断定在一个系统(理论或信念体系等等)中为真，在另一个系统中为假。在经验上等价且彼此不相容的理论之间会出现这种情况，除非等价理论之间不仅相容，且实质上只是同一个理论的不同表达时，才会真正避免这种情况。但奎因还是不愿意当一个相对主义者，他认为如果把经验上等价理论可能的相互冲突作适当的解释或处理(比如用不同的记号标记在两个理论中似乎是涉及同一事物的语词)，则两个过去表现出明显冲突的理论可看作是对同一个世界的不同描述，我们就可以避免相对主义的威胁。[1]其实，同一个世界这个思想对于我们讨论的主题是很重要的。如果奎

① "Empirical Content", in *Theories and Things* (Harvard University Press, 1981), pp. 29-30.

因谈同一个世界,则一方面相对主义弱化了;[①] 另一方面,同一个世界的对象的概念也就可能进入奎因的意义理论,我们可以进一步发现,意义问题中考虑到外在的对象和事件,也许并不是奎因与戴维森在意义问题上的最具决定性的区别,区别应在如何看待外在对象在翻译或解释中的作用,即把外在对象用作什么。因此所谓"近端与远端"区别的核心不是决定意义的要素离开意义主体的远近问题,而是另有根由。

戴维森只是想说,奎因理论的一些结论,使得怀疑论和相对主义能够产生。但是,能够产生这样的哲学结果确实是戴维森不赞成奎因近端观点的重要理由。概括起来说,戴维森反对奎因的近端理论的主要理由分为两类,第一类是指出近端的资源如何不能在解释中给出或帮助发现意义的内容,因为交流者不知道近端的刺激和心理、生理过程,无法使用相应的知识来达到对意义的表达和理解。第二类就是指近端观点可能导致一些他所不能赞同的哲学结论,比如这里的怀疑论和相对主义。第一类理由已经有所讨论,现在来简单考察第二类理由。

产生怀疑论的根源在于近端观点把人与世界之间因果链的一部分作为证据。作为证据即意味着因果链的一部分现在又成了认识论的资源。因为我们现在假设奎因不是把刺激作为证据,即奎因并未犯范畴的错误,那么所说的因果作为证据只能是指把描述因果链的相应部分的语句作为证据。最切近于这个要求的就是观察句。不过,奎因的观察句在字面上相当多都是关于对象的,比如 gavagai 或 rabbit 之类,它们几乎并未指向任何近端的过程和内容。它们如何与近端的观点有了瓜葛,一要从哲学的历史上看,二要从观察句意义与刺激意义的关系上看。

至少在上个世纪前半期的认识论中,描述感觉材料的语句确实在许多哲学家那里起着某种认知主体与世界相联系的认识论中介的作用。同时,

① 弱化是指如果承认同一个世界,那么至少可以说不同的理论是"关于"同一个世界的。与更极端的观点,即不同理论之间不可通约,表达不同理论的语句之间不可相互翻译这样的观点相比,它至少认为我们可以有意义地说,我们在谈同一个问题。而对更极端的理论来说,"谈同一个问题"很难有直觉上合理的定义。

无论我们是否可以不产生形而上学地假设一个外在的世界，描述感觉材料的语句都被认为是作为认识论基础的语句。奎因虽然不再坚持传统经验论的那种强基础主义，但却在很大程度上给观察句以认知主体与世界之间的认识论中介的作用。无论观察句是“Red”还是“Gavagai”，观察句都是与世界联系最紧密的，同时也是最具有直接的经验内容的。作为经验主义者，观察句所具有的与感觉经验直接相联系的特征，使得奎因给了观察句以一种特殊的地位，它们是其他语句，比如理论语句具有(至少间接具有)经验内容的基础，也是整个自然理论(包括人的行为理论)的证据基础。

有人会产生一个疑问，至少像“Gavagai”这类观察句在通常的解释下描述的是对象，或世界中的事件(比如解释为兔子活动的时间片断)，说它们是认知主体与世界相联系的中介，那是什么意思。这要从奎因给观察句的意义，以及奎因在两个视角下对自然科学的理解来考虑。对于后一个方面，奎因的自然主义使他承认自然科学所假设的外部世界的实体，同时又承认外部对象只有通过感觉刺激才能为我们所知的自然科学的结论(至少奎因认为这是个自然科学的结论)；对于前一方面，奎因认为观察句的意义的核心就是刺激意义。两个方面综合起来，于是就有了一个在本文前面已给出的结果：语句是关于对象的，但它的意义却要从激发了对这个关于对象的句子的同意的刺激中寻找。观察句成为通过感觉经验联通认知者与世界的桥梁。观察句起这样一种沟通作用并没有错，因为可以认为观察句无非是人与世界因果联系的语言表达。可奎因赋予观察句的哲学作用还不限于此，或者说并不在此。观察句在奎因这里主要不是因果桥梁(在给定的一些限制下，戴维森也承认观察句是因果桥梁的语言表现)而是认识论桥梁，它们是证据基础。这在戴维森看来是产生怀疑论和相对主义的根由。

五、两个更严重的错误恰是不可避免的

我们可以说奎因的意义理论是经验主义的，也可以类似地说是行为主义的，然而这至多只是说他想借用经验主义的方法和原则来解决语义学问

题,来给出意义。但是不等于说,意义理论本身就是知识论,或本身就要解决认识论问题。固然,奎因的日常意义要求处理关于对象的句子(因为关于对象的句子是可能的句子中的一部分),对象必在某种程度上进入句子的语义学说明。无论在科学中,还是在日常生活中,表述观察的结果通常用关于对象的句子,如“桌子”,“小行星”,而不是一些感觉描述的句子集,比如“在地点 p 时间 t 观察者 K 有一个关于颜色 c 的感觉印象”。但我们这里关于知识论和语义学的区分却不是因为句子是关于什么的,而是研究问题的两个领域的概念上的区分。即使一句话是关于认识论的,有关这句话意义的描述仍是属于语义学,而并不属于认识论。可是,我们不是常听到所谓“语言怀疑论”这么个说法吗,许多哲学家用它来指克里普克(S. Kripke)或奎因等人的某些观点。但是,语言的怀疑论仍是怀疑论,它是关于认识论问题的结论,只是它恰巧关于语言的认知。比如它研究有什么确定的证据最终证明当你说“plus”时,你的意思确实是“plus”,而不是“quus”;或者研究“行为倾向等可观察现象(或它们在语言上的对应),是否足以判定‘兔子’而不是‘兔子的不可分离的部分’是‘Gavagai’的正确翻译。”搞清了这个概念上的区分,就可推知,奎因可能在两个方向上犯错误,第一是混淆了认识论和语义学,比如想用认识论的结论导出语义学的推论;第二是分别在认识论或语义学上犯错误。至于怀疑论和相对主义,原初本是认识论的主张,当某些哲学家不赞成这个主张时,他说这个主张是错误的,或者他说这是一个错误。为叙述方便,我在这里把语义学错误叫 1 型错误,把认识论错误叫 2 型错误,把认识论与语义学相混淆的错误叫 3 型错误。

如果我对奎因的语言哲学目标理解得不错的话,奎因确实犯过 1 型错误,因为按刺激意义定义所列入的许多刺激作为对日常交流中的意义的说明,或者语义描述,不合于我们的一个正确的语言学直觉。这直觉是语言表达的语义学描述的内容应是交流者在日常条件下可加以把握的。戴维森对奎因所谓“近端观点”的一些批评应该说属于这个范围的批评。但不管怎么说,奎因如果仅就纯粹语义学来考虑意义问题,他其实可以不犯这个错误,因为他可以用远端的资源来比较彻底地代替近端的资源,用以给出语句的语义描述。这并不阻止他继续当一个经验论者，甚至行为主义者。

2 型错误是奎因必犯的一个错误，这个“必犯”其意不在于奎因必定是一个怀疑论者或相对主义者，而是说他的理论的认识论方面有导致怀疑论和相对主义的可能。戴维森意识到奎因理论存在之问题的严重性，因为他认为按奎因对观察句的想法，以及它的其他认识论主张，仍有可能允许在认知者与世界之间的认识论中介的存在，这样就有了传统认识论所面对的问题，也就是有了产生怀疑论的可能。① 戴维森可以避开怀疑论（至少他自己认为他已成功地避开了怀疑论）是因为他不是直接从认识论的角度入手解决问题的，因为那样就有可能陷入与前人同样的困境，他从人与人之间的交往和他们与世界的因果关系入手，使得信念之真的保证，客观性的保证不是认识论的，因为真本身已不再是认识论概念。因此大多数信念的真不是由认识论的基础来保证的，其原因在于根本不需要这样的基础。我们说奎因必犯这个错误就是说，这个错误的原因是内在于奎因的理论的，它关系到奎因整个哲学的出发点。因此，放弃这个出发点他也许就能避开这个错误，但他不能放弃，除非他想因此而放弃自己哲学的最核心的一些主张，而这就相当于将不再有原本意义上的奎因哲学。

3 型错误是否也是奎因所犯的一种类型的错误，是这里考察的重点，需要更详细一些的分析。先来看戴维森是怎么说的：

> ……奎因和达米特(Michael Dummett)都同意一个基本的原则，那原则就是，对意义所有的无论什么都必须回溯到经验、所与、或感觉刺激的模式、或介于信念和我们信念所关于的通常的对象之间的某种东

① 犯怀疑论和相对主义错误的原因还有一个，即大多数经验主义者（在戴维森看来也包括奎因）仍未放弃框架与经验内容并立的两元论。戴维森指出：“放弃了框架与世界的两元论，我们并未放弃世界，而是重建了与熟悉的对象的直接的接触……”(“On the Very Idea of a Conceptual Scheme”, in *Inquiries into Truth and Interpretation* (Oxford University Press, 1984), p. 198)。由于本文的主题和篇幅所限，我们不再进一步讨论这个问题。

西。一旦走了这一步,我们就打开了通向怀疑论的大门,因为我们于是就必须承认极其众多的——也许是大多数——我们认为是真的语句在事实上可能是假的。……当意义以此种认识论方式来处理时,真和意义就必然分开了。[①]

戴维森并不认为奎因犯了3型错误,因为3型错误不在他的视野之中。他看到把真概念当作认识论概念的危险,危险在于意义可以和真无关,与意义可以无关的真变成本质上是认识论的概念,于是就有产生怀疑论和相对主义的可能。从根本上说,怀疑论和相对主义不是产生危险的根源,而是被产生的一个危险的结果。根子在于错误地理解了真概念及其作用,就错误地理解了意义、语言、思想的性质,也就错误地理解了它们所具有的既是规范的又是客观的性质。[②] 戴维森倒是没说奎因有语义学到认识论的混淆,我不能确定他是否认为有这种混淆的错误,如果有的话,他是否认为奎因犯了这个错误。但戴维森毫无疑问反对奎因处理意义问题的这种认识论方式,或者说看问题的这种认识论视角。

再来看奎因自己怎么说:

我的观察句现在是,过去也是关于远端的外部世界的。像戴维森一样,借助于考虑设想的远端的指称,而完全不考虑神经末梢,我总是表达翻译者正要使他的言语同土著人的言语相一致。我对近端的关心

---

① "Coherence Theory of Truth and Knowledge", in *Truth and Interpretation*, p. 313.

② "……思想必定是一个公共的共同世界的一部分。不仅其他人通过关注给我们思想以内容的因果依赖可以了解我们在想什么,而且思想的真正可能性要求共享的真与客观性的标准。"[Davidson, "The Myth of the Subjective", in Michael Krausz (ed.), *Relativism: Interpretation and Confrontation* (University of Notre Dame Press, 1989), p. 171.] 关于真概念意义的解释及对认识论真概念的批评详见 "The Structure and Content of Truth" [*The Journal of Philosophy*, vol. 87, no. 6 (June 1990), pp. 279 – 328]等文章。

> 宁可说是认识论的,而不是语义学的。它关心的不是翻译者做什么或应该做什么,而是为什么翻译在进行。①

从这段文字本身看,奎因对3型错误有所警惕,已意识到语义学问题与认识论问题的区别和相互之间的某种独立性。但刺激意义显然是要用作对意义的说明的,至少是要用作对观察句意义的说明,而且,奎因并未放弃刺激意义概念和它的这种说明作用。刺激意义要完成语义学功能,奎因几乎不能否认这一点。否则的话,我们就无法理解"刺激意义构成了观察句的合理的意义概念"那是什么意思。现在的难点是奎因给出刺激意义概念确实有认识论上的考虑,刺激意义中的刺激有些明显是近端的,而奎因又说在考虑认识论问题时考虑近端。在这些说法和考虑之间确实显现出有不一致的地方。

戴维森把这种不一致解释为奎因思想的变化,或者他的摇摆不定。②甚至有时戴维森就干脆认为奎因已接受并提倡远端观点了:"在《指称之根》(*Roots of Reference*)和其他一些地方,奎因经常滑向把共享的外在环境而不是共享的刺激模式,作为对观察句正确解释的关键,而在《追求真理》(*Pursuit of Truth*)中,此种转变的一个版本成为正式的(official)。"③

可是,奎因在《追求真理》中是这么说的:

> 在斯坦福会议上,戴维森提议,把刺激放在远方最靠近两个主体相关行为的共享原因的地方,而不是放在身体表面,通过这个来提供刺激的主体间的相似性(likeness)。……但是,我仍不动摇地坚持把刺激放在神经系统的输入上,因为无论多么地自然化,我的兴趣都是认识论

① "Where do We Disagree?", in Lewis Edwin Hahn (ed.), *The Philosophy of Donald Davidson* (Open Court, 1999), p. 74.

② 比较典型的描述可见"Meaning, Truth and Evidence"一文。

③ Davidson, "Pursuit of the Concept of Truth", in P. Leonardi and M. Santambrogio (ed.), *On Quine* (Cambridge University Press, 1995), p. 19.

的。我感兴趣从感觉的激发(triggering)到科学的见解的证据之流。[①]

看来奎因并没有像戴维森所赞扬的那样把远端的观点变成自己的正式观点,不管实际的情形如何,至少他没有想这么做。我感兴趣的是"我的兴趣是认识论的"这句话,这句话给出了理解问题的关窍所在。当然我们不能只从这句话本身,而要从奎因的整个哲学来看这句话的意思。它反映了奎因整个哲学的目标,也反映了他处理意义问题的方式,即要从认识论的视角来处理意义问题。但是,"从认识论的视角来处理意义问题",这句话是什么意思?这是否就意味着犯了3型错误?回答这个问题需要一点概念上的准备。

在讨论意义问题时,哲学家们经常是在两种含义上看待所谓"意义理论"的,一个是关于意义的内容,以及语义的表达问题;一个是关于意义的理解问题。前一个意义理论,或者可以简单地叫做"I型意义理论",是独立于认识论的;后一问题,或者可以叫做"II型意义理论",与认识论必有不同程度的关系,这要看你对意义理解问题的观点。

奎因区分语义学问题与认识论问题时,是在第一种含义上说话的(当然本文在此之前谈同一个区分时也是在这个含义上的);而大多数场合,他是在第二种含义上说话的。且他把II型意义理论的目标当作意义理论的真正目标。在讲到极端翻译时,他曾说:"就是这些认识论的考虑,而不是我的附带的(incidental)语言学兴趣,激发了我对极端翻译的思索。"[②]不但如此,他明确地陈述了经验的认知问题在语义学中的核心地位:"观察句是语义学的基石。因为正像我们所看到的,它对于意义的学习是基本的。"[③]在同一篇文章中他又说:"就在一个人关于语言学意义的理论被考虑的范围内,他

---

① *Pursuit of Truth*, p. 41.

② "Three Indeterminacies", in R. B. Barrett and R. F. Gibson (ed.), *Perspectives on Quine* (Basil Blackwell, 1990), p. 3.

③ "Epistemology Naturalized", *Ontological Relativity and Other Essays* (Columbia University Press, 1969), p. 89.

确实无所选择,而只能是个经验论者。"[①] 这清楚地表明,在考虑意义问题时,奎因很自觉地把他的研究主要定位于II型意义理论,而研究中作为背景的标准是认识论的并且是经验论的。因此他要求与意义有关的任何东西最终都要回溯到经验。II型意义理论原则上不排斥认识论的参与。结论显然是,如果在讨论II型意义理论时,奎因说他要从认识论的视角来看待意义问题,这里并无混淆,而只是代表了奎因对这个问题的立场。在这里他关心日常的意义概念,也谈他认为对理解这个意义有关的认识论问题。此时的他不是分不清概念的区别,而是在同一个理论框架下谈两个有密切联系的问题。因此,刺激意义作为意义的描述来给出,就变得可以理解了(尽管不一定是正确的)。II型意义理论甚至可以允许这样一种观点:意义问题本质上就是认识论问题,且这说法本身若是针对理解来说的,则并未犯概念或范畴的错误。

根据同样的道理,如果戴维森也主要是在II型意义理论上谈问题的,则他批评奎因的II型意义理论的理由就不会是混淆,即3型错误,而是一个更具根本性的错误。错误的实质在于奎因首先和首要的把理解问题看成是一个认识论问题,因此要给出一个认识论的解决。而戴维森固然在我看来也主要是在II型意义理论上谈问题,且他认为II型意义理论的问题才关及意义问题的根本。然而,虽则他反复强调关于解释的理论是经验理论,但他不认为II型意义问题首先和首要的是认识论问题,而是人的交往,人与世界的关系,以及在此种关系下的人的思想和语言的规范性质的说明才是首先和首要的,由此才能给出有关语言的认识论问题的说明。[②]故此,如果说奎因在这里有错误,那是从戴维森的II型意义理论的标准来判定的错

---

① 同上页注③书, p. 81。

② 戴维森说:"社会的相互作用和三角关系(triangulation,指前面提到的自己、他人与世界的关系——译者注)也唯一地说明了我们的经验怎样给出我们思想的特定内容。"("The Emergence of Thought", *Subjective*, *Intersubjective*, *Objective* (Oxford: Clarendon Press, 2001, p. 129.)注意,这篇文章1999年登在*Erkenntnis*, vol. 51时,上面引的那句话的"经验"一词的后面,还有一个括号,里面的内容是:"intuition", as Kant called it)。

误。我们把它叫做"4 型错误"。奎因确实犯了 4 型错误,但他并没有像戴维森希望的那样改正错误,如果奎因要保住自己理论的基本结论,这个"错误"是改不得的。他不是在错误的奎因和正确的奎因之间来回变换,而是他的 II 型意义理论要求他既要使用近端,也要使用远端的资源。不管怎么说,在 II 型意义理论的建构中,奎因像在纯认识论领域中一样,也要犯怀疑论和相对主义的错误,因为在意义的理解上他一样假定了认识论的中介。

至此,本文的结论是:在考虑远端与近端观点的争论时,奎因可能犯本文所分析的所有那些错误,这些错误中有一部分内在于他的理论的核心,因此在这种意义上是他所必犯的,除非他打算放弃理论中的这些核心部分,它们包括 2 型错误和 4 型错误。其余的错误都是他在某种程度上可以避免的,这其中把原因当证据的范畴错误是他实际避免了的,而当我们把意义理论理解为 I 型理论时,他确实至少在有时候犯了 1 型和 3 型错误。自然,就近端与远端观点的实质分歧来说,也就各类错误所具有的哲学意义来说,2 型和 4 型错误是更要紧的。而就本文所关心的主题来看,特别是 4 型错误,它标示出戴维森和奎因在意义问题上的根本分歧。在 II 型意义问题上其实只有一个奎因,并没有戴维森所看到的先是近端,后是远端;或者一会儿在近端、一会儿在远端的两个奎因。

(作者系北京大学哲学系副教授)

达米特：意义、真理和反实在论*

徐 向 东

对一个反实在论的意义和理解纲领的构造几乎占据了麦克尔·达米特的整个哲学生涯。但是，达米特对其反实在论的论证公认是高度精致复杂的，而且在许多情形中往往难以把握。在这篇文章中，我将试图主要按照达米特对一个恰当的意义理论必须满足的条件的说明，来理解和重建他的论证。此外，我也试图探究达米特对真理概念的暧昧的态度，从而表明为什么在实在论者和反实在论者之间的旷久日长的争论还没有最终得到解决。

克里斯宾·怀特恰如其分地把实在论描述为谦逊和假装的融合：当它声称世界完全是独立于人类的认识而被决定的时候，不过是在认为在世界和我们对它的思想之间存在着一种非偶然的符合：在有利的情形中，我们能够获得对它的知识和理解。如果世界充分合作的话，我们对它所达到的陈述的真假是完全独立于我们以及我们的认知操作的。相比较而言，反实在论从根本上否认我们能够可理解地为那些超越于我们的检测的事态的描述提供语义规定。在达米特看来，在实在论者和反实在论者之间的争论的一个恰当位置应在意义理论上。一方面，实在论者认为，理解一个陈述句的意义在于把握它的真值条件，也就是说，在于独立于我们或许具有的证实一个特定语句的能力理解这样一个语句是真的或假的

* 本文的写作得到“北京大学创办世界一流大学基金”的赞助。

是怎么回事。另一方面,反实在论者则认为,理解这样一个语句在于在响应某些条件时以合适的方式使用那个语句的实践能力。在这里,相关的条件是这样一些条件,它们之得到辩护了我们对那个语句的断言或者否定。反实在论者提出的口号是:意义不可能超越使用;这个口号已经成为反实在论的理解理论的基础。达米特的反实在论就旨在表明,如果真值条件需要以实在论的方式(尤其是按照二值原则)来加以设想,那么体现在这个口号中的要求不可能被充分地实现。因为存在着某些类型的语句,在二值原则之下,它们既不可能被恰当地理解,它们的意义也不可能被恰当地把握,因此对它们来说,没有有效的方法来判定它们的真值。

达米特反对实在论的论证高度复杂和精致,其本质思想常常难以把握,这已经是一个公认的事实。按照我的理解,这些论证目的在于确立起如下三个论点:

1. 存在着好的理由偏爱辩护条件语义学。

2. 因此,可断言性条件必须取代任何真值条件的要素。

3. 因此,不论何种连贯的真理概念,都必须是为我们提供了对语句进行理解的可断言性条件的产物,或者至少对它的指定必须相对于可断言性条件。

这篇文章的目的是要尽可能清楚地考察达米特对这三个论点的论证。

一

我们必须分析的第一个问题是:为什么在一个适当的意义理论中,可断言性条件应该被看作比真值条件更值得偏爱?这个问题与关于意义理论的本质的问题密切联系,也就是说,与如下这个问题密切联系:一个适当的意义理论应该把什么概念看作是它的中心概念,以致该理论能够充分地说明我们的语言能力?语言哲学家们已经公认,表述有关意义概念以及相关概念的哲学问题的最好的方法,是通过问一个意义理论应该采取什么形式。达米特遵循了这个公认的见解,争辩说对意义问题的探讨应该被转变成为一个认识论的问题。他的理由是这样的：从根本上说，如果我们已经理解了一个说话者说出来的话，我们就应该知道那句话意味着什么。之所以如此，不仅因为"与对意义概念的把握相比，我们对知识概念的把握上更加安全可靠，"[①]而且更重要的是因为意义和理解是植根于我们对语言的知识之中的：如果我已经理解了一个语言，我们就能够知道那个语言中的一个语句或话语意味着什么。意义取决于理解，理解接着取决于语言知识。这样，对于一个意义理论来说具有根本重要性的问题就是，当一个说话者知道一个语言，尤其是，当他知道那个语言的任何给定的语句时，他究竟知道什么？在达米特看来，知道一个语言就是要行使一种实践能力，这是一个具有实践知识而不是具有命题知识的问题，即使一个意义理论必须能够以命题知识的形式表达或者模拟那个实践能力。从理论上说，一个意义理论应该是能够把一个有能力的说话者具有的那个实践能力表达为在于他对描述那个能力的一套命题的把握。然而，这既不意味着这个说话者具有对于那些命题的命题知识，也不意味着他实际上知道那些命题。这一点值得强调，因为一些实在论者已经把他们对达米特的指责建立在这个主张之上：按照他们所理解的达米特，对于一个语言的知识就是命题知识。[②] 但是达米特实际上认为，"赋予一个说话者的对这些命题的知识，只能是隐含知识(implicit knowledge)。"[③]他的理由是这样的：

> 在特定的情形中，当这个能力就是操一种语言的能力时，对于构成那个语言的意义理论的那些命题来说，如果我们要求说话者对它们的知识应该被显示在口头上表述那些命题的能力之中，那么这样做就是自我挫败的。因为理论表达的根本目的是要说明，一个尚不知道任何语言的人为了逐渐

---

① Michael Dummett (1975), "What is a Theory of Meaning (I)", reprinted in Dummett (1993), *The Sea of Language* (Oxford: Clarendon), p.1.

② 例如，参见 M. Devitt and K. Sterelny (1987), *Language and Reality* (Cambridge: The MIT Press), pp.147, 194。

③ Dummett (1978), "What is a Theory of Meaning (II)", reprinted in Dummett (1993), p.36.

知道那个语言必须要获得些什么东西。[①]

因此，如果语言知识本质上是隐含的，一个自然而然地产生的问题就是：我们如何知道一个人实际上理解了一个语句？隐含知识之赋予证明是可能的？达米特认为，正是对这个问题的回答有意义地约束了我们对一个意义理论的中心概念的考虑。这个概念必须能够满足一个双重的约束。一方面，它必须能够说明我们如何能够逐渐学会一个语句；另一方面，它必须能够说明我们如何能够把语言能力赋予理解那个语句的这个人。在这点上，实在论者认为，一个意义理论能够赋予语句的真值条件以一个中心作用，这样的条件被设想为在它们得到的时候我们一般来说不能识别的条件。对立于这个观点，达米特认为，本质的约束是要在这个口号中来发现：一个语句的意义完全是由它的使用决定的。因为，在达米特看来，一个语句的意义只在于它作为个体之间的一个交流工具的作用，一个个体不可能交流他不能被观察到正在交流的东西。这样一个概念因此必须满足这个条件：一个语句的意义只能是在我们对它的使用中显示出来的东西（或者包含这样的东西作为一个要素），而不可能只是在理解那个意义的那个人的心灵之中。[②] 对于达米特来说，虽然一个说话者对于一个语言所具有的知识在某种意义上是隐含的，它必须可以由这个说话者显示出来。

正如柯林·麦金已经观察到的，[③] 反实在论者已经设想了两种形式的论证来支持这个可识别性论点。这个论点关系到在我们对一个语句的理解和可识别到的境况之间的联系。一个论证是所谓的习得论证（the acquisition argument），另一个论证是所谓的显示论证（the manifestation argument）。前一个论证开始于这样一个具有经验主义特征的问题：如果

---

① 同上页注③书，第 36 页。

② 这个限制是要对立于一个心理主义的理解概念。弗雷格已经预料到这个反心理主义的见识，但是达米特认为弗雷格没有能够询问一个心理主义的精神概念的可接受性，因为这个见识事实上不相容于弗雷格的学说的另一个栋梁，亦即他的实在论。

③ 参见 Colin McGinn (1978), "An *a Priori* Argument for Realism", *Journal of Philosophy*, vol. 76, pp. 113 – 133。

使得一个给定的语句为真的事态被设想为某种在我们的经验之外的东西，对于这个语句是真的这件事，我们如何能够被假设形成了任何理解？按照这个论证，只有通过逐渐把一个语句与某种类型的可识别的境况联系起来，我们才能逐渐地学会一个语句。因此，我们如何达到对一个语句的理解对理解本身在于什么施加了限制。但还存在另一个问题：由于把握一个语言的确使我们能够对我们先前绝没有碰到的事态形成一些概念，并且能够交流这些概念，我们如何知道一个说话者实际上对关于那些事态的一个陈述达到了一个理解呢？对显示的要求被设计出来以揭示这个特殊问题。这个论证体现了晚期维特根斯坦对意义和使用的同一性的强调，而且实际上立足于这个强调的一个方面：理解一个语句就是要知道如何恰当地使用它，对这样的知识的证明就是一个人的确使用它。结果，我们只能把语言能力赋予那些能够显示它的人；只有当一个人接受或者断言的语句显示了得到确认的东西时，那些状况才有资格算作语言能力的赋予的充分展示。

可识别性论点构成达米特的反实在论的中心内核。他对这个论点的本质论证最明确和深刻地体现在他有关数学哲学中的直觉主义的著作中。实际上，我们甚至可以说他的反实在论只不过是他的直觉主义数学哲学的自然扩展。在他的激起争议的“直觉主义逻辑的哲学基础”一文中，[①]达米特为自己提出的问题是：是否数学对象是精神构造这个形而上学论点能够充当作为拒斥数学推理中的经典逻辑、以偏爱于一种直觉主义的逻辑的根据。达米特设计了两条论证路线来抛弃数学中的经典推理，以偏爱于直觉主义的推理。第一条路线可以按照意义的知识来表达，它立足于这样一个论点：一个数学陈述的意义决定了它的使用，而且是由它的使用所完全决定的。但是，按照达米特看法，当意义的知识通常能够被表示为可以言语化的知识时，[②]假设这个知识就在于可以言语化的知识会牵涉

---

① Dummett (1973), “The Philosophical Basis of Intuitionistic Logic”, reprinted in Dummett, *Truth and Other Enigmas* (London: Duckworth, 1978), pp. 215-247.

② 这样的知识在于阐明一个表达式或者一个符号据以被使用的规则。

无穷后退。因为,如果对一个表达式的意义的把握一般来说在于阐明它的意义的能力,那么还没有被配备一个相当广泛的语言的人就不可能学会一种语言。这个知识因此必定是隐含的。然而,进一步,我们不可能有意义地把隐含知识赋予一个人,除非我们能够说那个知识的显示在于什么。依达米特之见,这个显示显然在于一个说话者以某种方式使用一个陈述的能力,或者以某种方式回应其他人对这个陈述的使用的能力。换句话说,它在于说话者能够把握这个陈述据以被合适地断言的条件。

第二条论证路线涉及学习数学这个思想。当我们在学会把握数学表达式的意义时,我们正在学会的东西是它们在数学证明中起到什么作用,在数学以外的语境中它们被如何运用。这表明,把握一个数学陈述的意义在于知道它怎样被正确地使用,这里"正确性"可以完全按照相关的数学规则来定义。因此,达米特推断说,"假设存在着一个意义的要素,这样一个要素超越了对携带意义的东西所进行的使用,是要假设一个人在被教授一个数学理论的语言时,他或许已经学会了所有的东西,然后或许在每一个方面都像一个理解了那种语言的人那样行动,但实际上他并不理解它,或者只是在不正确地理解它。"[①]这看起来显然是荒谬的。因此,实在论者面临的挑战是,实在论的意义理论无法与这个维特根斯坦的原则相一致:当我们正在把握一种语言和行使那种能力时,我们能够得到的对意义加以设想的所有东西,就是我们的同伴的公开的可观察的行为。

在强调可识别性论点的重要性的同时,直觉主义者明确地看到,在我们如何能够确信我们赋予一个内容的陈述是真的这件事上,我们需要得到辩护。因此,他所关心的中心问题是,是否存在着这样一个程序,通过它我们能够逐渐认识到一个数学陈述是真的,或者至少在其真值无法加以判定的情形中,能够可理解地对那个陈述进行断言。达米特认为,如果没有这样的辩护,那么一个理论或者一种语言如何工作

---

① Dummett, "The Philosophical Basis of Intuitionistic Logic", pp. 217－218.

的问题对于我们来说就还是不清楚的。一般来说，这个辩护涉及一些思想，它们首先关系到对陈述加以证实的标准手段，然后关系到对标准地得到证实的基本陈述进行保守性扩展的演绎规则。[①]因此，按照证明或者证实的要求，每个陈述必须有一个确定的特殊内容。这个要求也进一步迫使我们拒斥一个整体论的理论概念或者语言概念。因为按照整体论的观点，既没有任何经验强制拒斥，也没有任何语句是免于修改的。这表明，没有办法在两个被认为是真的语句之间进行辨别（尤其是相对于说话者接受它们的那种理由），也没有办法把语言游戏的一个举动与规则上的一个变更区分开来。这不仅意味着意义理论本身并不决定我们同意或者不同意在不同条件下的任何特定语句的倾向，而且它也意味着并不存在构成一个个别的人的意义知识的确定能力。最终，按照达米特的观点，这个整体论的观点使得一个意义理论不可能，因为它无法说明我们的语言习得和语言交流。[②] 达米特认为，对这个观点的一个合理抉择将是一个分子论的观点，因为这样一个观点既维护了构成性原则，[③] 又允许每个语句拥有一个无需要求对整个语言的知识就能加以把握的个别内容。那么，把握任何语句的意义就只取决于掌握这种语言的某个恰当地扩展的片段。在一个分子论的观点和一个整体论的观点之间的基本差别，用达米特的话来说，“不是，按照分子论的观点，每个语句原则上能够被孤立地理解；而是，按照整体论的观点，如果不知道整个语言就无法充分地理解任何语句。但是按照分子论的观点，对于每个语句，都存在着一个确定的语言片断，对它

① Dummett(1973),“The Justification of Deduction”, reprinted in Dummett (1978), pp.290－318.

② 参见 Dummett (1975),“Frege's Distinction between Sense and Reference”, reprinted in Dummett (1975), 尤其是 pp.135－138。也见“The Significance of Quine's Indeterminacy Thesis”, in Dummett (1975), pp.375－419。

③ 按照这个原则，一个表达式的意义是其部分的意义以及这些部分的句法结构的一个单调函项。构成性的语义特点在语言哲学中具有广泛的应用，像戴维森这样的实在论者明显地接受这个原则，这部分是因为他们认为它是意义的真值条件理论的一个基础，而反实在论者也同样可以接受这个原则。

的知识将足以完整地理解那个语句。"[①]这样,一个分子论的语言概念便成为反实在论者认同的这个证实主义要求的一个必要条件。

对一个整体论的语言观的拒斥,也是从使用完全决定意义这个论点到把直觉主义逻辑接受为数学的正确逻辑(以及一般地,一个意义理论的正确逻辑)的关键举措。采纳直觉主义逻辑的一个直接后果是,它允许某种形式的修正主义。也就是说,每当与一个现存的实践证明不一致的时候,它就需要修改或者批评以便满足如下要求:语句使用的各个方面之间应该和谐。这种修正主义的一个著名结果就是达米特对二值原则的拒斥,这点我们将在后面加以讨论。不管怎样,达米特现在能够表明,直觉主义的基本思想怎样可以被扩展来反对把真值条件理解为一个意义理论的中心概念的做法。

当然,达米特的具体论证显示了高度复杂和精妙的结构。由于这些论证的主要思想已经在上面得到说明,因此没必要重复他的论证。实在论者和反实在论者的分歧中心在于这样一个问题:一个潜在地超越于证据的概念是否能够充当一个意义理论的中心概念?这样,反实在论者对实在论者的挑战便体现于下述问题中:一个把真理视为其中心概念的意义理论,怎么能够说明一个人能够知道一个语句为真必须得到的条件?在这点上,实在论者据说经常诉诸等价性原则来表明真理必定是用来说明意义的正确概念,这个原则说,任何语句 p 在内容上是等价于"语句 p 是真的"(it is true that p)这个语句。然而,达米特认为,如果真理的概念要被使用来显示一个语言知识在于什么,那么这个原则不可能实现实在论者相信它能够履行的那个说明作用。真理的概念能够履行那个功能,只有当这个语句具有说话者可以通过一个口头说明逐渐理解的那个形式——也就是说,只有当他对真值条件的知识是明确知识(explicit knowledge),亦即在他阐明那个条件的能力中显示出来的知识。对这个形式的一个说明明显地假设说话者已经知道那个语言的相当广阔的一个片段,以

① Dummett, "What is a Theory of Meaning (II)", p.44.

至于他能够阐明这个给定的语句的真值条件，并且按照那个语言片断来理解这个语句。但是，这种形式的说明显然不能充当对语言习得和语言理解的基本和普遍的情形的说明。因为，如果阐明一个语句的真值条件只是用其他的词给出那个语句的内容，那么，惟有对这个说话者在逐渐习得那个语言的过程中通过纯粹口头说明引入的语句，以及对一个语句的真值条件的明确知识才能构成他对其意义的掌握。现在的问题是，他对语言的最基本的部分的理解不可能以这种方式来说明。这是达米特纲领中最有争议的一点，因为一些实在论者（比如唐纳德·戴维森）会争辩说，对语言的最基本的部分的理解也是按照真值条件来进行的。因此，在这点上，我们最好认为达米特是在说，如果语言知识是隐含的，如果理解在于对语句的真值条件的知识，那么一个意义理论应该做的一项工作就是要说明那个知识如何被显示。如果一个特定的语句是实际上可判定的，或者至少在原则上是可判定的，也就是说，对于那个语句来说，如果一个说话者具有某个有效的程序，这个程序使他在有限的时间内能够识辨出它的真值条件能否得到满足，那么，这个说话者就能够显示出他对那些条件得到满足的认识，因为他对那些条件的知识的拥有恰恰在于他掌握了判定这个语句的程序。在这种情形中，对真值条件的知识对于理解一个语句来说将是充分的。

然而，实在论者的真正的困难出现在如下情形中：在这种情形中，一些语句甚至在原则上不是有效地可判定的，不过它们一定是有意义的。弗雷格已经注意到，如果一个语句包含一个具有含义但是没有指称的单称词项，那么它并不具有一个确定的真值。对于这些不可判定的语句来说，没有有效的程序来决定它们的真值条件能否得到实现。正是这种语句让反实在论者对一个把真理看作其中心概念的意义理论感到担忧，因为一些这样的语句是明显可理解的。一个例子是哥德巴赫猜想。按照目前所接受的公理，我们不知道这个猜想是真的、假的、还是不可判定的，虽然我们一定能够通过把握它的基本成分的意义以及在它的构造中所涉及的操作来了解它的意义。在这里需要注意，对这个直觉主义者来说,对经典的真理概念(按照这个概念,独立于我们把一个语句识别为真的或者假的能力,它可决定地是真的或是假的)的拒斥并不意味着放弃构成性原则。因此,按照这个直觉主义者的看法,甚至在一个可判定的语句的情形中,对其真值条件以及它们在理解中所起的作用的知识,已经假设我们先前就掌握了对那个语句加以判定的程序。一个语句的真值条件能够起着一个有效的作用,只有当这个语句是可判定的——换句话说,只有当某个结论性的证实确立起它的真值条件。在这点上,达米特相当正确地指出,"甚至最彻底的实在论者也必须同意,如果我们对一个语句或许怎样被知道是真的这件事没有一丁点儿思想,那就几乎无法认为我们已经把握了一个语句是真的是怎么回事。"正是在这个意义上,而且只是在这个意义上,达米特能够说,对于一个可判定语句来说,"在我们对它的真值条件的设想中……没有什么实质性的东西。"因此,一个意义的真值条件理论是空洞的,因为这样一个理论"与我们假设对它在理论上加以表达的实际能力相脱节。"[①]这样,达米特认为,一个恰当的意义理论应该按照可断言性条件而不是按照真值条件来表征。现在我们可以把他对这个中心论点的论证概括如下:

1. 语言知识是隐含知识,这个知识能够被有意义地赋予某个人,只有在适当的情境中,他才能够逐渐在语言行为中充分地显示那个知识。

2. 如果一个语句是可判定的,那么,通过掌握这个判定程序,他能够逐渐识别到这个语句的真值条件能否得到。

3. 因此,如果这个人示范了他对这个语句的判定程序的把握,那么这便充分显示了他对那个语句的真值条件的知识。

4. 如果一个语句是不可判定的,也就是说,如果不存在这样一个判定程序,它在每个情形中都工作,通过它,这个人能够决定这个语句的真值,那么,至少在某些情形,他无法决定那个真值。

5. 因此,他不可能表明在每个

① Dummett, "What is a Theory of Meaning (II)", p.37.

情形中，他都可以逐渐在语言上显示对一个不可判定的依据的真值条件的知识。

6. 因此，他不能充分地显示对不可判定的语句的真值条件的知识。

7. 因此，对于一个具有不可判定的语句的语言来说，一个真值条件的意义理论没有内容或者意义。①

这样一个理论之所以是空洞的，乃是因为按照这个理论，"如果一个人据说理解了一个语句，那么我们赋予那个人的知识，就超越了以该语句被使用的方式来显示那个知识的能力。"②一个超越于证据的真值条件概念本身不相容于理解的真正思想。这样，实在论者不可能说明，他的理解概念如何能够与意义完全是由使用决定的这个维特根斯坦的洞见和谐共处。

在这里，值得注意的是，根据我对达米特的理解，上面提到的这个论证并非旨在表明，就像某些实在论者所声称的那样，一个有能力的说话者所理解的语句只有证实主义的真值条件。而是旨在表明，对于意义和理解来说重要的真值条件不可能是证据超越的。因此，一个意义理论的中心概念应该是辩护条件而不是真值条件。我相信这在达米特本人对真值条件与意义的关系的说明(下一节将要讨论)中应该是很清楚的。不过，这确实只是达米特的反实在论纲领的第一步——这一纲领的宗旨在于在意义理论中确立起可断言性概念的中心性。对于达米特来说，这并不实际意味着真理的概念要从这样一个理论中被驱逐出去。他的本质要点是，真理应该被看作证实的一个产物，而不是作为某种可以独立于证实而得到的东西。因此，如果真理不是独立于我们对它的发现和证实的，那么我们就必须把这个世界描绘为我们自己的创造，或者至少描绘为从对我们认知实践的响应中产生出来的东西。这个观点有一些有趣的形而上学含义，其中的一个含义就是达米特对二值原则的拒斥，而这个原则经常是实在论的意义理论的一个重

① 参见 Dummett，"The Philosophical Basis of Intuitionistic Logic"和"What is a Theory of Meaning (II)"。

② Dummett，"The Philosophical Basis of Intuitionistic Logic"，p.225.

要预设。当然,对真理概念的进一步分析,需要我们进一步考察达米特拒斥那个原则的理由。

二

关系到一类给定的陈述的实在论,根据达米特,可以按照这样一个原则来加以表征:那个类的每个陈述要么是真的要么是假的。达米特的反实在论纲领的正面的部分,乃是旨在表明,对实在论的真理概念的抛弃必然导致对经典逻辑的修改,这个逻辑关键性地依赖于二值原则。由于只是有效地可判定的语句能够被保证是可识别地为真或为假的,因而对所有的陈述认同这个原则似乎就会让人们承诺到实在论的真假概念。然而,存在着不可判定但却有意义的语句,这个事实使得把握真值条件的思想显得格外成问题。正是根据这一理由,达米特争辩说,反实在论者应该拒斥二值原则,从而拒斥经典逻辑据以立足的关于连接词和量词的经典语义学。

一般来说,有三个主要的语句形成算子(析取、合取和量化),它们对我们构造不可判定的语句的能力负责。不可判定的语句典型地包括:虚拟条件句;过去时态的语句,或者更一般地,指称不可接近的时空区域的语句;对无法测量的或者无限的总体进行量化的语句。对于这些种类的不可判定的语句,达米特认为把它们的真值条件看作中心概念的一个意义理论将无法履行一个适当的意义理论应该履行的中心任务。更确切地说,按照达米特的观点,一个适当的意义理论应该体现在含义和力量之间的区分。[①] 这意味着,不管什么东西被看作这样

---

① 按照哲学语义学,每个语句都可以被分为描述的内容和力量的指示者。含义或者描述的内容是语句正在描述的事态及其含义,是真值条件的承担者,而力量则是传达这个内容的方式(陈述句,疑问句,祈使句,或者其他类似的东西)。力量与语句的真假无关,具有同样意义的语句可以以不同的力量出现,而一种力量则可以被赋予任何给定的意义。这个区分通常被认为源自于弗雷格在判断和思想之间所作的区分。达米特写道:"采纳弗雷格的术语,我们可以把意义的这个成分称为表达式的含义;……力量(或者更恰当地说,力量的指示)是充当来指出哪种类型的语言行为正在被履行的一个语言要素所具有的意义。"参见 M. Dummett, *The Logical Basis of Metaphysics* (Cambridge: Harvard University Press), p.114。

一个理论的中心特点，从这个特点中把任何语句之使用的所有其他特点引导出来都应该是可能的。为了满足这一要求，一个完备的意义理论应该包括两个东西：一个中心的部分给出含义和指称理论，一个补充的部分给出一种统一的方式，以便把任何语句的使用的每个方面都从该语句之由这个中心部分所决定的特点中推导出来。因此，一个意义理论的恰当性，取决于是否一个切实可行的补充的理论（力量的理论）能够按照被选择为中心的那个概念来构造。达米特论证说，只有可断言性条件，而不是真值条件，才能够充分地满足这个要求。其基本的理由可以被阐明如下：

对于任何不可判定的语句，仍然有可能的是，我们或许发现自己能够识别它的真值条件能否得到满足。但是这种能力不可能被等同于对那个条件是什么的知识。因为在这种情形中，这个条件要么是在我们无法识别真值条件能否得到满足的一些情形中得到的条件，要么是在这样的情形中得不到的条件，或者甚至有可能是二者兼具。我们可以更明确地把这一点阐明如下：假设这个条件是超越于证据的，也就是说，假设它是这样，以致我们没有办法让我们自己识别到这个条件得到（每当它实际上得到的时候）。那么，倘若有人说我们可以把那个条件是什么的一个隐含知识赋予一个说话者，他这样说便毫无意义。因为对于那个条件能否得到是怎么回事的一个"隐含"的知识，是无法完全按照这个说话者实际上能够显示出来的实践能力来加以说明的。力量理论就是要揭示被看作是一个语句的中心特点的东西和在话语中使用它的实际实践之间的联系。如果真值条件是超越于证据的，也就是说，如果识别到那个条件是否得到满足的能力不可能被充分地显示出来，那么，一个采纳真值条件的证据超越概念作为其中心特点的意义理论，就无法恰当地与我们实际的语言能力联系起来。相比较，可断言性条件能够充分地保证这个值得向往的联系。例如，在说明陈述条件句的使用时，我们并不需要它的真值的概念，而只是需要这样的思想：在何种情境中对它的断言能够得到保证。由此推出，如果"理解一个语句在于把握它的真值条件"这句话有任何合理之处，那么就其实际的用处而论，真值条件不可能是证据超越的——它们在根本上必须立足于辩护条件。这当然不意味着不可判定的语句必定没有真值条件，而是意味着这类真值条件或许超越了人类的认知能力——对于我们来说是不可判定的语句，对于一个超人类的存在来说或许是可判定的。但是，就意义理论而言，这个问题是：如果我们原则上无法知道在证据超越的意义上为真的某个语句是真的，那么我们怎么能够知道有任何东西使得那个陈述为真呢？

现在，按照达米特的思路，应该清楚的是，所有这些困难只有在把二值原则应用于不可判定的语句时才出现。因此，看起来好像没有办法构造一个可应用于不可判定的语句的行之有效的意义理论，除非我们首先放弃二值性假定，或者更普遍地，放弃任何类似的多值性假定，因为这类假定要求每个语句都应该独立于我们的知识而具有一个特定的真值。换句话说，我们必须构造这样一个语义学，它并不把任何客观上决定的真值的概念看作它的基本概念。在达米特看来，这样一个语义学的一个适当的原型在对数学陈述的意义的直觉主义的说明中就已经存在。例如，如果对于基本算术的每个陈述都存在着对其真假加以判定的一个计算程序，那么在这样一个陈述的经典解释和直觉主义解释之间的差别，就取决于逻辑常量（命题算子和量词）被给出的方式。因此，这个问题是：是否对逻辑常量的直觉主义解释具有充分合理的基础？

对于达米特来说，回答这个问题的一个自然的起点，是要表明对逻辑常量的经典解释是不恰当的。他已经观察到，存在着一些充分可理解但却没有确定真值的语句。在这种情形中，他认为"真"这个词不可能按照等价性原则来加以分析。进一步，如果"假"是要以类似"真"的方式来处理，也就是说，把"语句p是假的"(it is false that p)看作与p的否定具有同样的含义的话，那么问题就更严重了。一个理由是，在自然语言中，没有形成一个给定的语句之否定的规则。假设我们这样来规定否定原则，它确定一个语句p的否定就是这样一个语句：这个语句是真的，当且仅当p是假的；

它是假的，当且仅当 p 是真的。那么，这个说明显然必须被排除掉，因为它实际上并未完成试图说明“假”的含义的这一任务。

进一步，如果“真”和“假”的概念要按照冗余学说来解释，[①] 那么对逻辑联结词的真值表解释（这是经典逻辑的一个特征）就相当不令人满意。以析取作为一个例子。按照经典解释，“A∨B”是真的，当且仅当要么 A 是真的要么 B 是真的。但是在我们经常断言“A 或者 B”时，我们并不是处于要么能够断言 A 要么能够断言 B 的地位。也就是说，我们处于能够断言“A 或者 B”的地位，但是并不处于能够断言它的每个析取项的地位。但是最令人惊奇的例子是如下事实：我们准备断言形如“A 或者非 A”的任何陈述，即使我们要么对 A 的真值要么对非 A 的真值没有证据。然而，经典解释产生了这样一种荒谬性：只有当一个人准备要么接受 A 要么拒斥 A（如果“假”要按照“真”的否定来说明）时，他才能接受“A 或者非 A”。与此相比较，直觉主义者据说能够取消这种荒谬性，因为在他们看来，只有当一个人自己处于原则上能够判定是接受 A 还是拒斥 A 的地位时，他才能接受“A 或者非 A”。在这里要被引出的教训是，逻辑常量的意义不是被先验地给定的，而是应该按照一个标准证明的概念来加以决定的。但是发现这样一个证明的有效手段是由对一个命题的论证提供的，也就是说，是由对那个命题的结论进行断言的一个强有力的根据提供的。因此，“如果一个数学陈述的真理在于我们对它的一个标准证明的把握，那么，当对它的断言只是需要以拥有一个论证为根据时，我们被迫信奉这样一个令实在论者窘迫的结论：即使已知一个陈述不是真的，对它进行断言或许也是合法的。”[②] 由此推出，我们必须按照逻辑常量的实际使用来决

---

① 按照这个学说，“真”这个谓词是多余的，因为说“p 是真的”等价于说“p”——断定“p 是真的”与断定“p”完全是一回事。例如，说“‘天是蓝的’是真的”与说“天是蓝的”完全是一回事。所以“是真的”或者“是假的”只是在风格上和修辞上起作用的谓词，去掉它们并不造成语义上的损失。这一思想是塔尔斯基的语义理论的出发点。

② Dummett, *The Logical Basis of Metaphysics* (Cambridge: Harvard University Press), p.240.

定它们的意义。

在某种意义上,对经典的逻辑常量进行制约的公理显然是繁琐的。因此,如果对一个逻辑常量不可能给出一个有意思的公理,那么,一个意义理论至少应该对一个说话者如何能够把握那个逻辑常量的意义(也就是说,对制约那个常量的繁琐公理具有隐含的知识)给出一个非循环的说明。然而,如果一个逻辑常量(比如说析取算子)所运用到的一个陈述的真值条件不是有效地可识别的,那么它按照真值条件对那个逻辑常量的说明就是不可救药地循环的。因为在这种情形中,我们没有办法说明赋予某个人(比如说)下列知识是怎么回事:"A或者B"是真的,当且仅当要么A是真的要么B是真的。因此,对逻辑常量的标准说明应该得出这种类型的公理——它们不是按照真值条件来加以阐明的,而是按照证明(或者更一般地,按照我们是怎样被训练来使用包含逻辑常量的陈述的)来加以阐明的。这样,对一个逻辑常量的说明就可以被看作是对一个说话者所具有的隐含知识(他在使用这样的陈述的实践中充分显示出来的知识)的表达。例如,只有当我们知道如何识别对一个陈述的证明——这个证明旨在表明为它发现一个证明是不可能的——时,我们才能理解这个陈述的否定。但是,一个陈述的可理解性并不保证我们能够具有为这个陈述发现对它的一个证明(或者对它不能被证明这件事的一个证明)的有效手段,因为我们对一个陈述的理解并不在于必然地发现一个证明的能力,而只是在于当这样一个证明被发现时识别它的能力。由此推出,二值原则不可能充当一个意义理论据以立足的一个普遍有效的基础。如果实在论立足于这样一个原则,那么对这个原则的拒斥就意味着对实在论(尤其是对一个实在论的意义理论)的拒斥。最终,"在我们试图来说明一个陈述的意义时,我们这样做,不再通过规定它的真值以及按照它的构成要素的真值,而是通过规定一些条件——在这些条件下,我们可以判定什么时候我们可以按照它的构成要素——来断言这一陈述。"①

① Dummett (1959), "Truth", in Dummett (1978), pp. 17-18.

三

现在我们可以简要地考察一下达米特对待真理这个概念的态度。在这点上，中心的思想是，为了决定是否可以对某种类型的陈述的真值给出一个实在论的说明，我们必须问，对于这样一个陈述p来说，是否必定是这样一种情形——对于那些我们在断言p时我们认为辩护了我们的断言的事实，如果我们知道充分多的这样的事实的话，那么我们应该处于要么能够断言p要么能够断言非p的地位。换句话说，只有当p是一个有效地可判定的陈述时，我们才有资格说p必定要么是真的要么是假的。在这里，一个有效地可判定的陈述是这样一个陈述：它是如此这般以致在有限的时间内，我们能够把我们推到一个使我们能够在要么断言p要么否定p上得到辩护的地位。是否确实存在着这种结论性的证实，是实在论者和反实在论者之间争论的一个焦点。但是，如果意义取决于理解，而理解本质上是一个认识论的概念，那么在说一个证据超越的真值条件概念将不再是一个意义理论的中心概念这点上，达米特大概是正确的。

事实上，按照达米特的观点，就其真正的来源而论，真理的概念来自于断言这一语言行为：真或假源自于我们对断言的正确性或不正确性的直观想法。任何断言的指定内容都被认为是由我们认为使之正确的东西决定的，它的正确性条件接着被鉴定为进行断言的语句的真值条件。正是在这个意义上，一个话语的真值条件据说决定了它的内容。但是，只有当真理的概念能够按照一个语句如何是可断言的这一思想来加以说明时，这样一个决定才有合理的意义。达米特经常把真理的概念比作赢得一场游戏的概念。构成一个取赢策略的东西取决于而且只是取决于游戏规则，一个取赢策略的概念因此可以按照“玩”、“移动”、“对手”和“吃掉”这样更加普遍的概念来表征。类似地，就真理概念而言，一个意义理论本身不仅不需要援引那个概念，而且对那个概念的刻画必须诉诸在意义理论中得到有效使用的概念。如果一个语句确实有一个确定的真值，那么断言这个语句就等同于断言它的成真的条件得到。但是更加有意思的是，我们实际上能够断言某些我们并不知道具有确定真值的语句。这就是反实在论的意义理论的真正基础和意义所在。

当然，这并非在否认一个语句是真的思想不同于它在合理地有保证的条件下被断言的思想。事实上，这个区分有时候是很重要的。真理是一个说话者所说的东西的一个客观性质，是独立于在这样说时他所具有的知识、动机或者理由而被决定的。但是不管怎样，真理的根本概念是一个断言的正确性的概念。在基本的层次上，这个正确性概念还没有得到分异，也就是说，在一个正确的断言和一个不正确的断言之间的区分，被看作是把握一个断定话语的最小要求。然而，当一个说话者对一个语言的了解程度或许使他做出错误的断言时，[①] 上述区分便出现了。例如，为了说明为什么做出一个没有要点(或者人们对此没有根据)的断言违反了语言实践，就需要一些进一步的区分。显然，我们需要进一步探究语言实践的哪些特点使得区分一个断定话语不正确的不同方式成为必要。真理的概念凸显出来满足这一辩护的要求。因此，"这样不言而喻地获得的真理的概念，必须接着能够产生一个更加基本的概念，这个概念关系到断言的正确性。这意味着，除了语句的真理之外，还需要一些进一步的条件来为一个断言辩护。不论这些条件是什么，它们必须能够被看作是说话者为了有合理的根据假设这个语句满足它的真值条件而必须具备的条件。"[②]因此，就意义和理解而论，可断言性条件必定在认识论上先于真值条件。

因此，真理的概念被认为是维持在可断言性的概念之上的。但是，在真理和断言的实际根据之间的区分依然继续存在。一个理由是这样的。一方面，如果这样的根据的存在被看作是包括在真值条件之中的，那么我们就不可能说明一些

① 在这里，错误并不在于对那个语言的错误把握，而是体现在不能说什么东西是真的和不能说什么东西是有保证的这个更为微妙的区分当中。

② Dummett, "What is a Theory of Meaning (II)", p. 51.

语句的内容或者真值条件。在这点上，典型的例子是条件句。达米特表明，像"如果，'如果A，那么B，'那么C"这样复杂的条件句要能够被断言为正确的或者被看作是可理解的，只有当一个说话者能够产生一个纯粹逻辑的论证，通过这个论证，结论C能够从"如果A，那么B"这个假设以及在独立的理由的基础上被承认为真的其他前提中被推导出来。对于这样的语句，真理的概念并不需要：也就是说，我们对它们的使用的理解并非取决于对其真值条件的把握，而只取决于这样一个更为基本的概念——什么东西保证一个说话者断言一个条件句。[1] 对于真理概念具有意义的所有东西，不是真理本身，而是对真理的认识。我们的推理实践只有在这样一个认识的过程才能得到辩护。另一方面，正如达米特自己所乐于承认的，我们需要一个认识论的真理概念来满足对断言条件进行辩护的要求。

在说真理是一个意义理论的中心概念时，我们可以从这个说法中辨识出两种含义。首先，如果这个理论显示了一个语句如何可以按照它的构成部分以及它们构成该语句的方式而被确定为真，那么我们便得到一个弱的意义。其次，如果它有一个二值（或者更普遍地，多值）的语义学作为其基础，[2] 那么我们便得到一个强的意义。实在论者和反实在论者之间的对立，并不关系到是否在这个弱的意义上，真理能够充当一个意义理论的中心特点，因为反实在论者可以认同一个分子论的语言观（尤其是构成性论点）。而是关系到，在这个强的意义上，是否真理就是我们用来给出一个语句的语义值的中心概念。如果这个中心概念就是决定一个表达式的含义和指称的东西，那么，反实在论者将否认在这个强的意义上，真理能够充当这样一个概念。因为在他们看来，真值条件——如果根本上是可把握的话——必须经由可断言性条件来把握。按照反实在论者的思路，不是真理与意义和理解没有关系，而是，对于一个给定的陈述来

---

① 参见 Dummett, *The Logical Basis of Metaphysics*, pp. 171－174。

② 在这里，语义值被划分为指定的和非指定的，一个语句的内容被认为是由它为了具有一个指定的语义值而必须满足的条件而给出的。

说,我们能够具有的唯一合法的真理概念必须按照证据的存在来加以说明。证实主义之所以成为反实在论的语言概念的真正基石,乃是因为它强调,语言的把握应当被看作(或者必须被看作)只是在于对证据的敏感性。

四

本文的主要目的只是试图理解和梳理达米特对反实在论的中心论证,因为这些论证明显是复杂和精致的,其要点在很多时候令人难以把握。对他的论证作进一步的批评将是另一篇文章的任务。不过,通过上面的考察,我们仍然可以就达米特的论证给出一些简要的评注。

首先,达米特的中心论点是:语言知识是隐含知识,这一知识能够被可理解地赋予一个说话者,只有当他能够在其语言行为中充分显示这一知识。在这点上,认为达米特径直承诺到某种形式的行为主义肯定是错误的。但是,充分显示的概念也典型地具有某些模糊性。在提出一个有效的标准来判定语言能力在实际语言行为中的充分的可显示性上,标准主义者碰到一些与心灵哲学联系在一起的困难。在这个意义上,对语言哲学中的争端的解决(或者消解)在很大程度上取决于对心灵哲学中的某些问题的探究。

其次,证实主义明显地要求一个反整体论的认识论。这一要求对立于在语言哲学和科学哲学中曾一度盛行的整体论趋势。虽然我们不可能先验地把整体论看作是真的,但是像达米特这样的反实在论者不可能无视一些哲学家对证据整体论和语义整体论的论证。像奎因这样的整体论者已经声称,如果不诉诸一个恰当地广泛的理论背景或者信念背景,要对某些陈述进行结论性的证实可能是很困难的。在这里,一个关键的问题当然是要弄清意义整体论和确认整体论之间的关系。在这一点上,我的直观是,有关整体论的争论或许不像达米特认为的那样会在他对反实在论的论证中占据一个重要地位,这至少是因为一个反实在论无须放弃意义整体论(就像他能够承诺到构成性原则一样)。

再次,是否一个实在论者必须

预设二值原则仍然是一个有争议的问题。达米特对这个原则的反驳或许不构成他抛弃全局实在论的充分根据。更一般地说，我们可以问一个方法论的问题：是否关于某类陈述的反实在论(在达米特那里，一种立足于直觉主义的数学哲学的反实在论)可以被有效地扩展到一般的情形？尤其是，正如我们所已经注意到的，虽然达米特论证说一个证据超越的真值条件概念不可能合理地成为一个恰当的意义理论的中心概念，但他仍然相信真理的概念对于可断言性条件的辩护本身是重要的。这样，如何按照这个概念来对可断言性条件进行辩护在达米特那里至少还是一个没有得到解决的问题。在进行这样的辩护时，这个真理的概念应该如何被设想呢？

最后，而且相关地，语言哲学家倾向于认为，与真值条件不一样，辩护条件有时候是可废弃的(defeasible)。[①] 如果是这样，如果我们不能合法地使用一个超越于证据的真理概念，那么，标准主义者如何能够把真值条件从辩护条件中塑造出来呢？如果这个标准主义者无法说明辩护条件的这个特征，那么这似乎就表明，我们至少需要一个真理的调节概念来说明在辩护条件上的收敛(假若存在着这样的收敛的话)。达米特已经触及到这一点，但是他的说明显然是不够充分的，因为这个事实要么揭示了某种形式的实在论的合理性，要么达米特就必须表明这样一个真理的概念是如何在本质上符合他对反实在论的承诺的。

(作者系北京大学哲学系副教授)

① 这一术语原本被用来意指某些法律规则或者道德原则在适当的情形中可以被推翻的性质。随着由于"盖梯尔问题"而产生的对传统的知识概念的挑战，一种知识的可废弃性理论也随之发展出来。按照这一理论，对于一个算做知识的信念，该信念必须是真的和得到辩护的，这并不是它算做知识的充分条件，而至多是一个必要条件。因为一个当前得到辩护的信念在面临新的证据时是或许会被挫败的，对它的辩护只是当下的辩护。在这个意义上这个信念被说成是可废弃的。

对霍菲尔德法律权利概念的分析

李　剑

本文探讨的主题是"权利"一词的含义。这个探讨是在霍菲尔德对法律权利概念所作的分析的基础上进行的。本文指出了霍菲尔德概念分析的意义与重要性；澄清了霍菲尔德概念分析的意图和方法；提出了一个新概念——"非权利"；对霍菲尔德原有的概念列表做出进一步的推导，列出了概念分析的基本要素；批评"自主权"(自由权)的定义；给出了高阶权利概念的更为准确的定义；最后说明了霍菲尔德式概念分析的适用性。

引　言

"权利"的概念有非常广泛和普遍的使用，它在法律、道德、政治等领域都是一个基本的概念。然而，对"权利"这个词语的熟悉不意味着我们就能够明确"权利"这个概念的意义。"权利是什么"，或者说，"什么是一个权利"，并不是不经过分析就能澄清的问题。而对权利概念进行分析的极有价值的出发点，就是威斯利·N.霍菲尔德在《基本法律概念》一书中对法律权利概念所做的分析。①

哈特这样说：

① Wesley Newcomb Hohfeld, *Fundamental Legal Conceptions As Applied in Judicial Reasoning and Other Legal Essays*, ed. Walter Wheeler Cook (New Haven: Yale University Press, 1923).

……绝大多数学习法理学的英国学生,学习对法律权利观念进行分析的第一步,都是从霍菲尔德的《基本法律概念》开始的。①

霍菲尔德的分析不仅是分析法律权利概念的第一步,也是分析道德权利概念的出发点。

基于权利话语的法律上的起源,霍菲尔德的分析是讨论道德权利的合适的出发点,尽管霍菲尔德只讨论了“法律”权利的不同类型(或“权利”这个词在法律中具有的不同意义)。……霍菲尔德所区分的四种法律关系——自由(或自主权)、(要求的)权利(或“严格意义上的”权利)、权力,还有免除——也被有效地用于道德关系的分类。②

总的来说,霍菲尔德对法律权利概念的分析也被视为对权利概念本身进行分析的基础性著作:

对权利进行分析的明智的开始,尽管不是终结,就是威斯利·霍菲尔德对“基本法律概念”的卓越的分类。③

类似的评价还有:

许多关于权利的结构的讨论至少都从威斯利·霍菲尔德的著作开始,并且经常把他的著作作为关注的焦点。……尽管应当明白霍菲尔尔

① H. L. A. Hart, *Essays on Bentham: Studies in Jurisprudence and Political Theory* (Oxford: Clarendon Press, 1982), p. 162.

② A. John Simmons, *The Lockean Theory of Rights* (Princeton: Princeton University Press, 1992), p. 70n.

③ L. W. Sumner, *The Moral Foundation of Rights* (Oxford: Clarendon Press, 1987), p. 18.

德是一个法学家而不是道德哲学家。他所使用的语言特别地是用来描述不同的法律基本概念之间的关系的。纵使如此,许多哲学家在借用他的语言并用之于超越法律的道德领域的分析时,都感到十分恰当。①

本文的意图与主要内容,就是对霍菲尔德所分析的法律权利概念做进一步的分析。我将澄清基本法律概念的一般性质,进一步推导概念之间的逻辑关系,明确霍菲尔德概念分析的基本要素,以及对他的几种重要的权利概念(自主权与免除权)的定义与说明做出批评或修正。

第一节 词项与概念的区分

霍菲尔德说:

> 对于法律问题的清晰的理解、透彻的陈述以及真正的解决的最大的障碍之一,通常来自于或是明确表示或是默而不宣的这种假设,即:所有的法律关系都可以被归结为"权利"(rights)与"义务"(duties),因此这些范畴足以分析即便是最复杂的法律利益,诸如信托、选择权、等待条件完成的契据、"未来"利益、公司利益,等等。即便这里的困难仅仅在于词汇上的不足与含混,其严重性也值得明确确认并通过坚持不懈的努力以求改进;因为在任何推理严密的问题中,无论是不是法律的问题,含义多变的词语对于清楚的思想与明晰的表达都是一个严重的危险。②

霍菲尔德认为,"权利"与"义务"这两个术语的含义是含混不清的,普遍被认为是所有法律关系的本质的"权利-义务"关系并不足以区分复杂的法

① John R. Rowan, *Conflicts of Rights: Moral Theory and Social Policy Implications* (Westview Press, 1999), p. 20.

② Hohfeld, *Fundamental Legal Conceptions*, p. 35.

律关系的不同种类。这是因为"权利"这个词在法律领域中具有数种不同的含义,人们会在各种不同的意义上使用"权利"这个词,然而这些不同的含义并没有得到明确的区分、分析并确定下来;而另一方面,正因为"权利"这个词具有不同的含义,正因为人们在"权利"这个词所具有的不同含义的情况下都使用"权利"这同一个词,由此就产生了一种错误的印象或者假定,以为同一个词语所标志的就是同一个意义,从而造成思想上的混淆。在霍菲尔德看来,一个词语,只有当它具有一个明确的含义,或者说得到确定的定义的时候,才可以看作是一个概念。因此,在不同的含义上使用的"权利"这个词,实际上指示的是几种不同的概念,然而这些概念并没有得到严格的区分,也没有相互区别的不同的词语来固定地指示这些相互区分的概念。因而"清楚的思想与清晰的表达"就都是不可能的。

在为《基本法律概念》一书所写的导言中,Walter W. Cook 这样说:

> ……法律思考永远都不能真正变得准确,除非我们经常仔细地区分这些我们几乎未曾充分认识到的权利的不同种类。我们经常谈到订立遗嘱的权利,立法机关颁布一个特定的法规的权利,一个人的财产未经正当法律程序不得被剥夺的权利,等等。经过考察就会发现,在这些以及在无数其他例子中,"权利"这个词在这里指一个概念,在那里又指另一个概念,经常造成思想上的混淆。[①]

霍菲尔德区分了"权利"这个词经常是不加区分地被用来指示的四种概念:"权利"(right)、"自主权"(privilege)、"权力"(power)、"免除"(immunity)。[②]

---

① Walter W. Cook, 'Introduction', *Fundamental Legal Conceptions*, p. 6.

② 本文对霍菲尔德所区分的四种权利概念中"privilege"与"immunity"这两个概念的翻译,与通常的译法有所不同。"privilege"在中文有关霍菲尔德概念的翻译中,一般被译作"特权",而"immunity"被译作"豁免"。参见:沈宗灵"对霍菲尔德法律概念学说的比较研究",《中国社会科学》,1990 年第 1 期;夏勇、张志铭译《人的权利与人的多样性:人权哲学》,米尔恩著(北京:中国大百科出版社,1995 年版),第 118 页;邓正来译《法

理学:法律哲学与法律方法》,博登海默著(北京:中国政法大学出版社,1999 年版),第 488 页;沈宗灵:《法理学》(北京:北京大学出版社,2000 年版),第 101 页。

首先,“privilege”一词,在霍菲尔德那里,与“liberty”(自由)同义,“被看作是法律关系的自由(liberty)(或松散与一般意义上的‘权利’)如果有任何确定的内容的话,其意义必定与‘privilege’是正相同的。”(Hohfeld , *Fundamental Legal Conceptions*, p. 42)“在日常用语中这一词项主要的特定含义看来仅仅是义务的缺乏。”(Hohfeld , *Fundamental Legal Conceptions*, p. 45)在讨论霍菲尔德的著作中,经常用“liberty”(自由)来代替霍菲尔德的这个概念。比如,“我遵循通常的做法,用‘liberty’代替霍菲尔德的‘privilege’”。(Sumner, *The Moral Foundation of Rights*, p. 25n)为与“liberty”(自由)的译名相区别,本文把“privilege”译为“自主权”。“privilege”也有“特权”的词义,但是“自由”意义上的“privilege”与“特权”意义上的“privilege”迥然有别,我们最好用不同的中文语汇来翻译这两种不同的意义。霍菲尔德自己也谈到这种不同,他说:“根据较古老的用法,‘privilege’一词常用来指‘特权(franchise)’……”(Hohfeld, *Fundamental Legal Conceptions*, p. 45n)“自主权”这个译法是本文独创的,中文文献中对“privilege”一词的翻译与“特权”相近,译为“特权;特惠;特殊利益;免责特权/授予特权;特许”。(《英汉法律词典》,法律出版社 1999 年版,第 625 页)然而词典中的释义并不一定就是对专门学术术语的恰当翻译。

其次,“immunity”一词,在霍菲尔德那里与“exemption”同义。霍菲尔德说,“immunity”一词,“最佳的同义词,当然是‘exemption’一词。”(Hohfeld, *Fundamental Legal Conceptions*, p. 62)霍菲尔德使用的这个概念,简单地说,就是对他人的控制的独立性,就是不受他人控制的一种权利,而这个意义,译为“免除”最合适。而且“免除”或“免除权”是中文文献中已有的对“immunity”与“exemption”的译法。

在中文里,“特权”与“豁免”有着固定的意义与用法。“在现代汉语中,特别在当代中国法律、法规以至法学中,……特权一词或者是指受法律保护的外交特权,或者是法律上不容许的超越法律之上的现象。中国法律中所讲的‘豁免’,一般是指受法律保护的外交豁免。”(沈宗灵:《法理学》,第 101—102 页)这样的语句显然不能传达霍菲尔德所使用的概念的意义。沈宗灵注意到并强调了中文的“特权”、“豁免”与霍菲尔德所使用的概念之间意义上的不同,但是他没有做出更新译名或者使用符合霍菲尔德概念意义的中文语汇的努力,这种做法,作为对霍菲尔德的翻译来说,尤其不妥。因为霍菲尔德概念分析工作的一个基本意图就是,确定不同的词汇来指示不同的概念或者表达一个含义复杂的词语所具有的不同含义,从而避免词语因其复杂多变的含义而对思想造成的危险与破坏。让我们也把霍菲尔德的这一思想,作为取舍译名的一个标准。

此外,“power”一词,本文与其他人的译法没有不同,都译为“权力”。霍菲尔德的“power”一词,与“ability”(能力)之义相近。“通常情况中最接近的同义词看起来是(法律的)能力(legal ‘ability’)。”(Hohfeld, *Fundamental Legal Conceptions*, p. 51)使用“权力”这个译名,是因为中文“权力”一词,不一定固定地理解为政府职权或公共权力,也可以理解为某种私权力。霍菲尔德意义上的“权力”(power),就是私人或个人所拥有的权力,为广义的“权利”(right)一词所涵括。

还需要对本文中的概念术语做出的一点说明是,在讨论到霍菲尔德的著作中,“权利”(严格意义上的)与“要求”(claim)同义,也被称为“要求权”(claim-rights);“自主权”与“自由”(liberty)同义,也被称为“自由权”(liberty-rights);“权力”(power),也被称为“权力权”(power-rights);“免除”(immunity),也被称为“免除权”(immunity-rights)。在本文中,这些用法可以互换。

对他而言，确立一个概念与对一个词进行定义（或者说明确一个词确定的含义）是一回事。因此，对上述四个概念进行区分就是对上述四个词项进行定义。然而这种定义是如何进行的呢？霍菲尔德在区分上述第一个概念“权利”（right）时，这样说过：

> 认识到“权利”这个词项最广泛的并且是不加区分的使用，我们在通常的法律话语中发现了什么线索可以把这个成问题的词语限定为一个确定的、适当的意义呢？这线索就在关联项“义务”（the correlative ‘duty’）之中，因为确定无疑地，即使是那些以可能的最广泛的方式使用“权利”这个词语与概念的人，也习惯于把“义务”看成是不变的关联项。正如 Lake Shore & M. S. R.公司对库尔兹一案中所说的：
>
> 一个义务或一个法律上的约束（obligation）就是一个人应当或不应当去做的事。“义务”与“权利”是关联的词项。当一个权利被侵犯时，一个义务也就被破坏了。
>
> 换句话说，如果X对Y有一个Y应当离开前者的土地的权利的话，关联项（与等价物）就是Y对X处于离开这个地方的义务之下。①

“权利”（最严格意义上的“权利”，即“要求权”）就是通过它的不变的关联项“义务”，来得到定义的。这个思想可以表述为：X对Y有一个Y做或不做某事的权利，当且仅当，Y对X有一个做或不做该事的义务。②

其他各项权利的概念（自主权、权力、免除），也都以类似的方式通过其“不变的关联项”得到定义或说明。比如说，X对Y有一个X做或不做某事的自主权，当且仅当，Y对于X在X做或不做某事上具有一个无权利（no-right）；X对Y有改变某个给定的法律关系的权力，当且仅当，Y对于X在该法律关系上具有一个责任（liability）；X对Y在某个给定的法律关系上具

---

① Hohfeld, *Fundamental Legal Conceptions*, p. 38.

② 这个定义来自 Rowan。参见：Rowan, *Conflicts of Rights*, p. 21。

有一个免除权，当且仅当，Y 对于 X 在该法律关系上具有一个无能力(disability)。霍菲尔德为他的每个权利概念(权利或要求，自主权或自由，权力，免除)都寻找并确定了一个关联项(分别是义务、无权利、责任、无能力)。每个权利概念都是通过其关联项得到定义的，换句话说，霍菲尔德为各个权利概念做出区分与定义的工作，就是发现并确定各个权利概念的关联项的工作。

除了上述形式化的定义以外，举一个简单的例子来说明霍菲尔德式的权利概念的区分也是有必要的。比如说，X 在财产 P 上所具有的权利，按照霍菲尔德式的分析，乃是 X 在财产 P 上对他人所具有的要求权、自主权、权力权与免除权的复合体。第一，X 对他人在 P 上具有一个他人不得使用 P 的要求权；第二，X 对他人在 P 上具有一个 X 可以使用 P 的自主权；第三，X 对他人在 P 上具有一个可以把 P 转让、放弃等等对 P 做出处置的权力权；第四，X 对他人在 P 上具有一个 P 不得被他人剥夺的免除权。[1] 我们注意到上述每一个霍菲尔德式的权利都被表述为"对他人"的权利。这是因为一个权利的关联项总是与这个权利的拥有者相关联的其他人所具有的义务、无权利、责任、无能力等，而每一种权利都是通过这种权利的关联项而得到定义或说明的，所以每一种、每一个权利都被表述为"对某个他人"的权利。

这样，一方面，不同的权利概念通过用不同的词项加以指示，而得到了明确的区分；另一方面，每个这样的词项借助关联项的定义，都成为一个确定的法律概念，都确立为一个有着明确意义的法律概念。

> 对同一个词代表四个相互区分的法律概念的事实有了清楚的认识所带来的信念是，如果要有一种可靠的逻辑，我们就必须采用并且一致地使用足以表达这些区分的词汇表。[2]

---

① 以霍菲尔德式的权利概念的区分对财产权做出的细致的分析，参见：Alan B. Carter, *The Philosophical Foundations of Property Rights* (Harvester Wheatsheaf, 1989), pp. 128－129。

② Walter W. Cook, 'Introduction', *Fundamental Legal Conceptions*, p. 6.

这样的一个词汇表,不仅包含上述指示不同权利概念的四个词项,还包括了指示每个权利概念赖以得到定义的关联性概念的四个词项。这样,这个词汇表包括了指示每个权利概念与其关联性概念的八个词项,亦即四组由成对的特定权利概念及其关联性概念构成的八个法律概念。它们是:权利,义务;自主权,无权利;权力权,责任;免除权,无能力。在这里,除了"无权利"这个词系由霍菲尔德本人新造,用以表示与自主权相关联的概念之外,其他词项都是在英美法律体系中经常被使用的。但是霍菲尔德的分析使得它们中的每一个都得到了定义,成为一个有着严格、明确和统一的意义的法律概念。霍菲尔德认为,他所确定的这八个概念足以清楚地分析和表达所有的法律关系及法律性质,从而使由于词语的混乱使用而造成的思想混淆甚至错误都被消除了。这就是为什么霍菲尔德把他的法律概念称作"基本的"法律概念的原因。这也是霍菲尔德所持的一个强烈的信念,即:通过词项与概念的区分,通过概念的分析与定义,通过消除词语的歧义与误用,所有的法律思想与法律问题都可以得到清晰、准确的表述,从而为实际的司法问题的解决提供有效的分析方法与工具。①

E.博登海默认为分析法学受到维特根斯坦的决定性的影响:

> ……维持根斯坦在其所著《逻辑哲学论》一书中,对语言进行了分析,……他宣称,哲学就是对语言的批判,其目的乃是从逻辑上澄清思想。……分析法理学领域中所取得的大量成果,都和维特根斯坦在《逻辑哲学论》一书中所提倡的哲学观念相一致。分析法学家的目标就是通过辨析法律概念并且将其分解成构成它们的基本成分来阐明法律的概念。②

霍菲尔德与维特根斯坦是否有思想上的渊源尚不清楚,但霍菲尔德概念分

① 参见:Walter W. Cook, 'Introduction', *Fundamental Legal Conceptions*, pp. 5-6。

② E.博登海默:《法理学:法律哲学和法律方法》,第128-129页。

析的工作，其方法与意图，一定程度上也可以适用上述的评价。

第二节 "非权利"概念

霍非尔德区分的四个权利概念称作权利概念的子概念（subconceptions）。值得注意的是，每个权利概念都是经由关联项得到定义的，所以每个对一项确定的权利概念的定义都可以看作对相应的那个关联项提供了确定的意义，从而每个关联项也都成为一个确定的法律概念。这使得霍非尔德对权利子概念的区分，不仅仅是区分了四种不同性质的权利概念，也确定和区分了四个作为关联项的概念，它们分别是：义务、无权利、责任、无能力。他对每个权利概念的分析，都联系着这四个不同于权利概念的概念。所谓"关联项"的意思就是，任何一个权利概念总是不变地联系着的那个概念。如果要求权、自主权、权力权、免除权作为权利概念的四个子概念而具有某种一般的、共同的性质，那么义务、无权利、责任与无能力这四个概念，作为上述四个权利子概念的不变的关联项，也应当具有某种属于它们的一般的、共同的性质。

再者，一个权利概念的否定，总是上述四个关联项中的一个，比如"一个给定的自主权是一个义务的否定"[1]，所以，四个关联项的概念，又以不同的顺序，分别是四个权利概念的"对立项"（opposite）。这意味着关联性的四个概念，总是对某个权利概念的否定。如果 X 对 Y 的一项权利（要求权），总关联于 Y 对 X 的一项义务的话；那么 Y 对 X 具有一项义务的这个事实，也总是表明 Y 不具有对 X 的某项权利（自主权）。因此一个"义务"的概念可以理解为某种权利的缺乏，即自主权的缺乏。因此，我们可以把霍非尔德作为权利的关联项所提出的四个概念（义务、无权利、责任、无能力）统称作"非权利"（non-rights）。它们是对应于权利子概念的"非权利"的子概念。

---

① Hohfeld, *Fundamental Legal Conceptions*, p. 39.

我提出“非权利”这个概念，是为了表明，霍菲尔德对权利概念的分析，不仅仅是对权利这一类概念的分析，也可以看作是对“非权利”概念的分析。也许霍菲尔德没有这样的用意，但是我们可以这样来看，即，他对权利概念的分析，提出并确立了“非权利”的概念及其四个子概念。如果以这样的方式给出一个对权利概念的定义：

“X对Y有一个Y这样或不这样行为的权利，当且仅当，Y对X有一个这样或不这样行为的非权利”；

那么，对“非权利”的定义就是：

“X对Y有一个X这样或不这样行为的非权利，当且仅当，Y对X有一个这样或不这样行为的权利。”

“非权利”这样一个概念的提出，至少使得霍菲尔德概念体系中不同于权利概念的另外四个概念得到统一的法律性质的规定，使得我们能够独立地谈论统一的权利概念的关联项，丰富和完善霍菲尔德概念的词汇表。[①]

令人感兴趣的是，权利是经常被讨论的，而与权利相关联或相对立的一组概念，却并不怎么受关注。这或许源于霍菲尔德确定非权利的诸种概念意在作为关联项来定义权利。本文的目的是讨论霍菲尔德的权利概念的理论，但是从八个基本法律概念中区分出非权利概念，对于分析和讨论权利概念却未尝没有裨益，至少是一个有用的分析工具。同时，在本文中，也将像霍菲尔德一样，只涉及权利与非权利之间形式上与结构上的分析，而不涉及何者具有优先性的问题。尽管有人主张非权利是以权利为基础的，[②]但是

---

① 为什么不用“义务”来统称与权利关联的四个概念呢？考虑到无权利与无能力并不表示服从他人的要求或者控制的性质，而义务与责任则表示这种性质，因此以义务为此四者的统一概念也许会混淆它们的意义。

② Joseph Raz 便持此种主张。他给出的权利的定义包括了拥有权利所必须具备的条件，“‘X有一个权利’当且仅当X能够拥有权利，并且，在其他方面均等的情况下，X的幸福（他的利益）的一个方面是置他人于一个义务之下的充分理由。”见：Joseph Raz, *The Morality of Freedom* (Oxford: Oxford University Press, 1986), p. 166。“权利是他人的义务的基础。”（同上书，167页。）这被称作以利益为基础的权利理论。(Rowan, *Conflicts of Rights*, p. 7.)

也存在着相反的看法。[①] 这涉及权利或者非权利的道德基础的问题。但是至少从逻辑上看,无法确立何者更加基本。

如果"非权利"与"权利"同样具有独立的法律性质,那么,这种性质是什么?霍菲尔德概念工作的一个主要任务就是把统一的"权利"概念区分为可以得到精确定义的四个权利子概念。但是,正如哈特所指出的,这也留下了一个未经解释的问题:

> ……即,为什么这四个尽管有着区别的变项都被称为权利。[②]

正如非权利的四个子概念是权利的四个子概念的关联项,作为一个统一概念的非权利也是统一的权利概念的关联项。因此,澄清非权利的法律性质与澄清权利概念的统一性质在逻辑上是等价的,是同一项工作。

> ……这统一的要素看起来是这样的:在所有四种情况中,法律特别地承认了个人的选择,要么是通过不得妨害或阻碍它的否定的方式(自由和免除),要么是以给予它以法律效力的肯定的方式(要求与权力)。在否定的情形中,如果个人选择去做或避免做某个行为(自由),或者选择保持其法律地位不受改变(免除权),则没有法律干涉;在肯定的情形中,法律给予个人要求他人做或避免做某个行为、或者个人改变他人法律地位的选择的做法以法律效力。当然,当我们说到一个人有一个权利的上述四种意义中的任一种的时候,我们并不是指他所做出的任何实际的选择,而是指,相关的法律规则使得:如果他进行选择,就会带来

---

① 比如,Alan Gewirth 说,对自由与幸福的权利的拥有是因为这些权利是每一个行动者(agent)通过行动达到其生活目标的必要条件。见:Gewirth, *Reason and Morality*, (Chicago: University of Chicago Press, 1978), p. 48。这也被称为以义务为基础的权利理论。(Rowan, *Conflicts of Rights*, p. 11.)义务是拥有权利的基础。

② H. L. A. Hart, *Essays in Jurisprudence and Philosophy* (Oxford: Clarendon Press, 1983), p. 35n.

特定的结果;或是指,如果他这样选择,则没有妨害他的选择的规则。如果存在不能被放弃的法律权利的话,则需要特殊的对待。[①]

这是一个有趣的观点。权利的四种意义在本质上都是选择,但是这又并不意味着人们实际上做出选择的行为,或者说,哈特所认为选择的权利指的是拥有权利者在法律地位上的主动性。我把哈特所说的"选择"理解为个人在某些方面拥有的决定性,这种决定性受到法律规则的保证或认可;而个人拥有的这种决定性所发生作用的那些方面,就被称作这个人的"权利"。如果X对Y有着Y不得使用X的财产的要求权,那么在X的财产不被Y使用这个方面,X具有决定性或主动性,这种决定性或主动性就被称作X的"权利"(具体地说,是X对Y的要求权)。如果X在其财产使用方面的决定作用被破坏,那么,我们就会说,X的"权利"受到了侵犯。如果权利的性质是拥有权利者的主动性的话,那么非权利的性质就是非权利的拥有者在法律地位上的被动性。如果我对他人有一个不得使用他人财产的义务,那么我就处于一种被动的地位,我对"我不得使用他人财产"的这个规定本身不能做出任何改变,这就是我在法律上所处的非权利(具体地说,是义务)的法律地位。

权利与非权利的法律地位也被看作优势与劣势。[②] 如果把这种优势(advantage)与劣势(disadvantage)理解为主动性与被动性,或者规定性与被规定性的话,那么霍菲尔德的四个权利的子概念与四个非权利的子概念所体现出来的,就正是这样的法律地位或性质。

第三节 概念列表的推导与概念分析的基本要素

霍菲尔德给出了权利的四个子概念与非权利的四个子概念之间关系的

① Hart, *Essays in Jurisprudence and Philosophy*, p. 35n-36n.

② 参见:Sumner, *The Moral Foundation of Rights*, p. 32;及米尔恩:《人的权利与人的多样性》,第122页。

两组列表:

1."关联项"的列表:

权利　　自主权　　权力权　　免除权

义务　　无权利　　责任　　无能力

2."对立项"的列表:

权利　自主权　权力权　免除权

无权利　义务　无能力　责任[①]

L. W. Sumner认为:

> 霍菲尔德的关联项是就不同主体而言的逻辑等价物。霍菲尔德的对立项,相反地,是就同一主体而言的逻辑矛盾物。[②]

然而问题是,为什么一项权利的关联项是这个权利逻辑上的等价物,而其对立项就是它的逻辑上的矛盾物呢?从霍菲尔德的文本中可以找到的解释是:一项权利与其关联项(即一项非权利)是从不同方面考虑的同一个观念。[③] 注意到权利总是一个关联性的概念,是主体与对象之间的一种关联或联系。这同一种关联或联系,就主体而言是要求权,而就对象而言则是义务;就主体而言是自主权,就对象而言则是无权利;等等。"要求权"与"义务"这一对概念标志的是同一种法律联系;如果不考虑主体与对象的区别,它们标志的就是同一种法律上的观念。这样一种"要求权/义务"的法律关系,就一方来说,体现的是作为权利(要求权)的法律性质;就另一方来说,体

---

① Hohfeld, *Fundamental Legal Conceptions*, pp.36, 65.

② Sumner, *The Moral Foundation of Rights*, p. 25.

③ "……'法律自主权'……的关联项,或者说从'不同的方面'考察的'同一个观念',当然是'无权利'或者'无要求'(no-claim)。"Hohfeld, *Fundamental Legal Conceptions*, p. 99。

现的就是作为非权利(义务)的法律性质。同理,一项权利概念与其对立项之间,标志着相同的主体与对象之间相互对立的两种法律关系或观念。例如“要求权”与“无权利”之间所标志的两种法律关系或观念。

如果把某种“权利/非权利”法律关系所关涉的主体与对象称作某种权利或某种非权利的“依存者”(the party in whom a right or a non-right resides)的话,[①]“关联项”就是依存者不同情况下的逻辑等价物,而“对立项”就是依存者相同情况下的逻辑矛盾物。A对B的一项要求权的逻辑等价物是B对A的一项义务,除了依存者不同之外,A对B的要求权与B对A的义务的内容相同。而A对B的一项要求权的逻辑上的矛盾物是A对B的一项无权利,二者依存者相同,内容也相同。在包含有霍菲尔德式概念的推理过程中,总可以用一个概念的逻辑等价物(或其矛盾物的否定)来代替这个概念,同时保持该推理的有效性。

在这种解释的基础上,可以进一步做出两个推论:

首先,就同一个依存者自身而言,比如A,A对B的一项权利的对立项是一项“无权利”;而B对A的义务逻辑地等价于A对B的权利;所以存在于A身上的“无权利”,与存在于B身上的“义务”,是依存者不同的情况下的对立项或逻辑矛盾物。

同样的,就不同的依存者而言,比如A与B,A对B的权利的关联项是B对A的义务;而B对A的义务与B对A的自主权是逻辑上的矛盾物;因此B对A的自主权与A对B的权利是不同依存者身上的对立项或逻辑矛盾物。

霍菲尔德所列的原表中的“法律的关联项”与“法律的对立项”,分别只是“依存者不同”与“依存者相同”情况下的等价物与矛盾物。若从词义上来理解,“关联项”这个词表示同一种法律关系分别在不同依存者身上的对应项;“对立项”大概表示的是相对立的两种法律关系体现于同一个依存者身

---

① “主体”、“对象”、“依存者”诸概念都是Sunmer在讨论霍菲尔德的分析时所使用的术语。Sumner, *The Moral Foundation of Rights*, pp. 24－26.

上的相对立的两个概念。霍菲尔德在使用这两个词时，大概指的就是这两种意思，而且他并没有明确地表示出这两个术语所指的逻辑上等价或者矛盾关系，也没有明确说明到底是何种情况下的等价或矛盾关系。对于我们的分析来说，即便"关联项"与"对立项"这两个词语本身就包涵着或标示出法律概念之间依存者的不同与相同，"等价物"与"矛盾物"这两个逻辑概念却并不蕴涵何种依存者情况下的等价或矛盾。

既然每一个法律概念都标示出两个依存者之间的某种法律关系；而"等价物"与"矛盾物"的逻辑概念并不特定地分别联系于"依存者不同"与"依存者相同"这两种情况，那么，对法律概念之间的"等价物"与"矛盾物"的分析，在霍菲尔德的列表中就体现得并不完全和充分。以 A 和 B 这两个依存者以及"权利、无权利；自主权、义务"这四个概念为例，霍菲尔德的列表指出了在相同的依存者身上相互对立的两对概念"权利－无权利"、"自主权－义务"，及在不同依存者身上相等价的概念"权利－义务"、"自主权－无权利"，但却并没有指出在不同依存者身上相对立的法律概念，即"权利－自主权"、"无权利－义务"。从同一个依存者的角度看，比如对 A 来说，"权利"与"无权利"是他对 B 具有的两种互相矛盾的法律关系，即，A 对 B 具有的"权利"关系与 A 对 B 具有的"无权利"关系是相互否定的。而从不同依存者的角度看，A 对 B 的"权利"关系与 B 对 A 的"自主权"关系是相互否定的。

因此，在霍菲尔德提出的"关联项"与"对立项"的两组列表的基础上，我们可以从依存者不同和依存者相同的角度表述这二组列表所表示出的等价物和矛盾物的逻辑关系，并且从依存者不同的角度提出一组新的矛盾物的逻辑关系。这样，霍菲尔德八个概念之间的充分的逻辑关系的表述就是下列三组列表：

1. 等价物(在不同依存者身上的)：

权利	自主权	权力权	免除权
义务	无权利	责任	无能力

2. 矛盾物(在同一依存者身上的):

权利	自主权	权力权	免除权
无权利	义务	无能力	责任

3. 矛盾物(在不同依存者身上的):

权利	无权利	权力权	无能力
自主权	义务	免除权	责任

霍非尔德给出的表 1 与表 2 均是"权利"概念与"非权利"概念之间可能具有的逻辑关系,而表 3 可以展示出"权利"概念与"权利"概念之间以及"非权利"概念与"非权利"概念之间的逻辑关系。即,表 3 展示出权利的子概念之间以及非权利的子概念之间的逻辑结构,即在何种条件下(依存者不同的条件下)具有怎样的逻辑关系(逻辑上的矛盾物),而这些在霍非尔德原有的两组列表中并不是自明地显示出来的。[①]

借助于权利子概念之间逻辑关系的列表,我们可以更好地分析道德讨论中所谓"权利的冲突"的问题。在直观上,不同依存者身上的不同权利是会发生冲突的,例如在富人的私有财产权与穷人获得基本生活需求的权利之间,

> ……如果特定的人在守法的情况下并没有供给其最基本需要(那些为最低的体面的生存所需的东西)的手段的话,他们对拥有过多物品的其他人,能够有获得至少是某种帮助的要求权吗?换言之,能够有"生存的权利"吗?[②]

此处的分析无法回答这个问题,但却可以揭示出,如果存在着这种冲突的话,则相冲突的权利一定是不同种类的权利。比如说,A 对 B 的一种在某物

---

① 参见 Sumner 给出的图示。Sumner, *The Moral Foundation of Rights*, pp. 27, 30。但是他并没有解释为什么"霍非尔德式的规范性关系"之间具有这样的逻辑关系。

② Rowan, *Conflicts of Rights*, p. 77.

或某事上的要求权,不会与B对A的在该物或该事上的要求权相冲突;与A对B的要求权相冲突的,是B对A在某物或某事上的自主权。可以肯定的是,相冲突的一定是要求权与自主权,而不可能是要求权与要求权或自主权与自主权。考虑到“非权利”的子概念之间的相互关系,相互冲突的非权利也一定是不同类别的,比如无权利一定与义务相冲突。A对B若有某个无权利,B对A就不会有相同内容的义务。也就是说,借助第三组霍菲尔德式的概念列表,我们可以断定相冲突的两种权利一定具有不同的性质,为不同类别的权利。①

在分析与推导霍菲尔德概念列表的基础上,我们现在可以清楚地列出霍菲尔德概念分析的基本要素。霍菲尔德权利概念以及概念图式的内部结构,是借助这些要素得到表达的:

“主体”:权利的拥有者;

“对象”:非权利的拥有者(承担者);

“依存者”:权利或非权利的拥有者,权利或非权利依存于他们身上;

“法律性质”:权利或非权利这样两类规范性的法律地位(legal position);

“法律地位”:权利或非权利这样两类不同的法律性质;

“法律关系”:某种权利与某种非权利在不同依存者之间构成的特定关系;

“内容”:任何一个权利/非权利的法律关系都有一定的内容,可以称之为某种法律关系的内容,或某种权利的内容,或某种非权利的内容,这都是

---

① 霍菲尔德说:“……要求权与自主权,不可能是彼此冲突的。在被告拥有自主权的范围内,原告并没有权利(要求权);反之,在原告拥有权利的范围内,被告没有自主权。”(Hohfeld, *Fundamental Legal Conceptions*, pp. 43-44.)就法律的规定而言,如果在A与B(原告与被告)之间,A拥有法律上的要求权,则B一定相应地被规定为负有法律的义务;如果B拥有法律的自主权,则这样的法律规则一定在A身上相应地规定了无权利。所以霍菲尔德认为要求权与自主权不可能冲突,是就法律的范围内而言的。如果法律规则不会规定相互冲突的权利,这也说明要求权与自主权是相互冲突的。相互冲突的,是道德权利。

一样的。

“依存者”包括“主体”与“对象”。

“法律性质”与“法律地位”基本上是通用的。权利与非权利是两类相关或者相对的法律性质，而权利的拥有者与非权利的拥有者就分别居于相关或者相对的权利与非权利的法律地位。

同一个“法律关系”的两端分别是权利与非权利的法律性质。因为权利概念总是不变地关联着非权利的概念，所以权利概念与非权利概念总是“关系性的”概念，法律关系总是主体与对象之间的法律联系。一种作为权利的法律地位不可能独立存在，它总要与某种非权利的法律地位构成一定的法律关系。

一个要求权所要求于对象的行为，一个自主权（自由权）对主体来说可以自主（自由）决定的行为，一个权力权所能够改变的法律关系，一个免除权所保护或确立的主体不被改变的法律关系，都可以被称为一定的“内容”。因为相关联的权利与非权利构成一定的法律关系，权利与非权利是这同一个法律关系在不同依存者身上体现出的不同的法律性质。所以某个法律关系的内容，与其所关系到的权利概念的内容及非权利概念的内容是相同的。比如说，X 对 Y 有一个 Y 不得进入 X 的土地的要求权，则 X 对 Y 的要求权的内容是“Y 不得进入 X 的土地”；而 Y 对 X 的关联性的义务的内容是，“Y 不得进入 X 的土地”；X 与 Y 之间的法律关系（“要求/义务”关系）的内容，也是，“Y 不得进入 X 的土地。”需要注意的是，“内容”不一定是类似上述要求权内容的“做或不做某事”的行为。与要求权、自主权这一对权利的内容不同的，是权力权、免除权的内容；前一对权利概念的内容总是某种具体的行为，而后一对权利概念的内容则不是具体的行为，而是某种或某些法律关系。比如说，X 对 Y 有一个可以改变 X 与 Y 之间某种法律关系的权力，这个权力的内容就是 X 与 Y 之间的这个法律关系。在上一个例子中，X 对 Y 有一个“Y 不得进入 X 的土地”的要求权；此外 X 在他的土地上也有权力权，即他可以取消 Y 对 X 的“不得进入 X 的土地”的义务，或者，关联性地取消了 X 对于 Y 的相关的要求权；与此同时，X 也在 Y 身上创造了可以进入

X 土地的自主权以及 X 对 Y 的相关的无权利。因此，这样一个权力权的内容就是 X 与 Y 之间的"要求权/义务"的法律关系以及 X 与 Y 之间的"无权利/自主权"的法律关系；而取消前一种法律关系就是创造后一种法律关系。免除权意味着特定的双方之间的某种法律关系不受他人的改变，他人无权力(即无能力)改变这种法律关系。因而免除权的内容也是法律关系而不是具体的行为。比如，X 对于 Y 的"Y 不得进入 X 的土地"的要求权，免于为他人权力的行使所改变，则 X 所具有的这个免除权，其内容就是 X 与 Y 之间的这种"要求权/义务"的法律关系。

正因为要求权与自主权的内容是具体的行为，而权力权与免除权的内容是某种法律关系，所以权力权与免除权可以(也常常是)以要求权与自主权所标示的法律关系为其内容。基于此，一些哲学家把要求权与自主权称作"一阶"的权利概念，而把权力权与免除权称作"二阶"的权利概念。[①] 这种逻辑层次的不同，是依据前一对权利概念与后一对权利概念的内容上的不同来加以划分的。

第四节 自主权(自由权)

在一阶的权利概念中，要求权的意义十分明确。否定性的行为与肯定性的行为都可以作为其内容，前者如某人对他人不得伤害其安全的要求、未经许可不得进入其土地的要求等；后者如雇主对雇员的应当为其工作的要求、契约的一方对另一方履行契约的要求等。本节的讨论重点是自主权。霍菲尔德对自主权的定义是值得仔细分析的。尽管他把要求权称作"最严格意义上的权利"，[②]但是由于他的"自主权"与"自由"同义，故常被称作"自由权"，所以似乎也可以说，他对自主权的概念分析给出了一种关于自由(自

---

① 参见 Rowan, *Conflicts of Rights*, p. 23；及 Sumner, *The Moral Foundation of Rights*, p. 29。

② Hohfeld, *Fundamental Legal Conceptions*, p. 36.

由权)的定义与分析。

霍菲尔德的自主权是这样的一个概念,他说:

> ……在上一个例子中,X对另一个人Y有一个权利或要求,Y不得进入这块土地,则X自己有进入这块土地的自主权;或者,以等价的方式来表述,X没有一个不得进入的义务。进入的自主权是不得进入的义务的否定。正如这个例子所展示的,在这一点上一定要谨慎;因为,当说到一个给定的自主权是一个义务的否定时,意思当然就是一个义务有着与上述自主权的内容正相反对的内容。因此,如果为着某个特定的理由,X与Y签订进入他自己的土地的契约的话,很明显,对于Y来说,X既有进入的自主权也有进入的义务。这个自主权与此种义务是完全一致的——因为后者有着与前者同样的内容,但是对于Y来说,X之进入的自主权仍然是不得进入的义务的否定。类似地,假使A没有与B签订契约以便为后者做某些特定的工作的话,A之不做这些工作的自主权就正是做这些工作的义务的否定。在这里,相对比的义务再一次地与自主权有着正相反对的内容。①

因此,对于霍菲尔德来说,与一个义务相对立的自主权,是对这个义务的具体内容加以否定的自主权。如果Y对X有一个不得进入X的土地的义务,相对立的自主权就是Y对X有一个可以进入X的土地的自主权。一项自主权就像一项义务一样,有着肯定或否定的具体内容。一个义务,要么是做某事的义务,要么是不做某事的义务;一项自主权,也以类似的方式进行表述,或者是做某事的自主权,或者是不做某事的自主权。一个做某事的自主权就是对一个不做某事的义务的否定,而一个不做某事的自主权就是对一个做某事的义务的否定。所以,在上述引文中,霍菲尔德认为一项自主权的内容可以与一项义务的内容相同,X对于Y的做某事的自主权与X对于Y

---

① Hohfeld, *Fundamental Legal Conceptions*, p. 39.

的做某事的义务可以共存;因为X对于Y的做某事的自主权只是对X对于Y的不做某事的义务的否定,而不是对X对于Y的做某事的义务的否定。

霍菲尔德的这种分析,使得他的自主权概念同要求权与义务概念一样有着“方向性”。[①] 因此 Sumner 说,

> ……这个自由的观念在某些方面不同于我们通常的自由观念。……其与通常用法的主要分别在于,霍菲尔德式的自由并不保证在不同的候选要素中进行的任何选择,因为拥有去做某事的自由一致于缺乏不去做某事的自由。[②]

Sumner 称之为“半个自由(一半的自由)”(a half liberty)。只有把去做某事的“一半的自由”与不去做某事的“一半的自由”结合起来,才有一个“完全的自由”(a full liberty),也就是我们通常所持的去做或者不去做某事的自由的观念。

> ……假设我没有去参加一个会议或者不去参加的义务,我因此就有了两个逻辑上独立的霍菲尔德式的自由。称其中的每一个为“一半的自由”,而二者的结合则是“完全的自由”。那么我就有了一个去参加会议的一半的自由与一个不去参加会议的一半的自由,还有去参加或不去参加的完全的自由。一般地讲,我对于我既不被要求去做也不被要求不去做的事情有着一个完全的自由。与半个自由不同,完全的自由保证了在诸种选择项中的规范性的不受约束的选择。[③]

---

① 方向性这个术语来自 Sumner, *The Moral Foundation of Rights*, p. 25。

② Sumner, *The Moral Foundation of Rights*, p. 26.

③ Sumner, *The Moral Foundation of Rights*, p. 27. 参见 John Finnis 对霍菲尔德概念类似的定义, *Natural Law and Natural Rights* (Oxford: Clarendon Press, 1980), p. 199。

然而我认为这种分析在霍菲尔德的概念框架中是不能成立的，霍菲尔德本人对自主权的定义也并不正确。

暂且提出一个简单的证明。假设 Y 对 X 有一个去做某事的义务，如果取消了这个义务，按照霍菲尔德和 Sumner 的分析，Y 对 X 就有了一个不做某事的自主权。同时，如果 Y 对 X 有去做某事的义务，则 Y 对 X 就没有不去做某事的义务；如果取消 Y 对 X 所负有的去做某事的义务，Y 对 X 仍然没有不去做某事的义务，则 Y 对 X 也有做某事的自主权。总的来说，取消 Y 对 X 的去做某事的义务，所得到的结果，并不单独地是 Y 对 X 的不去做某事的自主权，而是 Y 对 X 的去做或者不去做某事的自主权。也就是说，一项自主权与一项义务不同的地方在于，自主权是没有方向性的，没有肯定性或否定性的具体内容。如果要我们解释自主权如何与一项义务相对立，以及在何种意义上"否定"一项义务的话，准确地说，问题的关键就在于自主权取消了一项特定义务的具体内容和方向性。

Sumner 的只有在既没有做某事的义务也没有不做某事的义务的条件下才有做某事或不做某事的完全的自由的说法，是不对的。因为做某事的义务与不做某事的义务是不能共存的，一个人不能同时被规定内容相互矛盾的两项义务，所以否定或取消其中的任何一项义务，都意味着完全的自由。因为同时取消或否定两种在内容上相互对立的义务是不可能的，所以要获得完全的自由，不需要同时满足既没有做某事的义务也没有不做某事的义务这两个条件，只需要满足其中的一个条件就可以了。这进一步表明，义务的对立面或否定，是一项完全的自由，而不是半个自由。

说 X 对 Y 有一个做某事的义务也有一个做某事的自主权，这是相当违背直观的。如果这样的话，那么什么又叫做自主权（自由）呢？这种说法否定了自主权或自由概念的原本含义。如果一个人可以在他必须做的事情上享有自由，那么什么又叫做不自由？

Sumner 说：

既然霍菲尔德式的自由观十分适合于我们的概念目的，这个反直观的特征就不足以成为改变它的动机。[①]

然而我们之试图改变"霍菲尔德式的自由观"不仅仅由于它是反直观的，而是因为这种自由观在霍菲尔德的概念图式内、以霍菲尔德本人的概念分析的方式进行分析，乃是不能成立的。

在霍菲尔德的概念体系中，自主权与义务是对立项，是逻辑上的矛盾物，因而一项自主权就应该是对一项义务的否定。然而正是在对作为一项义务的否定的自主权的理解上，正是在通过否定一项给定的义务来确定自主权的意义以给出其定义的时候，霍菲尔德本人的分析并不正确。

这里的问题，首先在于人们使用"自由"或"自主权"一词时的表述方式。习惯的说法是，某项自由也像某项义务一样，常常被表述为"去做某事的自由"或者"不去做某事的自由"。但是，对自由这个概念的分析不应局限于惯常的表达方式，以为一项"去做某事的自由"与一项"不去做某事的自由"是逻辑上相互独立的、有着对立的内容的两种自由。

其次，霍菲尔德通过否定一项有着给定内容的义务来定义一项自主权，这是因为一项自主权一定是与某一项义务相矛盾的，可是这个"否定"的过程却并非是没有问题的。在上引的例子中，Y对于X有一个不得进入X的土地的义务，对这个义务加以否定，我们应该说的乃是Y对于X"没有"一个不得进入X的土地的"义务"；也就是说，与Y"有"一项"义务"相矛盾的法律性质或法律地位，应当是Y"没有"这项"义务"。而"没有"一项"义务"，也就是Y所"具有"的一项"自主权"。因此，这里对Y"有一个不进入X的土地的义务"的否定，应当是，Y"有一个不进入X的土地的自主权"。也就是说，正因为自主权是与义务相矛盾的概念，在对一项义务作否定时，只需把"义务"这个概念替换成"自主权"这个概念就可以了。可是霍菲尔德受到了这项义务所具有的给定内容的影响，在用"自主权"去替换"义务"这一概念的时候，也对义务的具体内容进行了否定。因而，对Y"有一个不得进入

① Sumner, *The Moral Foundation of Rights*, p. 26.

X的土地的义务”的否定,就变成了Y“有一个可以进入X的土地的自主权”。在这个过程中,用“自主权”去代替“义务”这个概念,本身就是对Y的作为义务的法律地位或法律性质的否定,而对于Y的义务的具体内容的否定(“不得进入X的土地”的义务的内容,被替换成了“可以进入X的土地”的自主权的内容),就成了又一次的否定。正是由于对义务进行了“二次否定”的过程,与一项自主权相矛盾的仅仅只是具有反方向内容的义务;只具有直观上“一半内容”的自主权(即半个自由)由于一致于与其内容相同的义务,也就在逻辑上独立于与其内容相反的另半个自由。然而,如果不做第二次否定,对“做某事”的义务的否定,就不再是“不做某事”的自主权,而是“做某事”的自主权,那么是否也可以将此视为对半个自由的肯定呢?考虑到“做某事”的自由与“不做某事”的义务是彼此矛盾的,因此“做某事”的自由等价于“不做某事”的自由;它既然对立于一切义务,也就在本质上是不受约束、可以选择的自由。如果允许惯常的对自由的表达方式,那么就有必要明确,无论在表述中强调的是何种方向的内容,都暗含了对反方向行为的可选择性。

此外,在霍菲尔德一阶的法律概念中(要求权、义务、自主权、无权利),要求权与自主权的概念是彼此独立的,[①] 权利与义务的概念并没有相对于自主权与无权利的优先性,因此,对“权利/义务”这一对关联概念意义的确定,并不优越于对“自主权/无权利”意义的确定。在霍菲尔德的概念框架内,为什么自主权与无权利的意义要在权利与义务意义的基础上加以确立,而不是相反,即把后者的意义建立在自主权与无权利意义的基础之上呢?如果采取这种做法,首先,自主权的意义是两种被选择事项中的可选择性,

① 一个人对他人在某物或某事上可以只有要求权而没有自主权,或只有自主权而没有要求权。X对于Y有一个Y不得进入X的土地的要求权;在这种情况下,X可以与Y订立契约,使得X对于Y负有一个X也不得进入这块土地的义务;则X对于Y就只有要求权,而没有X可以进入这块土地的自主权。同样,如果X取消Y不得进入这块土地的要求权而保留X可以进入这块土地的自主权的话,那么X对于Y就是有自主权而没有要求权。

是对“去做或不去做某事”的选择性，那么与自主权相关联的“无权利”就是对象对主体没有要求主体“去做”或“不去做”某事的要求权：在这样一对“自主权/无权利”定义的基础上，作为自主权的对立项的义务，一样被定义为“去做某事的义务”或“不去做某事的义务”，因为与一种可选择性相对立（相矛盾）的，乃是一种必须如此这般地被要求、被规定的性质，就是作为“义务”的法律性质，无论这个义务的内容是肯定的抑或是否定的。同样，与“无权利”相对立的“要求权”亦被定义为具有具体规定性的内容的要求。从直观上的自由出发，定义要求权与义务也不是不符合霍菲尔德概念之间的逻辑关系。霍菲尔德说要求权是最严格意义上的权利概念，因此应当以“要求权”及其关联项“义务”为基础来定义自主权。然而为什么“要求权”是最严格的权利概念，为什么“要求权”就比“自主权”或“自由权”更严格些？霍菲尔德未做解释。事实上，把“要求权”看作比“自主权”更基本的权利，是缺乏根据的。

让我们来看一个直观上的自主权的例子。如果琼斯与史密斯进行一场比赛，琼斯对于史密斯有一个赢得这场比赛的自由，这当然意味着琼斯对于史密斯没有一个不去赢得比赛的义务，可是这并不一致于琼斯有着对于史密斯的一个去赢得比赛的义务；可见，琼斯的这个自由所意味的，并非没有一个不去赢得比赛的义务，而是没有任何义务（无论是赢得比赛的义务还是不去赢得比赛的义务）。在这里，说琼斯对于史密斯有赢得比赛的自由，与说琼斯有不去赢得比赛的自由或者放弃比赛的自由，有相同的意义。也许使用何种表述体现了琼斯个人在行使自由、做出选择时的意向，然而这并不影响自由这个概念的意义。当然，在与史密斯的比赛中，琼斯也可能负有一个去赢得比赛的义务，比如说，琼斯对他的雇主负有赢得比赛的义务，但是这样的一个义务，并不是琼斯与史密斯之间的、琼斯对于史密斯的义务。[①]

接受半个自由的概念，会对霍菲尔德的概念体系造成什么影响呢？假

① 这个例子来自 Gewirth。见：Gewirth，*Reason and Morality*，p. 67。但他的用意是说明主体的自由权与对象的义务没有逻辑上的关联。

定A对B有去做某事的自由,按霍菲尔德的分析,对它的否定,就是一个不去做某事的义务;有一个不去做某事的义务就意味着没有去做某事的义务,而没有去做某事的义务,就必然有不去做某事的自由。因此,首先,否定一个半个自由,就会得出反方向的另半个自由。如果完全的自由是两个半个自由的合取,那么否定完全的自由的结果,就是去做某事的半个自由或不去做某事的半个自由。这意味着,无论否定半个自由还是完全的自由,其结果都总是得到某种自由,这在一定意义上削弱了霍菲尔德关于非权利是权利的对立项的思想。其次,从一个不去做某事的义务,一定得出一个不去做某事的自由,一个义务蕴涵着有相同内容或有相同方向性的自由。[①] 这样,把半个自由看作有关自由的基本概念,就在一定意义上丧失了与权利相对立的"被约束"、"被规定"的观念;一个人对他人在某事上总是享有某种半个自由,无论他在该事上是否负有义务。这些都与霍菲尔德希望用权利/非权利概念来指示一般的主动性与被动性的法律地位,以及主动性与被动性的法律地位在逻辑上相互矛盾的思想有所冲突。此外,霍菲尔德的权利与非权利概念是相互关联的,在A对B负有义务的事例中,B对A就有一个同样内容的要求权;如果义务蕴涵相同内容的自由,那么B对A就有一个该内容的无权利或无要求,即B对A没有该内容的要求权,因为自由与无权利是相互关联的概念。B对A既有一个某种内容的要求权,又有一个同样内容的无要求,这显然是矛盾的。回到霍菲尔德的例子,如果:

> ……X自己有进入这块土地的自主权;或者,以等价的方式来表述,X没有一个不得进入的义务。

那么X对Y的进入这块土地的义务又是怎样产生的呢?

---

① Sumner也说,"……我在我有义务去做的事情上,有一个去做的自由,尽管我并没有一个不去做这事的自由。"见Sumner, *The Moral Foundation of Rights*, p. 26。

> ……如果为着某个特定的理由,X与Y订立进入自己的土地的契约的话,很明显,对于Y来说,X既有进入的自主权也有进入的义务。

在X有进入的自由的情况下,再加上进入的义务,就有了与相同内容的义务共存的半个自由。然而问题是,当X对Y负有一个进入的义务的时候,Y对X就产生了一个X应当进入的要求权,这样,X对Y就不会有进入的自由,因为Y对X的X应当进入要求权是X对Y的进入自由的矛盾物。或者这样来看,当Y对X具有进入的要求权的时候,因为Y对X不具有进入的无要求(no-claim),则作为"Y对X的进入的无要求"的关联项的"X对Y的进入的自由"也就不复存在。可是霍菲尔德似乎并没有认识到,一旦X与Y订立进入自己的土地的契约,也就取消了X原本对Y的进入这块土地的自由。因此,在权利与非权利成为关联性概念、用以指示特定的两个个人之间的法律关系的霍菲尔德式概念框架里,允诺半个自由的概念就一定会带来逻辑上的矛盾。[①]

也许有一些关于自由的观念支持了"半个自由"的主张。设想有三种不同的有关选举的政治制度。在第一种制度S1中,人民没有选举的自由;在第二种制度S2中,人民有选举的自由,也有参加选举的义务;在第三种制度S3中,人民有选举的自由,没有选举的义务。因此看起来,S2中的人民拥有的是"半个自由",因为他们有选举的自由,却没有不去选举的自由;而S3中的人民拥有的是"完全的自由",他们既有去选举的自由,也有不去选举的自由。此外,经常被提到的某些权利似乎与义务不相区别,比如,受教育的权利也被看成是一种义务。而如果一个人有主持会议的权力,同时他又被要求主持会议的话,那么他也有主持会议的义务。我并不是想否定这些说法的合理性,然而必须认识到,一旦我们在霍菲尔德式关联性概念的结构中谈论权利,在特定的主体与对象之间的关系上分析自由的概念,一旦认可霍

---

① 参见Joseph Raz对霍菲尔德概念的评论:"他认为每一个权利都只是两个个人之间的一个关系。"见Raz, *The Concept of A Legal System: An Introduction to the Theory of Legal System* (Oxford: Clarendon Press, 1980), p. 179。

菲尔德式的概念之间的等价与矛盾关系，则自由就一定是合乎直观上无方向性的、肯定了主体在不同候选项中进行选择的概念。

"自由"是个复杂的观念，应当强调霍菲尔德式的概念或分析是有其规定的适用范围的，它总是适用于两个特定的个人之间的权利/非权利的法律关系。正如C. F. H. Tapper所说的：

> ……必须从一开始就强调，所有霍菲尔德式法律关系在他看来都是存在于两个特指的个人之间的。因之他的例子倾向于从这个条件最合理地被满足的私法领域中选出，而不是从公法——无论是宪法还是刑法——领域中选出；在后一领域中，这样的坚持至多只是导致了不实用的和陌生的分析。①

另外还必须强调的是，所有霍菲尔德式概念的关联与对立，都使得概念之间可以做出严格的推导。在一阶乃至高阶的概念中，有一项有着具体内容的概念，就总可以推导出与之关联及矛盾的概念；有一个确定的概念，同一逻辑层次上的另外三个概念也都可以得到确定。因而如果"半个自由"的观念可以在上述例子中得到合适的应用或说明的话，那么它并不是霍菲尔德式的关联性概念，至少不能适用于未经修正的霍菲尔德式的概念分析。

第五节　高阶的概念：权力权与免除权

霍菲尔德说，

> 一个给定的法律关系的改变会来自于(1)某些并不处于一个人(或

---

① C. F. H. Tapper, 'Powers and Secondary Rules of Change', in A. W. B. Simpson (ed.), *Oxford Essays in Jurisprudence* (Second Series) (Oxford: Clarendon Press, 1973), p. 243.

> 多人)的意志控制下的附加的事实或事实组;或(2)某些处于一个或更多人的意志控制下的附加的事实或事实组。就第二种事例来说,其意志控制起首要作用的那个(或那些)人就被说成是具有造成这里所涉及的法律关系的特定改变的(法律)权力。[1]

简单地说,一个人能造成他与其他人之间的法律关系的改变的权利,就是权力权。所谓法律关系的改变是指,

> ……或是创造一个新的关系,或是取消旧的关系,或是同时起到这两种功能。[2]

那么什么是免除权呢?

> ……一项权力对一项免除权的对比关系与一项权利对一项自主权的对比关系一样。一项权利是一个人对另一个人肯定性的要求,而一项自主权则是一个人对他人的权利或要求的独立性。同样地,一项权力是一个人对相对于他人的一个给定的法律关系的肯定性的"控制";而一项免除权就是一个人就某个法律关系来说对他人的法律权力或"控制"的独立性。[3]

简单地说,一项免除权就是一个人与他人之间的法律关系不受他人改变或控制的权利。[4]

---

① Hohfeld, *Fundamental Legal Conceptions*, pp. 50－51.

② Hohfeld, *Fundamental Legal Conceptions*, p. 32.

③ Hohfeld, *Fundamental Legal Conceptions*, p. 60.

④ 沈宗灵在其主编的《法理学》中对霍菲尔德的免除权的表述是:"豁免,指人们有不因其他人行为或不行为而改变特定法律关系的自由。"(沈宗灵:《法理学》,第101页。)虽然霍菲尔德将免除权同自主权作对比,但他并没有把免除权看成是"自由"。这是对霍菲尔德的误解。

我们来看一个例子,这个例子对于理解和分析权力权与免除权的性质很有帮助。霍菲尔德写道:

> ……X,这个"一个具体物体上的"个人财产的拥有者,具有通过作为放弃的生效事实的总体取消自己的法律利益(权利、权力权、免除权,等等)的权力权;并且,同时性地与关联性地,在他人身上创造出了对那个被放弃的物品的自主权与权力权——亦即,通过占有这个物品而获得对它的所有权的权力。[①]

首先,从这个例子中可以看出,作为权力权与免除权内容的法律关系,不只是要求权与自主权所标志的法律关系,还可以是某种权力权与免除权的法律关系。X 在其财产 P 上所具有的权力权,可以通过某个或某组"放弃"事实,取消他在 P 上的要求权、免除权以及 X 作为 P 的拥有者的权力权本身。因此,X 对于 P 所拥有的权力权的内容,包括了 X 在 P 上所具有的作为财产权的全部四种权利,并不只是以一阶的权利/非权利关系为内容。所以应当说,权力权与免除权是"高阶"的权利概念,而不是单纯的"二阶"权利概念。Rowan 认为,

> ……一阶关系……描述的是道德上被(或不被)允许或要求的东西,二阶关系描述的是一阶关系被促成的方式。换言之,二阶关系提供的是规定一阶关系的原则。[②]

如果权力权与免除权仅以要求权、自主权的关系为其内容的话,那么称其为"二阶"的概念就是恰当的。但是基于上述理由(一个人在其财产上的权力权可以取消他对此财产的权力权与免除权;一个人在其财产上的免除权包

---

① Hohfeld, *Fundamental Legal Conceptions*, p. 51.

② Rowan, *Conflicts of Rights*, pp. 23-24.

括他对其财产进行处置的权力权不被他人取消),Rowan 的看法显然不够妥当。

接下来,我们可以确定的是,权力权与免除权之间,如同要求权与自主权之间一样,是彼此独立的。也就是说,一个人对于他人(在特定的物品 P 上)可以只具有权力权而没有免除权,也可以只具有免除权而没有权力权。假如 A 抛弃(放弃)了物品 P,则他在其他人(比如说 B 或 C)身上就创造了对于 P 的自主权与获得 P 的权力权。也就是说,就 B 而言,B 对于 C 有取得 P 的自主权以及获得 P 上的所有权的权力权;而就 C 而言,C 对于 B 也有取得 P 的自主权与获得 P 的权力权。而 B 对于 C 并没有 C 不得取得 P 的要求权以及 B 在 P 上的自主权和权力权不被 C 所改变的免除权;对 C 来说,也是一样,C 对于 B 所具有的在 P 上的自主权与权力权都不是不可改变的。就 B 而言,如果 B 行使其权力权而获得了对 P 的所有权,则 C 对于 B 在 P 上的自主权与权力权就都被取消了;相似地,C 也具有取消 B 在 P 上的诸权利(自主权与权力权)的权力权。这是一个只有权力权而没有免除权的例子。假定 A 与 B 订立契约,即,A 不得放弃其财产 P,那么在这种情况下,A 对于 B 来说并没有放弃 P 的权力权,并没有取消 A 在 P 上的一切权利而同时在他人身上创造出有关 P 的自主权与权力权的权力权;但是,A 在 P 上的免除权仍然存在,即,A 对于他人来说所具有的对 P 的财产权是不由他人权力权的行使而受到改变的。这就是一个有免除权而没有权力权的例子。因为 A 之不具有处置其财产 P 的权力权,并不意味着 A 在 P 上的所有其他权利都可以为他人所改变或取消。

因为霍菲尔德在他对权力权与免除权的解释中把二者的内容都明确为一个人与他人之间的某种法律关系,权力权就是主体可以改变这种关系的能力(或权利),而免除权就是主体与他人之间的法律关系不被他人改变的权利(即他人对这种法律关系的"无能力")。这种解释常常引起人们对"免除权"概念的批评。比如,

Carl Wellman 认为霍菲尔德的范畴并没有一致地汇集起各种权

> 利。因为把所有霍菲尔德式免除权视为权利看起来是不合理的。根据霍菲尔德的定义，当一个人被法律禁止继承财产时，他就有一个免除权，然而在法律上被禁止继承财产看起来很难被刻画为权利。[①]

但是这种批评对于霍菲尔德来说不能成立，因为就他的原意来说，并不是认为某种法律关系被禁止做出对这个人有益的改变乃是一种免除权。在上面关于“放弃”物品的例子中，当X放弃了物品P时，就在他人(B、C、D或E等等)身上创造出了对于P的自主权与权力权；则B、C、D、E等人与X之间的法律关系都因为X行使放弃的权力而发生了改变。可是在这种情况中，并不能说B、C、D、E等人的免除权受到了侵犯，霍菲尔德只是认为，他们相对于X来说处于“责任”(liability)的法律地位得到了改变。这是因为，B、C、D、E等人被X行使权力权所改变的法律关系，是他们对于X所处的“非权利”地位的法律关系，而不是他们对于X所处的“权利”地位的法律关系。比如，X放弃P所造成的B与X之间的法律关系的改变，乃是B对于X在P上的“无权利”的法律地位的取消，和同时产生的B在P上的自主权、权力权的法律地位的形成。因此，就霍菲尔德的本意来说，一个人与他人之间的“非权利－权利”的法律关系的改变，不在免除权保护的范围之内，免除权所保证的免于为他人改变的，乃是一个人对于他人的“权利－非权利”的法律关系，是一个人对于他人的作为权利的法律地位不为他人所改变。[②]这一点在霍菲尔德给出的有关免除权的例子中也可以看出：

---

① David Lyons, *Rights, Welfare and Mill's Moral Theory* (Oxford: Oxford University Press, 1994), p. 11.

② 哈特也作过类似的评论，他说：“很明显，即便在最松散的使用中，‘权利’这个表述也并不用来指一个人免于一种有利的改变的事实；市议会不能在法律上给予我养老金(即，无权力)的事实，以及我的邻居无权力免除我交纳所得税的义务，并不构成我的任何法律权利。一个人免于他人所造成的法律上的改变被说成并被认为是权利，只有在这个改变与上述的改变恰恰相反，即，只有在这个改变会剥夺他的其他种类的法律权利(自由权、权力权、关联于义务的权利)或者他的为法律所保护的利益的时候。”(Hart, *Essays on Bentham*, p. 191.)

……X,一个土地的所有者,正如我们已经看到的,拥有把土地让渡给Y或者其他任何一方的权力。另一方面,X也有着对于Y及其他任何一方的多种免除权。因为就Y不能把X的法律利益转给自己或第三方而言,Y处于一个无能力的状况中(即,没有权力)。①

在这里,X的免除权指的是X的法律利益或权利不得为Y所改变;当然,X自己拥有让渡(或取消)他的法律权利的权力。霍菲尔德还说到,

在一个多世纪的时间中,这个国家里有着大量重要的包括针对税收权力的免除权的司法诉讼。②

在这里,免除权指的就是不被征税的一种权利。

我想,这种对霍菲尔德的批评在很大程度上源自于霍菲尔德本人对免除权给出的并不完全精确的解释。霍菲尔德在定义免除权时只是说,免除权是一个人与他人之间的法律关系不为他人所改变的权利。但是,任何一个法律关系,总是主体与对象具有的权利与非权利这两种法律性质构成的关系,总是在一方的权利或非权利的法律地位与另一方的非权利或权利的法律地位之间的关系。因此,当霍菲尔德说到A对于B的"法律关系"的改变的时候,这一定意味着A所具有的法律性质或法律地位的改变。但是,这并不能明确到底是何种法律地位的改变:是A对于B的作为权利的法律地位、A对于B的作为非权利的法律地位,还是A对于B的作为权利或非权利的法律地位的改变?这一点在霍菲尔德关于"法律关系"的改变(尤其是作为免除权的内容的法律关系的改变)的表述中是不清楚的。

正因为霍菲尔德的法律关系总是由两种法律地位所构成的关系,所以有人在表述霍菲尔德的权利概念时,也用法律地位的改变来描述权力权与

① Hohfeld, *Fundamental Legal Conceptions*, p. 60.

② Hohfeld, *Fundamental Legal Conceptions*, p. 61.

免除权的内容。Finnis 这样说：

> A 拥有一个做 Φ 的权力(相对于 B)，当且仅当 B 具有一个其法律地位会由 A 做 Φ 的行为而改变的责任；
>
> B 拥有一个免除权(相对于 A 的做 Φ 的行为)，当且仅当 A 没有通过做 Φ 的行为来改变 B 的法律地位的权力(即有一个无能力)。[①]

根据上面的分析，B 对于 A 的免除权，应当是 B 对于 A 的作为权利的法律地位不为 A 的特定行为所改变(即，A 没有通过特定行为改变 B 的权利地位的权力权)。而 A 对于 B 的权力权，其内容应当是 A 对于 B 的作为权利的法律地位或非权利的法律地位。在有关"放弃"财产的例子中，A 放弃他的财产 P，所改变的就是 A 对于 B 原本具有的要求权、权力权、免除权等等作为权利的法律地位，A 取消了他对于 B 的上述诸种权利地位。对于这个例子，霍菲尔德特别指出，

> ……放弃给 X 自己留下了与其他人一样的同种类别的自主权与权力权。[②]

他的意思是，在被放弃的物品被某个人实际占有之前，放弃物品的那个人(比如 A)一样有行使自主权重新占有物品 P 从而获得对 P 的诸种权利的权力权。这个权力权，如果得到行使的话，改变的就是 A 对于 B 的一系列非权利的法律地位；也就是说，在行使一个获得 P 的权力时，A 取消了他对于 B 的非权利的地位，而创造出他对于 B 的权利的地位。因此，说权力权的内容是某种法律关系，是十分恰当的，因为权力权的内容可以是主体的权利地位的改变，也可以是主体的非权利地位的改变；与此相关联，还可以说是对

① Finnis, *Natural Law and Natural Rights*, p. 199.

② Hohfeld, *Fundamental Legal Conceptions*, p. 51n.

象的非权利或权利地位的改变。但是,为了避免因用“法律关系”表述高阶权利概念的内容而对免除权造成的误解,最好统一地用“法律地位”并且是明确了“权利”与“非权利”的法律地位来表述权力权与免除权这两个概念。因此可以把 Finnis 的定义修正为:

A 有一个做 Φ 的权力(相对于B),当且仅当B具有一个其法律地位(权利或非权利的法律地位)会由 A 做 Φ 的行为而改变的责任;

B有一个免除权(相对于 A 的做 Φ 的行为),当且仅当 A 没有通过做 Φ 的行为来改变B的作为权利的法律地位(法律权利地位)的权力(即有一个无能力)。

我相信这种表述可以准确地定义霍菲尔德的高阶权利概念,消除不必要的批评与误解。

结　语

霍菲尔德认为,每一个权利概念都是关联性的,都标志着具体的两个个人之间的某种法律关系。这一点,很难说是适用于道德权利的,动物权、胎儿的生存权就很难说可以适用于霍菲尔德式的概念分析。即便不强调霍菲尔德式概念是具体的两个个人之间的法律关系这一点,霍菲尔德式概念都有其关联项,是关系性的,这在道德权利的领域中也很容易找到反例。比如说一种不得自杀的义务,如果说一个人负有不得自杀的义务的话,按照霍菲尔德式概念关联,一定有人具有与这种义务相关联的要求权。但是有谁会持有一种要求某个人不得自杀(即要求某个人必须生存)的要求权?很难想象一种不得自杀的义务是有其关联项的。

霍菲尔德把一般性的“权利”概念区分为四个子概念,这在很大程度上来自于他对法律领域中“权利”这个词的使用情况的观察。即便有许多重要的道德权利概念都可以用霍菲尔德式的权利子概念进行分析,比如作为一项基本人权的生存权,可以被分析为一个人的生存不受他人侵害的要求权,但是没有理由认为霍菲尔德式权利分类可以先天地适用于道德权利领域。

如果有人主张“被爱的权利”,这是一项什么性质的权利呢?看起来不是一种对他人的要求权,也不是自己做或不做某事的自由权,当然也不是以某种“权利/非权利”关系为内容的权力权或免除权。很难用霍菲尔德式权利概念去分析一些道德权利的主张。尤其是,考虑到道德权利的主张是激增的,人们会基于各种复杂的原因(自身的利益、生活的习俗、宗教的背景,等等)提出各种道德权利的主张,因此最好把霍菲尔德式权利概念,仅仅看作一种有用的分析工具。Lyons 就这一点所作的评论是十分有价值的:

> ……开始认识到霍菲尔德图式的道德哲学家们,会为其良好的含义以及理论上迷人的对称性所深深地打动,以至于他们可能会不加批评地假定这个图式是正确的,然后设想一个可以毫无问题地运用于道德权利的类似图式。[①]

在法律领域中,也有着类似的批评。Raz 说:

> 在某些方面,霍菲尔德的分析在很大程度上推进了我们对于权利的理解;但在另一些方面,他的分析则是完全错误的,而且他的影响阻碍了对于权利的恰当的理解。[②]

霍菲尔德认为,他所区分的四种权利概念穷尽了权利一词的所有不同含义,他的八个“基本”法律概念可以使所有法律关系得到清楚、准确的表达。这似乎也仅仅只是为他个人所持有的某种信念:

> ……霍菲尔德对基本概念的含义所作的界定,有一些被纳入了《美国财产法重述》中。然而,霍菲尔德对他的概念解释工作能够产生一套

---

① Lyons, *Rights*, *Welfare and Mill's Moral Theory*, p. 12.

② Raz, *The Concept of A Legal System*, p. 179.

适用于极为不同的法律各个部门法的统一术语的期望，却未能得到实现。美国法院没有采纳他提出的分类法，而是继续在不统一和不一致的意义上使用权利、义务、自主权及免除权等概念。霍菲尔德统一概念的计划，因此也必须被描述为一种迄今为止仍属试图进行术语改革但尚未实现的规划之列。①

（作者系中国社会科学院哲学所助理研究员）

① 博登海默：《法理学：法律哲学与法律方法》，邓正来译，第488页。译名按本文译法有所改动。

罗尔斯哲学中的“规则”概念

● 童世骏

约翰·罗尔斯最早引起学术界重视的论文是“两个规则概念”(1955),在其中,他不同意把规则当作过去行动的“概括”,而主张把规则看作对某种社会实践方式或社会建制的定义。罗尔斯后来的学术工作主要就是研究作为一个规则体系的社会建制:一方面研究社会基本结构的构成性规则,另一方面研究社会成员对由这些规则所定义的社会建制的态度。从罗尔斯早期那篇论文的“规则”概念和文章最后提出的两个问题出发,我们可以对罗尔斯后来发展的正义论做出很有意思的解读。

翰·罗尔斯(John Rawls)在《正义论》中说“正义是社会建制的首要德性”[①],而社会建制则是“一个公开的规则体系,它规定职务和地位,连同它们的权利、义务、权力和豁免,等等。”[②] 不难看出,在罗尔斯的“正义论”与他的“规则论”之间存在着内在联系。罗尔斯的规则论即使不是他的正义论之建构的主要基础,也可以说是他的正义论之得到更好理解的角度之一。本文拟对罗尔斯哲学中的“规则”概念作大致梳理,其目的不仅是为了更好地理解罗尔斯的规则论思想本身,而且是为了以此出发更好地理解罗尔斯正义论的一些重要特点。

---

① John Rawls, *A Theory of Justice* (revised edition, Cambridge, Mass.: The Belknap Press of Harvard University Press, 2000), p. 1.

② 同上书,第46页。

一

"规则"概念在罗尔斯的博士论文中就已经提到,但从该博士论文公开发表的那部分(题为"一个伦理学抉择程序纲要"(1951))来看,罗尔斯并没有对这个概念作详细讨论,而只是说:"我们可以把规则——它与原则相反——理解为这样一些准则(maxims),它们表达的是把原则运用于一些被公认的和经常出现的场合。规则的遵守、日常生活中对规则的诉诸,对这些进行辩护,就是要表明规则是这样一种准则。"①

罗尔斯最早引起学术界重视的是一篇题为"两个规则概念"(1955)的文章。在这篇文章中,罗尔斯分析了两种规则观,也就是两个他所谓的"规则概念"。其中一个规则概念似乎就是他在上述论文中自己的观点——规则是原则(在那篇文章中主要是功利原则)对特殊情形之运用的结果:

> ……它以如下方式来看待规则:我们假定每个人都通过运用功利原则来决定他在特定情形下将做什么;我们还假定不同人们将以同样方式来决定同样的特殊情形,并且与那些先前决定过的情形相类似的情形会重复出现。这样,就会出现这种情况:在同样种类的情形中,同样的决定或者是由同一个人在不同时刻做出的,或者是由不同的人在相同时刻做出的。如果一种情形出现的频率足够高,我们就提出制订一个规则来覆盖那种情形。②

罗尔斯把这种规则观称为"概括的规则观"(the summary view of rules),因为这种观点把规则看作由直接运用功利原则于特殊事例而达到的过去种种决定的概括。罗尔斯认为,对规则作这样的理解,就是"把它们诠释为一些 maxims(准则),诠释为一些'rules of thumb'

---

① John Rawls, "Outline of a Decision Procedure for Ethics", in *Collected Papers*, ed. Samuel Freeman (Cambridge, Mass.: Harvard University Press, 1999), p. 17.

② John Rawls: "Two Concepts of Rules",同注①书,第34页。

(单凭经验的方法)"。[①]

但是,罗尔斯这篇文章的主题恰恰是对这种规则观的批判。罗尔斯的理由主要有两个。

第一,这种规则观无法解释社会中人们对彼此行动的确定预期和在此基础之上的相互合作是如何可能的。把规则理解为基于过去经验的实践准则,意味着每个人原则上始终有资格对一条规则的正确性进行重新考虑,并对在某一特定事例中遵行该规则是否恰当提出质问。规则的必要性似乎仅仅在于:如若不然的话,对功利原则的运用可能效率不高;在一个合理的功利主义者的社会中,规则是不必要的,因为在那样一个社会中,每个人都有足够的能力直接把功利原则运用于具体事例。但问题是,如果每个人原则上都可以就事论事地确定基于功利原则需要做什么,就会常常会导致混乱,而设法通过预测别人会怎么行动来协调行为的努力,也很可能会因此而失败。

第二,这种"概括的规则概念"也不符合人们通常对像"惩罚"和"许诺"这样的社会实践方式的理解。根据这种把规则当作过去经验之概括的观点,一个人在特定情形下要不要遵守诺言,归根结底取决于他把功利原则运用于这个情形所得出的结论,也就是说他是否认为在这种情形下遵守诺言将实现总体上的最大的善。但是,罗尔斯认为,这种观点显然是与人们对遵守诺言的义务的理解相矛盾的。因为,一个不被遵守的诺言,根本就不是一个诺言——"遵守诺言"这条规则,是内在于"许诺"这种实践方式的;许下一个诺言,意味着不管怎样它都是要被遵守的,除非在许诺时就已经直接或隐含地承认了一些例外。

与这种"概括的规则观"相反,罗尔斯提出他所谓"实践方式的规则概念"(the practice conception of rules)。罗尔斯写道:

> ……根据这种观点,规则被理解为对一种实践方式(a practice)的定义。……一种实践方式的特征就在于:教人如何从事这种实践方式,意味着教人掌握定义它的那些规则,并且诉诸这些规则来纠正从事

① 同上页注①书,第35页。

该实践方式的人们的行为。从事一种实践方式的人们承认那些规则是对这种实践方式做出定义的。那些规则不能被简单地当作对从事该实践方式的人们事实上如何行为的描述;并不能简单地说他们之行动的方式就好像他们在遵守那些规则一样。因此,对于实践方式的概念具有根本意义的是,规则是被公开地知道和理解、是具有定义性质的;同样具有根本意义的是,一种实践方式的规则是可以被教会的,是可以作为行动的依据而形成一种融贯的实践方式的。根据这种观念,规则并不是对将功利原则直接地、独立地运用于重复发生的具体情形的单个人之选择的概括。相反,规则定义了一种实践方式,并且其自身就是功利原则的主题。[1]

根据罗尔斯的这种"实践方式的规则观",在哲学家们经常谈论的几种规则中,只有所谓"构成性规则"(constitutive rules)才是真正意义上的规则,而所谓"范导性规则"(regulative rules)[2],以及技术规则(technical rules)、"实用准则"(pragmatic maxims)和道德原则(moral principles)[3] 都不

---

① 同第 288 页注①书,第 36 页。

② 关于"构成性规则"和"范导性规则"的区别,见 John R. Searle, *Speech Acts: An Essay in the Philosophy of Language* (Cambridge at the University 1969), pp. 33-42。

③ 关于技术规则、实用准则和道德原则之间的区别,见 I. Kant: *Kritik der praktischen Vernunft/Grundlegung zur Metaphysik der Sitten* herausgegeben von Wilhelm Weischedel (Suhrkamp, 1996),第 46-51 页。康德把命令式分为三种:技术的(technisch)、实用的(pragmatisch)和道德的(moralisch)。技术规则实际上是关于目的和手段之间的关系的:为了实现给定的目的,需要使用什么样的手段。这种目的和手段的关系的基础是一种结果和原因之间的关系;这种关系是非常确定的,所以康德说表述技术规则的命题是"分析的"。在技术规则那里,所要实现的目的有各种各样,而在实用规则那里,所要实现的目的就是幸福。从这个意义上讲,实用规则像技术规则一样,也是一种关于目的和手段关系的规则。但区别在于,幸福常常是因人而异的:甲认为是幸福的东西乙未必认为是幸福的,因而幸福和达到幸福的手段之间的关系是不确定的,这与技术规则不一样。但技术规则和实用规则都是有条件的规则——如果你要实现什么样的目的,你就应当怎样行动,在这点上它们都区别于道德规则。道德规则是无条件的规则;它所规定的是作为理性主体的人无条件地应当做的事情。这也就是康德所谓的"绝对命令"。

是严格意义上的规则。这个规则概念与“概括的规则概念”有几个根本区别:

第一,与概括的规则观所认为的相反,实践方式的规则在逻辑上是先于特殊事例的。也就是说,如果没有相应的实践方式的规则的话,一种特定的行动根本就不会被描述成为那种行动。以棒球比赛为例:许多类似于棒球比赛中的动作也可以在别的地方进行,但只有在棒球比赛中这些动作才被描述为棒球动作。

第二,对于每个人有何权威在特定的事例中判断遵守规则的恰当性问题,“实践方式的规则概念”提供了一种新的看法。如果某人想进行某一实践方式所规定的活动,他要做的只能是遵守这种实践方式的规则,而不能问这个实践方式的规则是否适用于他的情况。他只能对这个实践方式本身提出疑问,而不能对这个实践方式之下的特定的行动提出疑问。还是以棒球为例:如果有击球手问:“我可以击四球吗?”人们会认为他是在问规则是什么。如果人们已经告诉他规则是什么了,他还是说在这种情况下他觉得总的来说最好是击四球而不是击三球,人们很可能会善意地认为他是在开玩笑。你也可以说,如果允许击四球而不是三球的话,棒球运动会更好一些。但你不能把规则当作过去事例中什么是总体上最好的事情的向导,进而追问它们对于特殊事例作为特殊事例的适用性问题。

第三,根据这种新的规则观,实践方式的规则并不是帮助人们按照某个更好的伦理原则认为是正确的方式来判定特殊事例的向导。无论是准统计性的一般性概念,还是一个特定例外的概念,都不适用于实践方式的规则。一个特殊事例并不是一个实践方式的规则的一个例外。相反,例外是对于规则的限定或者进一步说明。

在罗尔斯那里,强调两个规则概念之间的上述区别是为了表明,伦理学中对于我们行动的辩护,有两种基本形式。这两种形式可以看作对两种不同问题的回答。比方说,如果一个孩子问父亲:“为什么要把某某人关进监狱?”父亲的回答可能是:“因为他在某处抢了银行。……”但如果孩子进一步问父亲:“为什么要造监狱把有些人关进去?”父亲的回答则可能是“因为要保护好人,不让坏人欺负。”这里的问题是不一样的:前一个问题使用了专有名词、提到了具体个人,后一个问题则不包括专有名词、不提及具体个人,而仅仅涉及一种实践的类型或形式,或者说仅仅涉及一种建制。前一个问题是一个个别行动的辩护问题,这个问题是通过诉诸这个行动所属的那种实践方式的规则来回答的。而后一个问题是一种实践方式的辩护问题,要回答这一问题,不能诉诸定义这种实践方式的规则,而必须诉诸某个原则——在“两个规则概念”中,这个原则就是功利原则。换句话说,功利原则不能直接用来对个别行动进行辩护,而只能对个别行动所从属的那类实践或实践方式进行辩护。

二

罗尔斯的上述观点很像伦理学中区别于“行为功利主义”的“规则功利主义”。但是,要判定罗尔斯在“两个规则概念”中的观点是不是规则功利主义,取决于对规则功利主义是如何理解的。还是以许诺为例。根据行为功利主义,我在一个特定情形下是否要遵守诺言,取决于我遵守诺言所带来的功利的总量是否大于我不遵守诺言所带来的功利的总量。对于这种观点,有人可以这样进行反驳:即使在一个特定情形下不遵守诺言会带来比遵守诺言带来的更大的功利,我也还是应该遵守诺言,因为我知道如果大家都不遵守诺言,许诺这种社会建制就不复存在,而由此带来的功利损失要远远大于我这一次不遵守诺言所带来的功利增加。如果我们把后面这种观点称作规则功利主义的话,那么罗尔斯在“两个规则概念”中的观点就不是规则功利主义的。在那篇文章中,罗尔斯根据对罗斯(W.D.Ross)的观点的阐述和诠释提出以下几个观点,从中可以看出他的观点与功利主义的关系究竟是什么。

第一,罗斯认为,不管遵守诺言这种实践方式的价值有多大,根据功利主义的理由,必定可以设想有某个价值是更大的,而人们可以想象这个价值是可以通过破坏诺言而达到的。罗尔斯认为罗斯的这个观点的价值在于,它指出了人们是不可以通过一般地诉诸效果来为破坏诺言进行辩护的:“因为许诺者并不拥有一个普遍的功利主义的辩护理由:它并不是许诺这个实践方式所允许的诸种辩护理由之一。”①

第二,罗尔斯赞同罗斯的这样一个观点:上述意义上的规则功利主义观点过高地估计了不信守诺言对许诺这种建制所造成的破坏。一个人不信守诺言当然会损害他自己的名誉,但一次不信守诺言对许诺这种实践方式所造成的损害是否大到足以说明信守诺言这种义务的严格性,这一点并不是一目了然的。

第三,罗尔斯认为更重要的是对一个与罗斯提到过的例子相类似的例子的分析:一个儿子向临死的父亲单独做出有关遗产处理的许诺。在这种情形下,不信守这个诺言会对许诺这种实践方式产生什么样的损害,是与这个儿子考虑是不是要信守他对父亲许下的诺言不相干的。

从这几点可以看出,罗尔斯非但不赞同直接用功利原则作为辩护一个具体行动的依据,而且也不赞同间接地用一种实践方式之维护所具有的功利价值来为实施这种实践方式之下的一个具体行动进行辩护。罗尔斯确实强调要把用功利原则对实践方式的辩护与用功利原则对个别行动的辩护区别开来;他也确实主张,在像惩罚和许诺这样的事例中,只有前一种辩护是合理的。但是,并不能因此就简单地说罗尔斯在这里的观点是功利主义的观点。从他对罗斯的上述观点的赞同来看,罗尔斯在“两个规则概念”中的立场可以说是介于功利主义和义务论之间的。或者说,他在那时——而不仅仅在后来的《正义论》中——就设法把功利主义和义务论结合起来了。

功利主义的作用,在于引起罗尔斯对作为实践方式和规则体系的社会建制的重视,把伦理学研究的重点从人的行动转变到人们行动于其中的社会建制。当罗尔斯说功利原则只能被用来对规则所定义的实践方式进行辩护而不能为实践方式之下的具体行动提供辩护的时候,他的兴趣不仅在于功利主义,而且在于他认为古典功利主义者实际上

① John Rawls, “Two Concepts of Rules”, *Collected Papers*, p. 30.

最感兴趣的问题——实践方式、社会建制或规则体系的问题。在该文的一个注释中,罗尔斯写道:"重要的是不要忘记,那些我称之为古典功利主义者的人们基本上都对社会建制感兴趣。他们位列当时主要的经济学家和政治理论家之中,他们常常是对实践事务感兴趣的改革家。从历史上来说,功利主义常常与一种融贯的社会观相伴随,而不仅仅是一种伦理学理论,更不是一种从事现代意义上的哲学分析的努力。功利原则相当自然地被认为、被用作一种判断社会建制(实践方式)的标准,当作推进改革的基础。"①

但是,罗尔斯同时强调,一旦用功利主义对一种实践方式进行辩护之后,功利主义的辩护作用对于这个实践方式之下的具体行动来说就不复存在了。中国哲学家金岳霖在论证"效用论"或实用主义在知识论中的作用时,采用过类似的思路:效用论的作用是作为对知识论"出发方式"之选择的依据,而一旦根据效用论选择了知识论的出发方式——金岳霖认为这种出发方式只能是实在论的——之后,就必须放弃效用论,决不能像实用主义那样继续把效用当作评价特定命题之真假的标准。同样,罗尔斯的思路是:一旦我们用功利原则对某个实践方式进行了辩护之后,对这个实践方式之下的具体行动的辩护问题的回答,就只能诉诸对这个实践方式进行定义的规则——也就是这种实践方式的"构成性规则"(constitutive rules)——了。罗尔斯写道:

> ……实际上,实践方式的要点就是使人们放弃依据功利主义考虑或各种明智考虑而行动的资格,以便把未来拴定下来,以便协调好各种计划。具有一个这样的实践方式——它使得许诺者不可能一般地诉诸用来对该实践方式本身进行辩护的功利原则——是具有明显的功利上的好处的。在以下说法中并没有什么是自相矛盾的或令人吃惊的:当人们在论证象棋运动、棒球运动的现状令人满意的时候,或者在论证这种竞赛应当在各个方面加以修

---

① 同上页注①书,第33页。

> 改的时候,人们提出功利主义的(或美学的)理由可能是恰当的,但是,一种运动的选手在为自己做这个动作而不是那个动作提出理由的时候,如果也诉诸这些考虑,就不恰当了。[①]

换句话说,对于一个从事许诺这种实践方式的人来说,他之所以有必要信守诺言,并不是因为信守诺言会带来任何功利效果,而仅仅是因为他正在从事许诺实践。信守诺言是许诺这种实践方式的题中应有之义。这里的义务论色彩是很明显的。

这种观点很自然地会引起这样的指责,说它意味着这样一种保守主义的看法:对每个人来说,他所处的社会的社会实践方式提供了他的行动的唯一的辩护标准。对于这种指责,罗尔斯断然否定,说自己的上述观点并不是一种道德观点或社会观点,而仅仅是一种逻辑观点。当一种行动由一种实践方式提供规定时,除了诉诸这种实践方式之外,一个特定的人的特定的行动是不可能有别的辩护的。但从中并不能推论出我们应该还是不应该接受我们所处社会的那些实践方式。"人们尽可以随心所欲地采取激进立场,但是,在那些由实践方式来规定行动的地方,人们的激进主义的对象必须是社会实践方式,以及人们对这些实践方式的接受。"[②]

在几年以后发表的"作为公平的正义"一文和将近二十年以后发表的《正义论》一书中,罗尔斯的立场相对来说确实要激进得多,而这种相当激进的立场的对象,恰恰就是"社会实践方式",以及"人们对这些实践方式的接受"。

三

先来看看罗尔斯在《正义论》中对"社会实践方式"所作的思考。

《正义论》的整个工作,可以看作是罗尔斯在新的意义上把义务论和效果论结合起来。功利主义作为一种社会理论,关注的是作为规则体系的建制问题,而义务论作为一种伦理理论,关注的是个人权利和义务的问题。两者都区别于德性

---

① 同第 233 页注①书,第 31 页。
② 同上,第 43 页。

论:功利主义之区别于德性论之处之一在于,它重视社会建制问题而不仅仅是个人伦理问题;义务论之区别于德性论之处之一在于,它重视规则而不是德性。在罗尔斯看来,必须将义务论从个人层面上升到社会层面,使它从一种有关个人行动的道德理论成为一个有关社会建制的正义理论;而功利主义则必须用义务论加以补充,从而使作为社会建制以及人们对社会建制的接受的主要辩护理由的不仅仅是功利原则,而是把功利原则作为内在环节的公平原则。从这两个方面,我们都可以看出罗尔斯的规则论与其后期的正义论之间存在着密切联系。

在《正义论》第二章第一节中,罗尔斯对规则的问题作了相当系统的阐述。他的观点可以归结为以下几点。

第一,社会建制是一个公共规则体系,这些规则"确定职务和地位,连同它们的权利和责任、权力和豁免,等等。这些规则规定某些形式的行动是可允许的,其他形式的行动是被禁止的;在违反规则的情况发生时,它们还规定一些惩罚和辩护等等。作为建制——或更广一些地说,社会实践方式——的例子,我们可以想到游戏和仪式,审判和议会,市场和财产制度。"①

第二,说某时某地存在着一个建制,是说由这个建制所规定的那些行动被作为一个常规而执行,并且在这种执行的同时,人人都知道定义该建制的那个规则体系是要被遵守的。

第三,说这个规则体系是公共的,是说如果这些规则和人们对这些规则所规定的活动的参与都是一种同意的结果,那么每个参与其中的人都知道他在这种情况下应该知道的东西。正是这一点构成了进行合作的人们之间的相互期待的确定性。

第四,有必要区别一个建制的两种规则,一种是所谓"构成性规则",它们对一种建制加以定义,确定这种建制的权利和义务;另一种则是策略或准则,它们涉及的是个人和团体根据其利益、信念和有关彼此行动计划的猜测而将选择什么

① John Rawls, *A Theory of Justice*, p.47.

样的可允许的行动。

第五，还要对一个单个的规则(或一组规则)、一个建制(或其中的一个主要部分)以及整个社会系统的基本结构做出区分，因为单个规则、由规则构成的建制、由建制构成的整个社会制度，它们之正义还是不正义并不是对应的。

对规则概念作上述说明，是为了阐释社会建制的概念；而在所有社会建制中，罗尔斯主要关心的是社会的基本结构，也就是社会的主要的政治、经济和社会制度。在说明这种意义上的社会建制的“构成性规则”的时候，罗尔斯在形式方面列出了像“一般性”([generality]可以这样理解：其涉及的对象是一个类中的全部个体)、“普遍性”([universality]也就是说，它们是所涉及的人们都可以理解、都应当遵守的)和公开性(它们应该向所涉及的人广而告之)之类的特征，在内容方面把这种构成性规则看作是对某个原则的运用的结果。这些与他早期的观点没有什么不同。但在以下两点上罗尔斯后来的观点与其早期的观点完全不同：作为规则之基础的不再是功利原则，而是公平原则；公平原则的作用不仅仅是作为一个范围更广的普遍命题被运用于这种范围之中的一个特例，或者仅仅作为一个普遍原则而为特定范围内的规则提供辩护理由，而是作为社会基本结构的构成性规则——正义原则——的选择程序的形式特征，用这种程序的公平性来确保正义原则的正当性。

在这里，我们可以看出罗尔斯思想中功利论成分和义务论成分在两个层次上的结合。

第一个层面就是选择正义原则的程序。在罗尔斯那里，选择正义原则的原初状态之所以是公平的，主要是因为其中各方在道德上都是平等的。[①] 就此而言，就罗尔斯把道德平等当作最基本的价值这一点来说，可将罗尔斯的观点列入义务论的范畴。但是，罗尔斯还认为，原初状态中的各方通常倾向于选择更多而不是更少的基本社会善，他们

① 罗尔斯明确指出：“作为公平的正义”这个命题“所传达的意思是，正义原则是在一个公平的原初情境中得到同意的”，同上页注①书，第11页。在前一页，他说这种情境是“一个平等的原初情境”(an initial position of equality)。

要考虑的是应如何决定哪个正义观是对他们最有利的。[①] 从这点来看，功利主义原则又可以说是包括在平等原则之中了。

第二个层面是选择出来的那两个正义原则。在这两个正义原则中，第一条原则要求确保每个人具有与别人同样的自由相容的平等的自由，第二条原则要求社会经济方面的不平等以机会平等、最差境遇的人的状况在这一格局中比在其他可选择格局中为好作为前提。罗尔斯强调第一原则优先于第二原则，其原因是对第一条原则所保护的基本平等自由的损害，是无法用更大的社会和经济利益来辩护或补偿的。就此而言，罗尔斯的观点属于义务论的范畴。但是罗尔斯毕竟没有只讲正义，不讲效率；用他在1964年发表的一篇文章中的话来说，最普遍的原则所要求的是"建立最有效率的正义建制"。[②]罗尔斯明确指出，功利原则是包含在这个原则之中的。[③]

罗尔斯的两条正义原则，作为社会建制的构成性规则，可以看作是"建立最有效率的正义建制"这条原则之运用的结果。[④] 这条原则与正义原则的关系，不同于作为原初状态之特征的公平原则或平等原则与正义原则的关系。前者的关系可以说是语义上的——原则可以说是规则的预设而蕴含在规则之中；而后者的关系则可以说是语用上的——要让原初状态中的各方选择那两条正义原则，则还需对人性的特征、正义的环境等等做出诸多假定。

尽管后期罗尔斯对作为规则之基础的原则的看法与早期不同，但在这一点上，两者却仍然是完全一致的：对实践方式或社会建制的辩护，与对属于这种实践方式或社会建制之下的具体行动的辩护，是两个不同范畴的问题。前面说过，在

① 同第236页注①书，第123页。

② John Rawls, "Legal Obligation and the Duty of Fair Play", in *Collected Papers*, p. 127.

③ 同上。

④ 这样的解释当然是会引起争议的，因为根据一般的理解，罗尔斯的两条正义原则不是从更一般的原则中引出来的，而是在原初状态下被选择的。但我认为，我们可以在这两条原则被选择出来之后，"回过头去"把它们"看作"一条更普遍的原则——建立最有效率的正义建制——的推导。对罗尔斯的正义论作这样的理解，至少有简洁明了的好处。

他的“建立最有效率的正义建制”的原则中,正义是主要的,效率是次要的,这只是后期罗尔斯思想中的义务论成分的一个表现。这种义务论成分还表现在另外一点上:对他来说,一旦从这个原则出发引出那两条正义原则之后,社会行动者就不再能够用这个原则——尤其是包含在其中的功利原则——作为自己对由这两条正义原则所定义的社会基本结构提出异议的依据了。除了正义之外,合作、效率和稳定这些价值在选择社会基本结构的过程中都起作用,[①]但一旦选择了两条正义原则之后,作为政治活动之依据的就只能是这两条正义原则,而不能撇开正义原则而直接诉诸这些价值。用托马斯·博格(Thomas Pogge)的话说,“作为罗尔斯正义标准之基础的那些价值,已经被充分容纳了,已经被‘穷尽’了,因而(从逻辑上)无法在更大程度上得到满足,因此不能够为违反这种建制——它也是用那些价值来辩护的——的任何行为加以辩护。”[②]

四

这里所说的建制是指社会的基本结构,而不是这个基本结构——也就是宪法框架——中所制定的特定的法律。在罗尔斯的理论中,对于正义原则,人们具有遵守它们的自然义务(natural duty),而对于根据正义原则所建立的宪法框架之内制定的法律,人们则具有服从它们的职责(obligation)[③]。这里所涉及的,就是前面提到的有关“人们对这些实践方式的接受”的问题。罗尔斯对这个问题的回答,与他的规则论的联系更加密切。

罗尔斯认为,原初状态中的人们不仅要选择有关社会建制的原则,而且要在有关社会建制的原则选定之后进一步选择有关个人如何

---

① John Rawls: *A Theory of Justice*, p. 5.

② Thomas Pogge, *Realizing Rawls* (Ithaca and London: Cornell University Press, 1989), p. 41.

③ 出于用法一致的考虑,本文使用的“职责”一词都对应于罗尔斯所用的“obligation”一词,本文使用的“义务”一词都对应于罗尔斯使用的“duty”一词。

处理与社会建制的关系的原则。前者的结果是两条正义原则,后者的结果则是他所谓“公平原则”(the principle of fairness)[①]或“公平游戏原则”(the principle of fair play)[②]。公平原则是所谓“职责”的来源。“职责”不同于“自然义务”,两者的区别在于:前者与社会建制或社会实践方式有关,后者则与特定的社会建制或实践方式没有必然联系;前者只有在我们自愿地加入一个建制的时候才有约束力,后者则不管我们是否愿意与否都有约束力;前者只能归之于具有特定角色的个人,而后者之适用于人们之间,则是不论他们之间的建制性联系的。根据公平原则,如果一个建制是正义的或公平的,也就是说是满足两个正义原则的,那么,只要一个人自愿地接受了一个建制的格局所带来的利益或利用了它所提供的机会去追求他的利益,这个人就有义务承担这个建制的规则所规定的那份工作。[③]罗尔斯利用这一原则,对适用于普通公民的政治职责和信守诺言的职责作了说明。

前面提到,罗尔斯在“两个规则概念”中提出要把对于许诺这种实践方式的辩护与对于许诺这种实践方式之下的具体行动的辩护区分开来。在《正义论》中,罗尔斯又提出一个新的区分:要把作为一种实践方式之许诺的规则的约束力与作为公平原则对许诺这种实践方式的运用之结果的诚信原则(the principle of fidelity)区分开来。这一区分在罗尔斯的规则论乃至正义论中都具有重要意义。关于许诺,罗尔斯写道:

> ……许诺是一种由一个公共的规则体系所规定的行为。这些规则——就像所有建制一样——是一套构成性的约定。就像游戏规则那样,它们规定某些活动、定义某些行为。在许诺这个例子中,最基本的规则是支配“我许诺做X”这句话所使用的规则。它的意思大致如下:如果某人在适当场合说

① John Rawls, *A Theory of Justice*, p. 93.

② John Rawls, “Legal Obligation and the Duty of Fair Play”, in *Collected Papers*, p. 119.

③ John Rawls, *A Theory of Justice*, p. 331.

了“我许诺要做 X”，他就应该去做 X，除非存在着一些使他开脱的条件。我们可以将这条规则理解为许诺的规则；我们可以把它当作对整个实践方式的表述。它本身并不是一条道德原则，而是一项构成性约定。在这方面，它与法律规则和法令以及游戏规则具有同等地位；就像这些规则一样，它之存在于一个社会之中，是在它多多少少被作为行动的依据的时候。①

要确定公平规则能否运用于许诺实践而引出诚信这种职责，一要看这种实践方式是否正义，二要看许诺的人是否自愿地做出许诺。关于前一个问题，罗尔斯说，尽管通常理解的许诺实践所规定的适当场合和开脱条件是符合原初状态下人们所做的选择的，但他还是不愿意把许诺实践说成是理所当然的正义的事情，因为这样会混淆许诺规则和从公平原则中推导出来的诚信职责之间的界限：“存在着多个许诺的变种，就像存在着多个契约法的变种一样。一个人、一群人所理解的某个特定的实践方式是否正义，仍然有待借助于正义原则来确定。”②关于后一个问题，罗尔斯说，做一个许诺，就是诉诸一个社会实践方式并接受它使之成为可能的那些利益，那就是建立和稳定小规模的合作格局。正由于这些利益，人们才自愿地进入许诺这种实践方式。一个人并没有做出许诺的职责；但一旦做出了许诺，而许诺这种实践方式又是正义的，或者说一个人进行许诺活动的条件是符合正义的许诺实践的标准的，那么，根据导出职责的公平原则，这个人就因此而承担了诚信职责，而这是与许诺的规则有所不同的：

> ……将许诺的规则与诚信的原则（作为产生于公平原则的一个特例）混为一谈的趋势尤其明显。初看起来它们好像是一回事；但是，前者是由现存的构成性约定所定义的，而后者则是由原初状态中可能被选择的一些原则所解释的。用这

① 同上页注③书，第 303 页。
② 同上，第 304 页。

种方式我们因此可以区别两种规范。"义务"和"职责"这些术语在这两种语境当中都被使用;但是由这种用法所造成的含糊性,应该是很容易被消除的。①

这两种规范或规则,再加上前面提到的自然义务,构成了个人行动所要遵守的三类社会规则(作为规则,它们都区别于准则和建议等等)。根据罗尔斯的观点,我们可以对这三种规则或规范做以下概括:自然义务具有道德意义,但不与社会建制发生必然联系;建制性要求与社会建制具有必然联系,但不具有道德意义;职责可以说是介于自然义务和建制性要求之间:它一方面与社会建制具有内在联系,另一方面又具有道德意义。罗尔斯特别强调不能把建制性要求与职责相混淆:

……建制性要求,以及那些从一般来说全部社会实践方式引出来的建制性要求,可以从既成的规则及其诠释当中加以确定。比如,作为公民,我们的法律义务和职责——就其能确定的而言——是由法律的内容所确定的。适用于作为游戏选手的人们的那些规范,取决于该游戏的规则。这些要求是否与道德义务和职责相联系,是另外一个问题。即使法官和其他人用来对法律进行诠释和运用的标准与正当原则和正义原则相像或相同,也仍然是这样。比方说,在一个秩序良好的社会里,法庭用来诠释宪法中那些调节思想自由和良心自由、以确保对法律的平等保护的部分的,很可能正是那两个正义原则。尽管在这里——如果法律满足其自身的标准的话——我们显然在道德上必须——在其他条件相同的情况下——服从法律,但是,法律要求什么的问题,仍然与正义要求什么的问题相互有别。②

罗尔斯在《正义论》中对有关公民不服从和良心拒绝的讨论,是对

① 同第240页注③书,第307页。
② 同上。

这里所说的区别——法律的要求和正义的要求之间的区别——的详细阐发。但这里的情况比许诺的情况要复杂。罗尔斯没有讨论一个特定许诺是否正义的问题。可以设想这种情况:甲对乙说,你如果付给我两百元钱,我就去把你的那个仇人揍一顿。但在甲拿到乙的钱之后,他又觉得打人不好,反悔了,不按照诺言去打人了。在这种情况下,无论是根据许诺实践的构成性规则,还是根据诚信原则,甲都是不对的。他的行动要得到辩护,只能诉诸“不能打人”这项自然义务。就法律而言,罗尔斯不仅考虑它是不是根据体现正义原则的宪法程序制定出来的,而且认为,即使它是根据体现正义原则的宪法程序制定出来的,也有一个是否正义的问题。在罗尔斯看来,关键在于,即使在一个近似正义的“秩序良好社会”中,宪法也仍然是一个虽然正义却不完善的程序。“说它是不完善的,是因为不存在任何可行的政治过程能确保根据它而制定出来的法律一定是正义的。”[①] 公民的利益和看法各不相同,从程序的角度来说,只有多数裁决原则才是正义的,但多数决定的结果从内容上来说却并不总是正义的。“我们必须拥护一部正义的宪法,所以我们必须赞同它的一条基本原则,即多数裁决原则。因此,在一个接近正义的状态下,根据所具有的拥护正义宪法的义务,我们通常也就具有遵守不正义法律的职责。”[②]

但这种职责是有限度的。第一,就法律本身之不正义的程度而言,不正义的负担在长时段内应当是在社会不同群体中间多多少少平均地分布的,不正义政策的困苦不应该在任何特定的情况中具有太多的分量。对于那些常年遭受不正义的永久性少数群体来说,上述限度则更容易突破一些,因而对于他们来说,服从法律的职责就更容易成问题一些。在这种情况下,公民就有权利不服从、不遵守不正义的法律,而进行所谓“公民不服从”(civil disobedience),它是“一种公开的、非暴力的、出于良心但政治性质的反对法律的行动,其目的通常是为了

---

① 同第240页注③书,第311页。
② 同上。

造成法律和政府政策中的变化。"[1]第二,就公民的态度而言,即使在公民有职责在行动上服从不正义的法律的时候,他们也没有职责在思想上认为这些法律是正义的。[2]

罗尔斯从他对建制性规则与建制性职责之间关系的讨论中引出的结论,可以概括为以下几点:第一,建制性职责与建制性规则之间的联系,要求我们在一个建制是正义的、我们因为从这个建制获利而自愿地加入这个建制的前提下,服从它的构成性规则。第二,但建制性职责毕竟是与建制性规则相区别的,为建制性职责提供根据的公平原则同时也要求当我们在某个建制明显不符合正义原则的情况下,不服从这种建制,不遵守它的构成性规则。第三,由于这种建制——特定的法律——并不是社会的基本结构,而罗尔斯的正义论的前提是一个其基本结构是正义的或接近正义的"秩序良好的社会",所以,公平原则又要求在反对根据立宪程序制定出来的某个特定法律的同时,履行遵守这种立宪程序的建制职责和服从正义原则的自然义务。为此罗尔斯又强调公民不服从必须是非暴力的、公开的,进行公民不服从活动的人必须承担由此带来的法律后果等等。

由以上的讨论可以看出,罗尔斯早期专门讨论的"规则"概念,不仅对于一般意义上的规则论研究具有重要启发,而且有助于我们理解罗尔斯后来所提出的理论中的义务论成分与功利论成分之间有何关系这样的基本问题,也有助于我们理解罗尔斯在许诺、诚信、公民不服从、良心拒绝等具体问题上的观点。在"规则"概念在很大程度上成为中国社会生活关键词之一的情况下,罗尔斯借助这一概念所阐述的一些观点,与当代中国语境中的许多问题无疑是有相当大的相关性的。

(作者系华东师范大学哲学系教授)

① 同第240页注③书,第320页。
② 同上。

知识真理与生命真理

——论舍斯托夫的真理观

徐凤林

传统理性主义哲学把普遍必然知识当作唯一真理，以追求此真理为智慧，在服从此真理中寻找幸福。但舍斯托夫却看到了理性真理背后所隐藏的对人心灵的强迫。本文论述了舍斯托夫对这种真理观的批判和对生命真理观的阐发：圣经哲学的“受造真理”使人能够支配真理，而不是真理决定人的命运；真理与价值相关，只有好的东西才能成为人类所追求的终极真理；真理性的基本问题不是主观与客观的符合，而是为什么现有的东西不符合我们所向往的东西。

一、真理怎么了？

在人们心目中，“真理”向来是一个神圣的字眼。我们从小就知晓伟大哲学家的格言：“吾爱吾师，吾更爱真理。”哲学家坚持真理反对谬误的无私精神令人肃然起敬。追求真理，为真理而奋斗，为真理而献身，成为人类崇高美德的体现。历代哲学家们大多在探究获得真理的方法，而把真理本身当作确定无疑的价值来接受，认为没什么比真理更高的东西。

然而，俄国哲学家却在审问真理本身是什么，探寻真理的权力从何而来。如果说理性主义的真理就是普遍必然的知识，那么，俄国哲学家就看到了这样的真理不是最高价值，还有比这种真理更高的价值——人的生命。索洛维约夫说,真理不在于认识的逻辑形式,也不在于认识的经验内容;只有那种与善和美同在的东西才能成为真理[①]。舍斯托夫则进一步明确提出了真理与人的关系问题,他在哲学家的“永恒真理”背后发现了它对人的强迫性。

发现本身就是一种超越。只有超越理性主义的知识真理和希腊哲学传统,站在局外或于高处观之,才能识得这种知识真理本身的另一副“面孔。”基督教《圣经》成为引领俄国哲学家走出理性主义哲学的向导,正是《圣经》对理性的批判,“食知善恶树上的果必死”的可怕预言,穿透了哲学家所渴求并为之陶醉的“普遍与必然性”,引发了舍斯托夫对哲学家所历来追求的“永恒真理”的怀疑和审问。

其实,这也并不是什么新发现。希腊精神与希伯来精神在西方思想的源头就提供了两种不同的生存理想[②],从而形成了两种不同的真理观念。“在西方思想史中,最终的至高真理有两个:一个是形而上学的理性的至高真理,一个是创造人并赐福于人的神圣天父的真理”[③]。基督教早期教父和中世纪经院哲学家就早已知晓雅典和耶路撒冷的对立,并为之而困扰[④],只是他们中的大多数最终都以雅典的真理淹没了耶路撒冷的真理。然而,哲学家在颂扬永恒真理的同时,也隐约感受到了真理的强迫性,只是他们竭力以理性的理所当然来掩盖内心深处无奈的安之若命。舍斯托夫的意义在于,借助《圣经》思想把理性真理的强迫性和双重真理的对立公开地甚至夸张地表达出来。

人和真理的关系,在日常思维和理性主义哲学中是根本不成其为问题

---

① Соловьев Вл.: *Сочинения в 2-х томах*, Том II (Москва:Издательство, 1988), с. 191 - 192.

② 参见:[美]威廉·巴雷特:《非理性的人》(北京:商务印书馆,1999 年版),第 69 - 91 页。

③ 刘小枫:《走向十字架上的真》(上海:上海三联书店,1994 年版),第 29 页。

④ 拉丁教父德尔图良(145 - 220)第一个表述了“雅典与耶路撒冷的对立。”他在《反异端》7 - 8 节中写道:“雅典与耶路撒冷有什么共同之处,学园与教会有什么共同之处,异端分子与基督徒有什么共同之处?”

的。"日常经验或意识的直接现实是人们关于真理问题的最高审判级别:无论经验带给我们什么,无论'现实'告诉我们什么,我们都接受,都把它叫做真理。在理性主宰的世界上,同'现实'作对是明显的发疯。人能够哭,能够诅咒经验向他展现的真理:但他深知,要克服这些真理是谁也做不到的;应当接受它们。哲学则更进一步:现实不仅应当接受,而且应当赞颂"①。的确,真理之所以叫做真理,就是因为它是客观规律,是不以人的意志为转移的,它对人的强迫、人对它的服从,都是天经地义的。因为真理意味着自然必然性,而人只不过是现象的无始无终的无限链条上的一个环节,必须服从必然性。人无论伟大还是渺小,都有生有死,有出现和消失,而真理却能永存。当任何人都还没有开始"思考"和"寻求"的时候,真理就已经存在了,虽然只有在后来才向人们展现。在人们从世界上完全消失或者失去思考能力之后,真理也并不因此而受损。

亚里士多德在自己的哲学探索中就是从这种观念出发的。当然,亚里士多德也感受到了屈从必然性的痛苦。他在《形而上学》中说,屈从于必然性是痛苦的,我们称强迫力量是必然的,正如欧维诺所说:"凡必然之物,皆令人烦忧。"而强迫就是必然性的一种形式,所以索福克勒斯说:"但是不可克服的力量迫使我去这样做。"② 我们看到,亚里士多德在不可战胜的必然性面前感到了痛苦。但他马上补充说,他深知,Και δοκειη αναγκη αμεταπειστον τι ειναι ορθωζ(необходимость неумолима),即"必然性不听劝说"③。既然必然性不听从劝说又不可战胜,那么就只能服从,并放弃徒劳无益的斗争。亚里士多德只发出了这一句不由自主的叹息,而没有追问"必然性"的这种强迫一切的权力从何而来,这种"必然性"的本质是什么,它为

---

① Шестов Лев: *Сочинения в 2-х томах*, Том 1(Москва:Издательство, 1993), с. 495.

② 参见亚里士多德:《形而上学》1015a 26－30,吴寿彭译(北京:商务印书馆,1959年版),第 89 页。

③ 这是舍斯托夫对这句希腊文的简略翻译。确切的译法应是:"必然性似乎不可能被劝服。"参见亚里士多德《形而上学》俄文版,1015a 33。

什么能够强迫人。莱布尼茨则更进一步,他说,“永恒真理”不仅强迫人们接受,而且“令人信服。”[①]这表达了古今大部分哲学家的共同信念,他们大都或隐或显地认为永恒真理不仅强迫人,而且令人信服。

舍斯托夫站在圣经哲学的“人类中心论”立场上,在这个信念背后看到了“一个基本的哲学问题,可惜这个问题尚未引起无论是莱布尼茨还是在他之前与之后的哲学家们的注意,——这个问题就是:我们与真理的关系的本质是什么,是真理强迫我们还是真理使我们信服?换言之:如果强迫我们的真理不令我们信服,那么它是否将因此而失去自己的真理性?”[②]

显然,这种提问方式本身就已经包含着对问题的回答。舍斯托夫认为人和真理的关系的本质应当是人支配真理,而不是真理审判人、决定人的命运;“永恒真理”不是“令人信服”,而是迫人接受。斯多葛派哲学家爱比克泰德曾生动形象地讲述了矛盾律的不可违背。他说,假如我做了一个不承认矛盾律的人的仆人,他吩咐我给他酒,我却给了他醋或者更坏的东西。他会愤怒,吼叫,说我给他的不是他所要的。那么我就对他说:因为你不承认矛盾律,所以,无论酒、醋,还是随便什么脏水——都一样。你不承认必然性,那么,任谁也没有力量强迫你把醋当作坏东西,而把酒当作好东西。你就像喝酒一样喝醋好了,你也能得到满足。或者这样:主人吩咐我给他刮脸。我却用剃刀割下他的耳朵或鼻子。他又会开始吼叫——我则对他重复我的上述理论。我就如此这般地做所有的事,直到迫使主人承认如下真理:必然性是无法战胜的,矛盾律是有无限权力的[③]。舍斯托夫说,这段话泄露了亚里士多德关于真理的哲学基础之秘密——矛盾律和必然性以及“真理”本身,都是靠肉体威胁来维持的:否则就喝醋、割耳朵、挖眼睛等等,它不知晓其他

① 莱布尼茨:《神正论》,第二部分,第121节:“这些律不强迫这位法官(神),但它们更有力,因为它们令他信服。”参见 Лейбниц Г.: *Сочинения в 4-х томах*, Том 4 (Москва: Издательство, 1989), с. 208.

② Шестов Лев: *Сочинения в 2-х томах*, Том 1 (Москва: Издательство, 1993), с. 327.

③ *Вестник древней истории* (Москва: Издательство, 1975), №.3, с. 254.

赢得人们的承认的办法。

无疑,所谓强迫人的真理,是指坏的真理。好的真理无需强迫人就会自愿接受。但是有人会说,这混淆了真与善,真理是无善恶之分的,真理就是真理,它是中性的。然而,在笃信圣经的人看来,这些既不依赖于我们也不依赖于上帝的意志的真理,将使我们注定陷入最可憎的奴役状态。它们不依赖于上帝意志,自己却没有任何意志和愿望。它们与任何事情都无关,对于它们来说一切都一样,苏格拉底被毒死和一条狗被毒死没有任何区别。它们不考虑也不预测自己将给世界和人类带来什么,只是自动地行使自己不知从何处得来的无限权力。从这些真理中可能产生某种好事,也可能产生坏事,甚至是很坏的、不可容忍的事,但不管是好是坏都无法改变,难道人们所热爱和追求的就是这样的真理吗?在舍斯托夫看来,也许斯宾诺莎所说的"被赋予了意识的石头"会追求这样的真理,赞赏现有的存在,即 ordo et connexio rerum(事物的秩序和关系),然而活人却永远不会这样。如果许多人仍然真诚地力图巩固事物的这种永恒秩序,那么,应当由此得出的结论完全不是通常所得出的结论,即肉体视力能看到终极真理,而是与此全然不同的结论:大部分人只是像"人",而实际上他们不是真正意义上的人,而是"被赋予了意识的石头。"我们通常称为"思维定律"的东西,只是那些被赋予意识的石头们的思维定律[①]。显然,舍斯托夫这里所说的人不是经验世界中的人,而是神人理念。

当然,我们说,趋利避害是人类的天性,人总是想要好的东西。难道世界是以人的意志为转移的吗?人能够决定真理、现实和必然性吗?当然不是。但这并不等于说人的内心深处没有追求美好而完善的理想的愿望。舍斯托夫反问道:但是那些具有"神的形象和样式"以及具有自由本性和追求梦想的人,难道就能够心甘情愿地服从恶的现实、必然性和厄运吗?如果不是,哲学家凭什么把服从必然性视为人的"最大满足"?有限的人在强大的

① Шестов Лев: *Сочинения в 2-х томах*, Том 1 (Москва: Издательство, 1993), с.327.

现实面前是软弱无力的，然而，如帕斯卡尔所说的，虽然"人只不过是一根苇草，是自然界最脆弱的东西，但他是一根能思想的苇草"，"思想形成人的伟大"[①]。人是属肉身和属灵的双重存在。如果说属肉身的存在服从自然律，必须接受现实，那么，这完全不意味着人本身应当从属于现实和自然律，因为人的灵是一种超现实的实在，它的家园不在这个世界。只是在现代世界中，后一种存在常常受到前一种存在的挤压而日渐衰微，正如被称为基督教产生以前的基督徒的柏拉图早在两千多年以前所洞见的："人的灵魂在由于某种东西而感到极度快乐或极度痛苦的时候，就被迫认为使他产生这种感受的东西是最明显的和完全真实的，虽然事实并非如此……每一种快乐和痛苦都仿佛有自己的钉子，把灵魂钉到肉体上，把灵魂固定住，使它与肉体相似，所以灵魂就开始认为，肉体以为是真的东西就是真的。"[②] 舍斯托夫所反对的正是这种灵性的衰落，为拯救灵性，他诉诸自己所理解的犹太－基督教思想。

二、"圣经哲学"的受造真理

舍斯托夫看到，亚里士多德、爱比克泰德、斯宾诺莎以及大多数哲学家所追求的"永恒真理"是强迫的真理，这种真理奴役人，把人变成"被赋予意识的石头。"难道这就是人的终极命运吗？人就完全孤苦无望了吗？如果把知识、理性视为真理的唯一源泉，那么就确实如此。然而问题在于，人在内心深处并不甘于此，所以才有哲学家寻求另外的真理源泉，探索另一种真理。

柏拉图为此做出了非凡的努力。他不满足于那个使他的伟大弟子亚里士多德的求知欲得到满足的真理源泉，不把这个受必然性统治的世界看作

① 帕斯卡尔：《思想录》，何兆武译（北京：商务印书馆，1985 年版），第 157－158 页。

② 柏拉图《斐多篇》83e。转引自 *Там же*, c. 371－372。

唯一真实的世界,不把"肉体视力"在这个世界上所看到的真理当作终极真理。他比喻说,我们仿佛置身于一个昏暗可怕的洞穴,是被捆住手脚的囚犯,我们大家所看到的不是现实,而只是现实的影子,在洞穴界限之外的某个地方才有真正的生活。他要奋力逃离这个世界,不仅摆脱肉体视力,而且脱离整个肉体性,因为永恒真理就是通过它们来强迫我们的,只要我们以肉体方式生存,我们就在必然性的权柄之下。柏拉图试图到任何哲学家都没有到过的死亡那里去寻找真理的源泉,但是有谁能做到这一点呢?柏拉图回答:这是哲学的事业。但这里所说的哲学已经不是科学,甚至不是知识,他在《斐多篇》中说,哲学是"死亡的练习",是为"死和死亡过程做准备。"这样的哲学能够赋予人的不是自然视力,而是超自然的视力,即"精神视力。""精神视力"在柏拉图那里正是企图摆脱"必然性"之统治的一个勇敢尝试,这已不是原本意义上的视力了,也就是说,不再是对现成的或设定的真理的消极观照和接受了。但柏拉图没能成功地把他在可能的知识之外所找到的东西带给人们,他自己也知道,"宇宙之父和创造者是很难发现的,即便我们发现了它,也不可能把它告诉所有的人。"①

来自另一种文明的《圣经》则把这种东西更加明确地表达出来。什么是舍斯托夫所说的"圣经哲学"呢?他说:"上帝按照自己的形象和样式创造了人并在创造之后赐福于人,这是圣经的灵魂,或许可以说,这是圣经哲学的本质";"圣经哲学、圣经思想,或确切地说是圣经思维,在根本上不同于以人类历史上几乎所有大哲学家为代表的思辨思维。"②

《创世记》的认识形而上学拒绝把"现有的事实"看作是不可否定的现实,这种形而上学以自己的方式提出了关于什么是"事实",什么是"现有",什么是"现实"的问题。按照舍斯托夫所说的,这就是《圣经》给人类启示的希腊人所不知道的受造真理概念:真理不是必然和永恒的,而是上帝创造

① 柏拉图:《蒂迈欧篇》28c。参见汪子嵩等编:《希腊哲学史》第二卷(北京:人民出版社,1993 年版),第 1023 页。

② Шестов Лев: *Сочинения в 2-х томах* (Москва: Издательство, 1993), Том 2, с. 258; Том 1, с. 326.

的。上帝不听从冷漠无情的必然真理,受造真理本身就是上帝所造的,上帝也可以消灭这些真理,上帝倾听具有自己的形象和样式的活人的祈求,不限制人的自由,以自己的全能使人如愿以偿。这就重新提出了人与真理的关系问题:不是真理审判人,决定人的命运,而是人支配真理。不是人适应和服从事物,而是事物适应和服从于人——正如《圣经》所说的,人怎样称呼它,它就叫什么名字(《创》2:19)一样;"人子宣布自己是安息日之主","安息日是为了人设立的,人不是为了安息日设立的"(《可》2:28)。在上帝所造的世界上没有可能性与不可能性之间的界限,因为对上帝来说一切都是可能的。

得到"受造真理"的启示的《圣经》先知和使徒与理性主义哲学家完全不同。塞内卡和西塞罗说:Fata volentem ducunt, noleutem trahunt(服从命运的人,命运领着他走;不服从命运的人,命运拖着他走)。理性首先告诉人,什么东西是可能的,什么东西是不可能的,"不归我们管辖的";然后劝诫他,只能寻求可能的东西,图谋不可能之物是愚拙。由此得出结论:最高幸福是只有通过履行理性的全部命令和弃绝个人意志才能达到的内心安宁。哲学家即便在感到异己和敌对的力量强行拖着他走的时候,也认为自己应当做出一副自愿前行的样子。舍斯托夫说,这就是希腊智慧的最终奥秘。人"知道"命运是不可克服的,抗争是无意义的。剩下的就只有一件事:服从命运,适应命运,如此重塑自我,改造自己的意志,以便把必然之物当作应有的、如愿的和好的东西来接受。这就是智慧,否则就是愚拙。

先知和使徒则与哲学家相反,他们从来不知晓安宁。他们不能容忍满足,似乎在安宁和满足中看到了毁灭和死亡的开端。对于哲学家来说,先有真理,后有上帝。在希腊人看来,世界是由永恒不变的规律所主宰的,这些规律可以研究,但不能与之交谈,不能劝服它们,而只能服从它们;对于希伯来先知来说,则是先有上帝,然后才有真理。先知首先感到的是在自己之上有一个活的上帝,他是全能的,他创造了人,创造了天地,上帝赐福于人,并拯救人。"我必救赎他们脱离阴间,救赎他们脱离死亡。死亡啊,你的灾害在哪里呢?阴间哪,你的胜利在哪里呢?"(《何》13:14)哲学家服从阴间,服从死亡,并且在这种"自愿"的服从中找到了最高幸福。先知则起来同阴间和死亡进行可怕的、最后的斗争[①]。假如对使徒说,“在这个世界上,恶是事实和不可否定的现实,这是永恒真理”,——那么他会用《诗篇》里的一句话来回答:“愚顽人心里说,‘没有神’”(《诗》14:1;53:1)。因为在使徒看来,事实和现实之中完全没有限制全能的上帝的力量:他们相信“神看见一切所造的都至善”(《创》1:31),上帝的“至善”既否定事实,也否定全部“现实。”

不唯先知和使徒,少数思想家和哲学家也把信仰视为真理的唯一源泉,为了《圣经》的受造真理而同“永恒真理”和必然性作“愚蠢的”的抗争。舍斯托夫指出了路德和斯宾诺莎对哲学真理的不同理解。二者都确认信仰与理性主义哲学之间毫无共同之处,但他们的立场却截然相反。斯宾诺莎断言,哲学的唯一目的是真理,而神学的目的则是服从和虔诚。路德却坚信哲学的目的不是真理,而是服从和虔诚,真理的源泉不是由理性带给人的知识,而是信仰,真理唯有通过信仰(sola fide)才能获得。

克尔凯郭尔在思考亚伯拉罕的故事时,以信仰的“荒诞”来对抗理性的必然。他记述了一个穷青年爱上一个公主的故事。大家根据理性断定,这个穷青年是永远不可能得到公主的。但是那个“信仰骑士”却作了“信仰的运动”,实现了奇迹。他说:“我相信,她将是我的,我由于荒诞而相信[②],凭借上帝的无所不能而相信”[③]。别尔嘉耶夫曾批评这种信仰观说:“人的无限追求怎么办呢?可以指望什么呢?指望上帝是无限可能性。但是要知道克尔凯郭尔死了,最终也没有得到奥尔森;尼采死了,最终也没有治好可怕的疾病,没有真正尝到生命树之果;苏格拉底被毒死,就再也没有了。”[④]舍

---

① Шестов Лев: *Умозрение и Апокалипсис*. *В его* : *Сочинения в одном томе* (Москва, 1996), с. 339.

② 克尔凯郭尔的这个“荒诞”概念来自于德尔图良的名言“因荒谬而可信”,信仰真理正因为被理性认为是荒谬的才需要信仰来确认。

③ 转引自 Шестов Лев: *Сочинения в 2-х томах*, Том 1 (Москва: Издательство, 1993), с. 482。参见:克尔凯郭尔:《恐惧与颤栗》,一谌等译(北京:华夏出版社,1999 年版),第 41 页。

④ *Н. Бердяев о русской философии* (Свердловск: Издательство Уральского университета, 1991), с. 101.

斯托夫就此反驳说:“是的,这一切都没错,都是无可指责的,确信无疑的。但是,难道克尔凯郭尔不像我们大家一样清楚地“知道”这一切吗?既然他仍然确信穷青年得到了公主,约伯被归还了子女等等,那么,这就不是因为他不知道我们所知道的一切,而是因为,他从内心深处感觉到,我们的知识以及一般知识,不能成为终极真理的最终源泉。”①

理性的自明真理也没有使陀思妥耶夫斯基感到满意,他公然对它们进行责骂和嘲笑:“但先生们,须知二二得四已经不是生活,它已经是死亡的开始了。至少人总是有些害怕这个二二得四的,我现在就在害怕”,“二二得四——这是在耍无赖;二二得四横眉立目、双手叉腰站着挡住了你们的去路,并吐着唾沫。”②

只有“受造真理”才能使人支配真理,而不是真理审判人。这就重新提出了真理与价值的关系问题。

三、真的和好的

按通常看法,舍斯托夫所说的圣经真理观近乎荒诞不经:圣经真理不同于冷漠无情的理性主义真理,圣经真理是符合人类愿望的真理,是好的真理,坏的东西无权成为真理。有人马上会问:难道世上真有这样的真理吗?真理之所以叫做真理,不正是因为它具有超越私人情感和评价的客观性吗?但是我们如果超越日常意识,真正进入哲学(如另一位俄国哲学家弗兰克所说的,“哲学正是在常识止步的地方开始”),超越理性主义哲学,进入宗教哲学,就会对这种真理观的根据和意义有所了解了。这样的真理世上的确没有,因为所说的并不是经验事实或现实,而是形而上学真理,是生存理念真理;这样的真理的确不具有知识上的客观性,因为所说的不是对客体世界的

---

① Шестов Лев: *Н. Бердяев: гносис и экзистенциальная философия. В его: Сочинения в одном томе* (Москва, 1996), с. 405.

② 陀思妥耶夫斯基:《地下室手记》,俄汉对照本(北京:商务印书馆,1995 年版),第 66-67 页。

认知,而是对人的终极关怀。

阿尔伯特·博许在致斯宾诺莎的信中向他提出这样一个问题:“您以为您终于找到了真正的哲学。您怎么知道您的哲学在世界上曾经讲授过的、如今正在讲授的,或者将来要讲授的哲学中是最好的呢?”斯宾诺莎在复信中答道:“我并不认为我已经找到了最好的哲学,我只是知道我在思考真正的哲学。如果您问我是如何知道这一点的,我会回答说,这如同您知道三角形内角之和等于两直角一样。”[①] 这段话道出了大多数哲学家的共同信念:哲学的任务在于求真,而不是求好。真和好之间没有任何内在联系,科学方法正是哲学探索的典范。对于这样的信念很少有人怀疑,尤其是在科学昌明的现代。然而舍斯托夫却看出这里隐藏着一个非常困难的、哲学无论如何也无法回避的要害问题:“好”和“真”的关系是什么?是真应当向好看齐,还是相反,好应当向真看齐?这甚至不是一个问题,而是三个问题:(1)什么是“真”?(2)什么是“好”?(3)谁有权决定真和好之间的关系?[②]

舍斯托夫自己是如何回答这些问题的呢?这里存在着知识真理与生命真理之间的矛盾,生命真理不在知识、理性、逻辑和思想之中。哲学家一方面在理性中追求知识真理,消除逻辑矛盾,但另一方面,作为个性生存的人,他还有对作为生命体验真理的直觉,这两种真理并不总是和谐统一的。虽然哲学家们都自称其理论体系的真理性,但舍斯托夫确信,“所有研究哲学的人,所有学识渊博的学者都清楚地懂得,迄今为止任何最伟大的哲学家也无法最终驱逐自己体系中的矛盾。”因此,“或许应当提出这样的问题,合乎逻辑性对我们有什么用,矛盾莫不是世界观真理性的条件吗?……真理生活在矛盾之中。”索洛维约夫的一句话也表达了同一个意思:“在人的世界里,摆脱内心矛盾不总是意味着获得完全真理:有时这只是缺乏思想和理想

---

① 斯宾诺莎:《斯宾诺莎书信集》,洪汉鼎译(北京:商务印书馆,1996 年版),第 253、292－293 页。

② Шестов Лев: *Что такое истина*? В его: *Сочинения в 2-х томах*. Том 2 (Москва:Издательство, 1993), с. 370.

内容的标志。"[①] 舍斯托夫接着说,"最终,你会深信不疑,真理不依赖于逻辑,逻辑真理是绝对没有的。因而你有权去寻求你需要的东西、方法,而不是去推理。因此,如果在探寻的结果里将会有什么,无论怎样也不是公式,不是定理,不是原则,不是思想!"如果说理性主义哲学的真理是知识真理,那么圣经哲学的真理则是生命真理。

那么生命真理在哪里呢?按照舍斯托夫所理解的基督教人类学,生命真理在人原初的完整生命之中。"人类的一切才能都听从本能的指挥,从无意识的反射直到至高无上的理性和良心";"理性和良心只是在书本里觊觎着首位的宝座。"[②] 当良心和理性开始独立自主地进行判断时,它们就会惊讶地发现,即使这样一次行动也并非是自由的,而仍然要按照那个本能的指令行事,仍然只是另一种性质的本能。也就是说,理性思维和道德良知在人身上的作用不可能脱离人的完整生命体验以及人的情感和意志,甚至受后者的决定,这恰如在《圣经》义人约伯的天平上人的痛苦重于现实的海沙一样。约伯说:"惟愿我的烦恼称一称,我一切的灾害放在天平里,现今比海沙更重"(《伯》6:2)。完整生命的情感意志总是重于现实层面的理性与良知。

这样,基督教哲学-圣经哲学的真理就不是与人无关的东西,而是同人的生命需要不可分割的。"人想要的是强健有力、幸福和自由,人希望成为世界的主宰,如果他谈到思想,那也只是因为他对自己真正使命的成功感到绝望而已。"于是不难得出,在此,真要向好看齐,只有好的东西才能成为人所追求的终极真理。

理论是一回事,而生活本身则是另一回事;生活中的哲学家是一回事,哲学史家笔下的哲学家则是另一回事。舍斯托夫领悟到,其实斯宾诺莎的

---

① Соловьев Вл.: *Сочинения в 2-х томах*, Том I (Москва: Издательство, 1989), c. 444-445. 索洛维约夫于此是在批判新斯拉夫主义者的狭隘民族主义。老一辈斯拉夫主义者既憎恶俄国现实中的恶,又希望俄国变得更好,因此充满内心矛盾;新斯拉夫主义者则没有这种内心矛盾,他们直接确认凡俄国的东西就是好的,凡西方的东西就是坏的。

② 舍斯托夫:《开端与终结》,方珊译(昆明:云南人民出版社 1998 年版),第 108、110-111 页。

哲学也不仅仅是在冷漠地讲述客观真理。他的主要著作叫做《伦理学》是不无根据的，其目的正是要架设一条从“真的哲学”通往“好的哲学”的桥梁；他的最高知识——第三种知识即直觉知识——就是“理解”(“勿哭，勿笑，勿诅咒，只要理解”)，而“理解”完全不意味着“明白”，而是要确立一种对待世界和生活的态度，在这种态度下可以达到“心灵安宁”和“最高幸福。”《伦理学》第一、二部分中所叙述的关于神和心灵的思考，是以下述一番话结尾的：“这一学说的知识对于我们的生活有何等效用。……第一，这种学说的效用在于教导我们，我们的一切行为唯以神的意志为依归，我们愈益知神，我们的行为愈益完善，那么我们参与神性也愈多。……所以这个学说指示我们至善或最高幸福唯在于知神……。第二，这种学说的效用在于教导我们如何应付命运中的事情，或者不在我们力量以内的事情……直到使我们能够对命运中的幸与不幸皆持同样的心情去平静地对待和忍受。”[①] 还如他在另一部著作中所说的，他要知道“有没有如此之物，我若找到并获得它就能永享恒久之极乐。”[②] 这是在讲述真理还是在说教？

斯宾诺莎也并非如他向博许所说的那样，认为自己的哲学只是真的，而不是好的；相反，他内心深处的真实想法是认为自己的哲学是好的。《伦理学》的最后几句话就暴露了这一点：“如果我所指出的足以达到这目的的道路好像是很艰难的，但是这的确是可以寻求得到的道路。……一切高贵(美好)的事物，其难得正如其稀少一样”[③]，就是说，美好的东西虽然难得和难遇，但斯宾诺莎的内心所追求的正是这样一种东西；斯宾诺莎关于“勿笑、勿哭、勿诅咒，只要理解”的认识论诫命被人们作为新的启示来接受，然而人们没有(也不愿意)看到，斯宾诺莎自己——不仅作为人，而且作为哲学家——所做的是完全相反的事情。他创立自己的哲学时并未不曾哭、笑，而只是倾听了理性的声音。他完全没有提出他所不需要的问题，也没有想出与他毫

---

① 斯宾诺莎：《伦理学》，贺麟译(北京：商务印书馆，1983 年版)，第 94 - 95 页。

② 参见：斯宾诺莎《理智改进论》，译自 Спиноза Б: *Избранные произведения*, Том 1(Москва: Издательство, 1957), c. 320。

③ 斯宾诺莎：《伦理学》，贺麟译(北京：商务印书馆，1983 年版)，第 276 页。

无关系的回答。他的“理智上对神的爱”,全都是用“笑、哭和诅咒”织成的,与科学的“理解”很少有共同之处。“理解”是为大众、为所有人而做出的,这是一种外部“欺骗”:当你走向人群的时候,就应当做出一副善于理解、无所怀疑和平静安详的样子,然而你的内心则远非如此。舍斯托夫说,“斯宾诺莎感到他杀死了自己在世界上最爱的上帝。杀死上帝,这是履行上帝的自由愿望,但这不是他自己的自由心愿。读一读很少被读的《理智改进论》的开头几行。这不是笛卡尔的兴高采烈的‘怀疑一切’,不是费希特的伦理学理念论,不是黑格尔的高贵的泛逻辑主义,也不是胡塞尔对理性和科学的信仰。在斯宾诺莎的全部作品中没有庆祝和欢呼的痕迹。他杀死了上帝,他在历史学家看来是杀死了上帝,但在他自己内心深处‘朦胧地’感到,——‘但我们却感到并且经验到我们是永恒的’[①],——没有上帝就没有生命,真正的生命不是在历史的前景中,而是在永恒的前景中。这种‘朦胧的’、隐蔽的、略微可见的甚至是他自己和别人不总是能见的‘知识’,表现在他的全部哲学中。但不是以清楚明白的判断的形式,这样的判断是历史从他那里接受的和他自己从时代精神那里接受的;而是以古怪的、神秘的、无法捕捉的、不被注意的声音,这些声音用我们的语言甚至都不能叫做旷野呼声,它们的名字叫做——无声。”[②]

舍斯托夫在此实际上提出了一个解释学问题:哲学理论学说与学说背后的哲学家的内心愿望,与后来读者的理解可能是不同的,因此哲学真理有三个:“文本论”的真理,真理就在语言文本之中,与作者的意图和读者的解读无关;“作者论”的真理,真理是作者精神体验的写照,与作者的完整生命息息相关;“读者论”的真理,真理是读者对文本和作者的解释。这样看来,舍斯托夫对斯宾诺莎的全部批判,与其说是在批判斯宾诺莎哲学本身,不如说是在批判现代哲学片面的科学主义倾向。“自愿作科学的奴仆的现代哲

---

① 同上页注③书,第 254 页。

② Шестов Лев: *На весах Иова*. В его: *Сочинения в 2-х томах*, Том 2 (Москва: Издательство, 1993), с.17, с. 276–277.

学，只从斯宾诺莎那里拿来了他为大众所准备的东西。现代哲学相信，问题应当从中立的材料中得出。现代哲学把美、善、喜、哭、笑和诅咒统统作为垃圾、作为无用的废物清除掉了，却未料到，这些正是生命中最珍贵的东西，应当、只应当从这些材料中挖掘真正的哲学问题。先知就是这样提问题的，古代的伟大贤哲也是这样提出问题的，中世纪人也还会这样提问题。现在只有少数孤独的思想家懂得这一点了。”①

四、知识的基本问题是什么

在哲学史上，知识的基本问题历来是主观与客观的符合问题，也就是真理问题。自亚里士多德以来，古典的真理定义就是 adaequatio rei et intellectus（事物与理智的符合）②，即所谓的符合论真理观。几千年来，人们不断地努力寻求真理，并力图达到终极真理。科学在这方面取得了巨大成就。这不仅是每一天，而且是每小时都在发展的科学。我们知道许多，我们的科学知识是“清楚明白”的知识。科学有权为自己的巨大成就而感到骄傲，完全有理由认为，它的无往不胜的步伐是任何人也无力阻挡的。任何人都不怀疑也不可能怀疑科学的巨大意义。因此康德以科学的标准来审查形而上学，胡塞尔力图使哲学也成为“严格的科学。”

然而，哲学真理，尤其是宗教哲学的真理，则具有完全不同于科学真理的性质。在舍斯托夫看来，人类在寻求哲学真理方面很难说已有巨大的进步，哲学真理远不是“清楚明白”，终极真理还是被无法穿透的黑暗所掩盖。“我们认为是真理的东西，我们的思维所达到的东西，在某种意义上，不仅同

① *Там же*, с. 169－170.

② 这个定义最早出自晚期新柏拉图主义者以色列的以撒（卒于 940 年）的《定义书》。吉尔松把这个定义称为真理的古典定义。参见托马斯·阿奎那的真理定义：“真理是理智与事物的符合，据此，理智把存在的东西叫做真实的东西，把不存在的东西叫做不真实的东西”（《反异教大全》I，59；《论真理》I，2）。转引自 Шестов Лев: *Сочинения в 2-х томах*, Том 2（Москва: Издательство, 1993），с. 496（俄文编者注）。

我们生来就被抛入其中的外部世界没有公度性，而且同我们自己的内在感受也没有公度性。我们拥有科学，甚至可以说，这是不仅每一天，而且每小时都在发展的科学。但原初的神秘之'雾'并未消散，甚至更浓了。柏拉图未必需要更改他的洞穴比喻的哪怕一字一句。他的苦念，他的不安，他的'预感'即使在我们现在所拥有的知识中，也找不到答案。"①

舍斯托夫认为，之所以如此，是因为在知识与理性中寻求哲学和形而上学真理的道路是根本错误的。现代哲学用现象学方法来弥补知识论的缺陷的做法也注定是无效的。正如舍斯托夫所指出的，哲学真理的源泉完全不在理性知识中，而应当诉诸"思维的第二维度。"这样，知识的基本问题不再是追问：知识是如何可能的？怎么可能使完全不是我们自己的东西进入我们的内心？认识论的基本问题应当是：为什么现有的东西不符合我们想要有的东西？有人也许会说，这不是认识论问题。但舍斯托夫强调，无论什么是认识论问题本身，这个问题都比"外物是怎样进入我内心的"这个问题更加是认识论问题。如何可能使某种在我们之外且与我们不相似的东西成为我们的知识对象，这个问题之所以被当作基本问题，仅仅是由于我们迷信只有可能的东西是存在的。但须知这是一个甚至不符合日常经验的地道的偏见。日常经验表明，氧如果按照一定比例与氢结合，就成为水，如果和氮结合，就成为空气。但这显然是不可能的事情。氧和氢根据什么就忽然成为水呢？为什么氧不仍旧是氧，氢仍旧是氢？或者为什么它们没有变成空气？这里的一切都是完全随意和没有任何根据的，因此在本质上是完全不可能的。化学是关于散布在自然界中的无限随意性的科学，是关于随便什么东西来自随便什么东西的科学。只有一个限制：不是随我们这些研究化学的人的便，而是随那个我们连其名字都叫不上来的某人或某物的便。他(它)是随便的——而我们却无论愿不愿意，都要被迫研究化学，也就是了解他(它)的意愿。

---

① Шестов Лев: *Сочинения в 2-х томах*, Том 1 (Москва: Издательство, 1993), с. 339－340.

但是舍斯托夫说,我们完全有正当理由问:为什么他(它)命令,而我们却要被迫服从?换言之,知识的强迫力量从何而来?为什么从氧和氢中产生的是水,而不是面包、黄金或者交响乐?或者说,为什么水来自氧和氢的化合而不来自声与光的结合?科学真理甚或是经验真理的这种雷打不动的强迫性从何而来?那些深感不安、希望现实中任何不可能的东西都没有才好的人,为什么对现实中如此之多我们完全不能接受的东西漠然置之?须知承认皮格玛利翁把自己的雕像变成活人[①],约书亚使太阳停止不动(《书》10:12)等等,要比承认雅典人毒死苏格拉底轻松得多。然而我们却被迫确信相反的事情:约书亚没有使太阳停止,皮格玛利翁没有使雕像变活,雅典人确实毒死了苏格拉底。也可以说,这没什么大不了:不能以卵击石。可是,为什么哲学家们还要颂扬和称赞知识的强迫性,要求所有人具备这种知识(因为认识的理论不是别的,正是被提升为理想和比作真理的知识)?为什么这些一想到不可能的东西将在现实生活中实现就为之感到不安的哲学家们,却把知识的强迫性当作合理和应有的东西而泰然接受呢?这正是舍斯托夫所要揭露和批判的。

应当说,舍斯托夫对理性知识真理的批判是有失公允的。他对西方哲学家的描述不是写实的肖像,而是夸张的漫画,这是舍斯托夫的一贯风格。胡塞尔的辩解是有根据和代表性的,有一次他当面反驳舍斯托夫说:“你错了,你把我变成一尊石像,把我高高放在一个座台上,然后用锤子一锤一锤地把石像打得粉碎。但是难道我就真的像石头做成的那样吗?”[②]

哲学家之追求真理,并非以求知为唯一终极目的,而是为了取得现实社会生活中的公正。真理是同“意见”和“谬误”相对立的,是超越个人主观情感的是非标准。而这一标准的确立,却正是为了人。这里存在着一个辩证

① 舍斯托夫此处的说法不准确。在希腊神话中,皮格玛利翁是一位雕刻师和塞浦路斯国王,他钟情于自己所创作的一座象牙雕像。是阿佛洛狄忒把这座雕像变成活人,做皮格玛利翁的妻子的。

② 舍斯托夫:《纪念伟大的哲学家胡塞尔》。参见舍斯托夫:《开端与终结》,方珊译(昆明:云南人民出版社,1998 年版),第 332 页。

的关系:在现实生活中,真理的强迫性同时也是个人自由的保障。在这个意义上,舍斯托夫的思想是完全不可运用于社会生活之中的。但如果作深入的考察,我们也可以看到,舍斯托夫所批判的不是这个层次上的真理本身,而是理性主义哲学家企图以知识真理和工具理性取代价值真理和信仰真理的奢望。人在现实生活中必须要服从规律,这是毋庸置疑的。但问题在于,这不能穷尽人的生命的全部。在服从必然性的现实生活背后,人也应当有权在内心深处保留"无拘无束"的一角,这正是生活在当今时代的人们所需要的。

(作者系北京大学哲学系副教授)

德国哲学输入我国究竟始于何时?

陈启伟

笔者在“康德、黑格尔哲学初渐中国述略”(《德国哲学论丛2000》)一文中曾说:“在公开发表的文字中述及康德者,则以严复为最早。严复在1895年译的赫胥黎《天演论》论六‘佛释’一节中讲西方古今皆有‘天道不可知之说’即不可知论学说时首次提到康德(译为‘汗德’)”。但据目前所见文献资料,我们发现在严氏之前已有人在正式出版的译著中“述及”康德和其他德国哲学家(如谢林),这就是1889年上海益智书会刊印的颜永京所译《心灵学》一书。

麟先生认为,德国哲学之介绍于国人,以康有为1886年《诸天讲》一书为最早。康氏在该书中曾谈及康德关于天体形成的星云假说和对上帝存在的本体论证明的批判。①

《诸天讲》一书是康有为死后于1930年才刊印出版的,此前长久不为世人所知,在近代西学东渐史上不曾发生任何影响,书中对康德思想的介绍,似不足为德国哲学输入之开端。

据笔者目前所见,在康有为写《诸天讲》之前,已有来华的英国传教士艾约瑟(Joseph Edkins)在其所著《西学略述》一书中谈及“德人雷伯尼兹”(莱布尼茨)和“德人干得”(康德)的若干哲学观点和哲学范畴。《西学略述》收入艾氏在十九世

---

① 贺麟:“康德,黑格尔哲学在中国的传播”,载《五十年来的中国哲学》,辽宁教育出版社1989年版。

纪八十年代初所编《西学启蒙十六种》(包括译著和其本人的撰著)。据他在光绪乙酉(1885)年冬为这一套丛书写的自序中说,他编辑此书"抵今五载,得脱稿,告成十有六帙"[①],由是可知其编书时间始于1881年。《西学略述》为这套丛书之"第一种",共十卷,分卷讲述西方哲学、史学、文学、经济学、宗教和各门自然科学("格致")的基本知识。其第五卷卷目为"理学",即哲学,对自古希腊直至十九世纪的西方哲学有极简略的介绍。其中讲到的"各理学家之大著名于世者"就包括"德国之雷伯尼兹理学并干得理学"。

关于"雷伯尼兹"(莱布尼茨),艾约瑟主要介绍了他的单子论和预定和谐说,篇幅极小,且有不确切或讹误之处。莱布尼茨的单子,艾约瑟译为"圆质点"。他说,莱布尼茨认为:"当开辟之初,上帝即于瞬息间造有无数杳然无形、浑然自成之圆质点,而其间能力率各不同,是为化成万物之体"。艾氏在这里正确地指出莱布尼茨所谓单子乃上帝所造(其实莱布尼茨说上帝也是一个单子,最高的单子,一切单子的单子);单子是构成世界万物的实体("化成万物之体");单子有无量数之多;每个单子都是圆满具足的("浑然自成",用莱布尼茨的话说,每个单子都是一个自满自足的"小宇宙",虽无窗口,却反映着整个的宇宙);每个单子都具有"率各不同"的"能力"(莱布尼茨认为,每个单子都具有一种内在的能力,是一个能动的实体,其能力各有不同,因此没有任何两个单子也没有任何两个由单子构成的事物是完全相同的,这个动力学的观点可谓单子论之精髓。)。但是,艾氏将单子译为"圆质点"则是用了一个极不恰当乃至错误的译名。莱布尼茨的单子(Monad,原义即单元 unit,个体 individual)是一种非形体的(incorporeal)、非物质的(immaterial)东西,亦即精神的实体(spiritual substance),怎么可以说它是"质点"(material particle)而且是"圆"的呢?这显然是把单子误解为一种物质性的东西了。至于艾约瑟又说单子是"杳然无形"的,即某种渺不可见而无定形(invisible and

---

① "艾约瑟叙",《西学启蒙十六种》,光绪丙申(1896年)上海著易堂书局刊印本。

formless)之物，诚然与“圆质点”的说法凿枘不合，但与其将单子视为物质实体的误解并不矛盾，因为物质性的东西(如空气)，就其无触目可见的确定形状而言，确亦可说是“杳然无形”的。关于预定和谐，艾约瑟说：“夫物莫不有此某某质点相辅而不相挠，是皆上帝所预定”。这个解说简而不明，“相辅而不相挠”一语远不能确切地表达莱布尼茨所谓预定和谐之为单子及世界万物按上帝预定的安排而合目的性地适应和关联的本义。艾约瑟从预定和谐说又进而推断莱布尼茨主张“世美无加”，意即“上帝之创立此世界，要皆已臻至美，更无可加。”艾氏此说无疑更曲解了莱布尼茨。莱布尼茨认为，上帝创造世界有无穷多的可能性，或者说，上帝之创造世界可在无数多的可能世界中进行选择，我们这个现实的世界就是上帝所选择和创造的一切可能世界中最好的世界，因为在这个世界中万汇纷纭，纷繁多样，而又和谐统一。但是，莱布尼茨并不认为这个世界至善至美，止矣尽矣，无以复加矣。他承认这个世界还有缺陷，还有恶，不过，在他看来，缺陷和恶乃是完美与善的陪衬，正所以助成完美与善者，相反相成，故而世界不失为一个和谐的全体。①

关于“干德”(康德)，艾约瑟主要介绍他的知识论学说，所谓“三能(三种认识能力)十二思范(十二范畴)说”。艾约瑟说：“德人干得生当中朝之乾隆年间，缘彼有慨于时人之不虚心考稽而多自是(按“自是”当指独断论)，或多旁疑也(按“旁疑”当指怀疑论)，故其立论，要皆力诋自是之非，而明言有可疑之理，亦有决无可疑之理”，正是为了批判独断论和怀疑论，康德提出了他的知识论学说，“爰创三能、十二思范之说”。艾约瑟说，康德的“三能”是指：“一觉能(即感性能力)，一识能(即知性能力)，一道心能(即理性能力)也”。“觉能”不仅为思维提供感性知觉材料(“觉者，入自耳目，为思之质”)，而且赋予感性知觉材料以空间(“处”)和时间(“时”)的形式(“夫耳目所觉之质，皆必有其处其时”)；“识能”提供“出自心意”(用康

① 以上引文均见《西学启蒙十六种》之“第一种”《西学略述》卷五“理学”第33－34页。

德自己的说法是源于先天自我意识)的"思之范"即思维范畴或知性范畴。这些范畴"要可分为十二,而复以四类统之"。艾约瑟将这十二范畴及其分类一一列之如下:第一类为"几何之类"即量的范畴,包括"一独数(单一性),二众数(复多性),三全数(全体性)";第二类为"若何之类"即质的范畴,包括"四实(实在性),五不实(否定性),六界限(限制性)";第三类为"彼此之类"即关系范畴,包括"七本末(实体和偶性的关系),八体用(原因和结果的关系),九推抵二力(能动者与受动者交互作用的关系)";第四类为"情形之类"即模态范畴,包括"十能(可能性),十一有(存在性),十二不获已(必然性)"。这些范畴的译名,有的欠妥或不当(如译因果关系为"体用",译必然性为"不获已"),但总的来看,并无大谬。距今一百多年前,在最早介绍康德哲学时,就能给出这样一个完整无缺而大体不乖本义的十二范畴译名表,是值得称道的(后来王国维在1904年《汗德之知识论》一文中亦列叙十二范畴,主要抄自日人的汉字译名)。至于"道心能"即理性能力,在康德那里指对超验的东西的追求,而非一种积极的认识能力,因为超验的东西是不可知的。艾约瑟对所谓"道心"的说明,殊不可解,说"道心"是"永自清明,浑然天理,是保是存,凝而为一",不知何义?"凝而为一"或许是指"道心能"所追求者是作为总体、作为统一体的超验的东西,在康德那里,就是理性欲以三个"理念"去把握的超验的对象,即作为精神实体的灵魂(艾氏说:"如以已体言,即为灵魂"),作为一切现象或万物之总体的世界(艾氏说:"以外象言,即为万物",此言不当,在康德那里,万物皆为经验现象,作为万物总体的世界才是一个超验对象的理念),作为包含一切存在之可能性的最高条件、具有绝对至上完美性的上帝(艾氏说:"以善之元长美实无极言,即为上帝")。①

艾约瑟对德国哲学的介绍虽然早在十九世纪八十年代初,但其所编《西学启蒙十六种》丛书迟至九十年代中期才刊刻出版(1896年上海

---

① 以上引文均见《西学启蒙十六种》之"第一种"《西学略述》卷五"理学"第34页。

著易堂书局印行)。那么,此前在公开发行的书刊中是否有人谈到德国哲学呢?

笔者在“康德、黑格尔哲学初渐中国述略”(《德国哲学论丛2000》)一文中曾说:“在公开发表的文字中述及康德者,则以严复为最早。严复在1895年译的赫胥黎《天演论》论六‘佛释’一节中讲西方古今皆有‘天道不可知之说’即不可知论学说时首次提到康德(译为‘汗德’)”。但据目前所见文献资料,我们发现在严氏之前已有人在正式出版的译著中“述及”康德和其他德国哲学家(如谢林),这就是1889年上海益智书会刊印的颜永京所译《心灵学》一书。译者颜永京,我们尚不详悉其生平,只知他曾留学美国,回国后任教于上海圣约翰学院(圣约翰大学前身),并从事西方哲学著作的翻译,发表的译著除《心灵学》外,还有斯宾塞(译为史本守)的《肄业要览》(1882年上海美华书馆刊印)。这两本书,尤其是后者,在清末中国先进的知识分子中间拥有读者,颇有影响。《心灵学》是美国哲学家海文(J. Haven)的一部哲学著作,原书名Mental Philosophy(《心灵(或心理)哲学》),1869年波斯顿出版。此书在当时似乎很流行,日本明治时期著名启蒙思想家西周助也曾将其译为日文出版。Mental Philosophy共分三卷,第一卷讲理智能力,第二卷讲情感,第三卷讲意志。颜永京的《心灵学》实际只译了此书的第一卷,他译为“论智”。这一卷书又分为四篇(译为“题”),第一篇论“呈才”(呈现或感觉的能力),第二篇论“复呈才”(再现或表象的能力),第三篇论“思索”(反思的能力),第四篇论“理才”(直观的能力)。第四篇在论述“原意绪”或“原有之意绪”(即先天直观的观念)和“艳丽之意绪”(即美的观念)时谈到了康德(译为“干剔”或“干铁”)和谢林(译为“歙灵”)。作者认为,“原意绪”是心灵本来自有的,既非通过反思得来(“非思索以得之”),也非通过感觉经验得来(“亦非达以知之”,“达知”“是五官达到外物”,即感觉),而是“我所原有”,“乃原然有之”,所以“原意绪”就是先天的观念或概念。但是,最初这些先天原有的“意绪”(观念)只是潜伏在人的心灵中,“隐而不显”,须待一定的感觉经验作为诱因才能在心中引发出来,显现于意识（“惟于衷内发显，因凭经历而发”，“待有所达知，而始发显”），而使之得以“发显”者则是一种既不同于感觉和记忆，也不同于反思的心灵的能力或作用，所谓“理才”，即直观的能力（“心灵之能发此者，是谓理才”，“理才是心灵直达以知”，“确系心灵之别一用，而非达知、记与思索，明矣”）。作者说，由“理才”使之“发显”的“原意绪”即先天直观的观念有五种，“即所谓是非、艳丽（美）、空处（空间）、时候（时间）、因感（原因或因果）等是也。”[1] 关于“空处”（空间）的“意绪”（观念），作者讨论颇详。“空处”（空间）观念是先天直观的观念，在这一点上作者似接近于康德，但是他不赞成把空间本身就看作仅仅是人心中的观念。他问道：“空处”（空间）“是真有抑无有而仅我衷内之意绪（我的意识内的观念）”？对这个问题，康德及其学派是主张后者的，“干剔与其同门之人曰：‘空处是意绪，是我衷内所想出，并非实有’”。作者反对康德派否认空间为客观存在的这种观点，说康德所“执意见似属太偏”。他认为，物质是客观的存在，空间也是客观的存在：“予以物既真有，则空处亦必真有”。物质和空间不可分，物质具有广延性（“撑叠”），广延性必占有空间，因此物质离开空间是不可想象的：“假如我想一有质之物，我必兼想其撑叠，而且想其居于空处；若不想其撑叠，不想其居于空处，则我万不可想其物”。空间虽非物质（“虽非有质之物”），但为具有广延的物质的存在所必须（“为有质有撑叠之物所必须”），因而空间“系实有者，我不可视为衷内所想出之意绪”。如果像康德那样把空间看作主观意识的产物，那么，没有人和人的意识，也就没有了空间和只能存在于空间的物质世界：“设使空处是想出之意绪，无其人则无想念，无想念则无空处，无空处则无物可撑叠，无物可运动于内，若无撑叠运动则无物”。在作者看来，康德派的空间为主观观念的学说必然导致物亦只是主观观念的唯心论的结论：“若空处是意绪，则物亦是意绪”。[2]

《心灵学》论“理才”部分有一章

---

① 以上所引均见《心灵学》（1889年上海益智书会校订本）第四题《理才》，第1－2页。

② 以上所引均见《心灵学》“第四题”《理才》，第5页。

专门论述美（"艳丽"）和美的鉴赏（"识知艳丽"）。作者讨论了西方古今哲学家的美学观点，其中提到了康德（"干铁"）和谢林（"歙灵"）对美的看法。作者在批评美即有用（"艳丽是在物之有用"）说时援引康德关于美和美感是非功利的观点说："干铁云：凡有用之物及艳丽之物，确皆能令我喜悦，惟我何以而喜悦则不同。我喜悦其先者，因物有益于我之故，我喜悦其后者，因物自己之故。先者之喜，有私心在后，后者之喜，于利害无关，是一高贵之情，二者有霄埌之不同"。① 对于谢林的美是精神在万物中的体现的观点，作者尤表赞同。作者认为，美不是主观的东西，不是"具于我而非具于外"的东西，但是美也不是物质的事物所具有的某种性状（如新奇性，多样性的统一、整齐匀称等等），而是如谢林所说："艳丽固具于物，然不可视物为块质之物（物质的东西），当视为灵质之物（精神的东西）。物之艳丽是物之灵气在块质透显（精神之体现、显现于物质的事物）"。对谢林的这个观点，作者说："予以为然"，并认为这是各种美学观点中最正确的："予以歙灵之说最为近是"，因为不论对何种事物之美，不论是有生物还是无生物，不论是"天然物"还是"雅艺"（艺术品），我们都可以用谢林的这个观点去说明它们的美："盖不论人或禽兽或植物或无肢体之物（即无生物或无机物），其各有之艳丽，均可用此说以释之"。②

《心灵学》作者对康德和谢林的哲学和美学观点的表述当然未必十分确切，译者颜永京的译文更非佳品，可訾议之处甚多，但是，这毕竟是德国哲学和美学思想最早在公开印行的书籍中被介绍到中国来，在西方哲学东渐史上应该书上一笔的。

（作者系北京大学哲学系教授）

① 《心灵学》"第四题"《理才》，第18－19页。

② 《心灵学》第四题"理才"，第20－22页。

AUGUSTINE'S ACCOMPLISHMENTS

Charles Travis

The *Investigations* begins with a quote from Augustine, followed by a description of a picture of meaning it suggests. The next few dozen paragraphs are a critique of that picture, aided by the notion of a language game, which is introduced in §2. It has seemed natural to commentators to try to identify just where Augustine went wrong. There are a variety of suggestions in the literature, varying in the depth they confer on Wittgenstein's point. My suggestion is that the question itself is not the fruitful way to approach this text. There is nothing wrong with what Augustine says. There certainly is something wrong with the picture his words might suggest—a certain philosophical reading of what in itself is innocuous common sense. But it helps to identify the targeted bad idea by appreciating what Augustine was right about. By doing that I locate the objectionable idea first in a view of Michael Dummett's about meaning, and ultimately in Frege. That is a satisfying place to locate it, when we recall that Frege was never far from Wittgenstein's thoughts—and as much at the centre of them in the *Investigations* as he was in the *Tractatus*, even if in a different way.

Wittgenstein begins the *Investigations* by quoting Augustine. In part, the quote is:

> When they (adults) named some object, and accordingly moved towards something, I saw this and I grasped that the thing was called by the sound they uttered when they meant to point it out. . . . Thus, as I heard words repeatedly used in their proper places in various sentences, I gradually learnt to understand what things they signified, and after I had trained my mouth to form these signs, I used them to express my own desires. (*Confessions* I.9)

Wittgenstein goes on to criticize a certain view about meaning. That, and the *prima facie* plausibility of what Augustine says, make it natural to ask where Augustine went wrong. Just what, in what he said, is philosophically objectionable? The best answer to that question, I suggest, is, 'Nothing'. For Wittgenstein puts Augustine to uses which require him to be right. Seeing what these are, and what follows from them, will be the best way of seeing what the objectionable idea about meaning is, and why it is objectionable. The answer I suggest, though, requires stressing the word 'say'. His words suggest readings on which they would say something objectionable. But that, I think, involves adding something-however natural the addition may be-to what is actually in the words themselves. What those additions would be is something that will emerge as we proceed.

1. **Psychologism**: Augustine tells a psychological tale, however anecdotal, and, to a psychologist's eye, amateurish. From time to time Wittgenstein has his own psychological tales to tell—for example, about a child learning to doubt. About these he says,

> Am I doing child psychology? —I am making a connection between the concept of teaching and the concept of meaning. (*Zettel* §412)

Wittgenstein does not mean to be offering psychological hypotheses. It will be enough (for most of his purposes) if he describes ways things could be. Such stories are particularly pertinent when directed against a view of how things must be. If that 'must' is out of place, then such a view, if of our psychological organization, is one thing one might call psychologism: psychologism as a special form of scientism. Such a view would see as properties of *the* mind (to use a Fregean term) ones which, if any mind could have them, would make it a mind of a special sort.

Such a view of our psychological organization is lurking in the background in the present case. Though it is a general view about our (or any) psychology, it has implications for what meaning must, or at least may, be. The view is expressed by Michael Dummett as follows:

> Our problem is therefore: What is it that a speaker knows when he

> knows a language, and what, in particular, does he thereby know about any given sentence of the language. Of course, what he has when he knows the language is practical knowledge, knowledge how to speak the language: *but this is no objection to its representation as propositional knowledge; mastery of a procedure, of a conventional practice, can always be so represented* ... Thus what we seek is a theoretical representation of a practical ability. Such a theoretical representation of the mastery of an entire language is what is called by Davidson, and will be called here, 'a theory of meaning' for the language. (my italics.)[①]

I choose Dummett here because of the clarity with which he states the relevant assumption, not because of anything peculiar to his conception of what a theory of meaning would look like. The assumption grounds, not just his own view of such a theory, but equally, the idea of 'truth-conditional' semantics, as elaborated, for example, by Donald Davidson. The key idea, I take it, is this. When we are fluent in a language, we can (are equipped to) recognize indefinitely many facts as to what its correct use is: as to how it is to be used, and will have been used, in indefinitely many situations. We manifest that recognition in understanding each other when we do. And that capacity is an instance of a sort of capacity which is always representable by some set of propositions, or principles: some set of principles from which all the facts we are prepared to recognize as to what correct use would be follow.

The conclusions Dummett (plausibly enough) draws from this psychological thesis are as follows:

> A conception of meaning—that is, a choice of a central notion for the theory of meaning—is adequate only if there exists a general method of deriving, from the meaning of a sentence as so given, every feature of its use, that is, everything that must be known by a speaker if he is to be

---

① Michael Dummett, "What is a Theory of Meaning" (II), reprinted in *The Seas of Language* (Oxford University Press, 1993), p. 36.

able to use that sentence correctly.①

> A very extensive body of theory is required to carry us from a knowledge of the meanings of sentences of the language ... to an understanding of the actual practice of speaking the language. ... We can recognize how extensive it would be if made explicit if we try to imagine how a Martian might be instructed in the use of human language. ... The only means ... by which a Martian can come to learn a human language is by studying a fully explicit theory of meaning for that language.②

A Martian is a thinker; so in possession of what any thinker must be in possession of. We may also suppose him to be able to see and hear things. But, the idea is, he shares no more in common with us than that. So anything we can do, and anything we can recognize, the Martian can do, and recognize, too—if, but only if, what we can thus do can be spelled out in a way that frees the Martian from reliance on any specifically human intuitions. That is to say: if, but only if, what we can do does not depend ineliminably on any specifically human capacities, or, more generally, on any capacities specific to only one special sort of thinker. If the Martian is to succeed, then any capacity we rely on must be capturable by some set of principles whose terms do not refer to anything it takes special capacities to recognize, and from which follows all that the special capacity allows one with it to see. Dummett's principle of psychological organization, stated in the first quote, assures us that this is always possible. *Any* specifically human capacity, the idea is, is eliminable in this sense.

Since the 17th century, *the* central project of empiricism has been to eliminate reliance on special capacities to see, or recognize, facts of particular sorts: to show how those factas might be recognizable without such reliance (by one unequipped with such capacities); or, more often, to use the

① Ibid., p. 93.

② Ibid., p. 86.

impossibility of such elimination as an argument against the existence of facts of the relevant sort (or an argument that those facts could not be what they appear to be). That was Hume's project for causation. More recently, it was Quine's project for what he termed the 'traditional notion' of linguistic meaning, and, with that, such notions as synonymy and analyticity. For his case against these notions just is that the supposed facts about meaning would be irreducible to facts of a more favoured sort, recognizable anyway by one unequipped to see (if there were anything to see) what it is that words mean. The role Dummett assigns to Martians thus aligns him with Quinean empiricism. It is the same sort of eliminability that is demanded. Wittgenstein's opposition to Dummett's idea is, correspondingly, part of a more general anti-empiricism, which we will see in more general form as we proceed.

As Dummett recognizes, there is a great deal we are able to recognize in deploying language, and understanding its deployments, as we do. For present purposes I want to concentrate on one small area of that. A language contains a vast array of means, all at our disposal, for describing things on one occasion or another. The English predicate 'is blue', for example, is (on one use) for describing (various) things as coloured blue. The predicate 'is wallowing' is for describing things as wallowing. The sentence 'The pigs are in the tulips again' is for describing relevant pigs as, in the relevant sense, in relevant tulips. And so on. On occasion English speakers use some such device or other to describe some item, or to describe the way things are. Sometimes such descriptions are correct; sometimes they are not. (Here a correct description is a true one.) Now, any fluent English speaker can recognize in an indefinite range of (potential) cases where such a description, where given, is correct; and, if barred from the facts about the world (the pigs, the tulips) that would settle that question, can at least recognize when, or of what, the description given would be true. According to Dummett, this means that there are some principles which determine (without appeal to what it takes a special capacity to recognize) in general *when* such descriptions would be true. That, too, is part of Davidson's view (or at least his original view). For Davidson, one approaches such principles, for simple cases, through 'satisfaction conditions'. These are principles which connect descriptive means, or devices, with the world in a way that does not depend on the occasion of their use. For example, one such principle tells us: something satisfies the predicate 'is blue' just in case 'it is blue' (sic).[①] The principle, the story is, picks out a class of things such that if you use 'is blue' on an occasion to describe an item, then you describe it correctly if, and only if, it is one of those things. So it supposes that whether things are as described in a use of this description is simply a matter of how the world is, and the fact that it is that description that was given.[②] I propose to develop Wittgenstein's ideas about meaning—and about its contribution to how we represent things in using words—by concentrating on the correctness of the descriptions we give. (If Dummett's principle emerges as incorrect, Davidson cannot be right about satisfaction conditions either.[③])

2. **Intermediacy**: We might think of the route towards mastering one's first language as proceeding through stages. One begins in initial innocence, passes through various intermediate stages, and arrives, at last, at a mature (and relatively steady) state. In philosophy, at least, one wants to avoid psychological hypotheses about what innocence is like. For sure, the linguistic beginner does not share with us a certain background of common experience. But it is hard to say *a priori* just what the significance of that is. In particular, one wants to avoid assumptions as to what might, or might not, come naturally to the child—how much of what comes naturally to us is already there. Nor is it easy to say what that might mean for what the

① The problem is what this scare-quoted phrase, so used, could *say* as to how an object must be to satisfy the predicate. Why this is a problem will become clear as we proceed.

② Davidson makes this absolutely explicit in "A Coherence Theory of Truth and Knowledge", E. Lepore, ed., *Truth and Interpretation: Perspectives in the Philosophy of Donald Davidson* (Oxford: Blackwell, 1986).

③ And if he is not right, that may explain his later misimpression that there is no such thing as a language.

beginner, or a child in an early intermediate state, might be able to see or do. As Wittgenstein is often read, he himself is sometimes none too careful in these matters. I will not pursue the exegetical point. In any event, no substantive assumption about innocence will be at work here.

As for maturity, the crucial point is that we are the measures of it. Some of us may be better than others, at least in given areas of human contact, at understanding what is said. But someone as good at using language, and understanding its use, as we are is someone who knows how to use the language (how it is used), full stop. Moreover, he is someone roughly as good at that as human beings get. So if one were to come up with a set of *a priori* requirements on maturity which we, in fact, do not meet, that person would have a wrong idea of what maturity was. He would also, quite likely, have a wrong idea as to what it takes to be able to say things, and understand them.

Within the above framework, we can, I think, see Augustine as describing his progress to an intermediate stage. Though he could express some of his desires, he was hardly in a position to write the *Confessions*. His language use remained childish, or so we may suppose. For all that, in his intermediate condition, he knew what some words name, or speak of, and he could express some of his desires. I will call such a stage *Augustinian*. To get a picture of what an Augustinian stage might be like, I will tell my own psychological story. It concerns Ghislaine, a girl of 18 months (around the time that linguistic progress starts in earnest). Ghislaine has the usual sort of early upbringing. As she is busy spreading her food around the tray of her highchair, her parents play various sorts of linguistic games with her. They hold up various handy items—a spoon, say, or a bowl, or a shoe, and (perhaps pointing at them) say the words for them in—as it happens—French. Later they hold up items and get Ghislaine to say what they are called. In this way Ghislaine learns to say 'chaussure' when her parents hold up a shoe. Now, by practice, or habit, when Ghislaine is indoors she usually goes barefoot. But she is never allowed outside that way. So when it is time for a walk in the park, or a trip to the store, her parents approach her with her shoes, and shod her. On one obviously fine day, Ghislaine, a bit bored, hits on an idea: she holds up her foot and says, in the imperious tone of a child her age, 'Chaussure!' Her parents get the idea; and so, it turns out, it is time for shodding and a walk. Ghislaine's gesture quickly becomes an institution; her way of asking to go out. (Often it works; sometimes it does not.)

This story is, of course, my invention. But as far as I can see it contains no absurdities, or even implausibilities. It is a way things might be. It describes an intermediate stage. Ghislaine certainly does not know as much about how 'chaussure' is to be used as we do. In it, Ghislaine has at least one of the marks of an Augustinian stage: she can express some of her desires. Does she have the other? Does she, that is, know what 'chaussure' names, or speaks of? Well, she could always surprise us and go on to exhibit positively wrong, even bizarre, ideas as to what 'chaussure' applies to. But it is part of my story that that will not happen. In that case, the most natural answer, I think, or the one that most naturally comes to mind, is 'Yes'. Her parents would certainly say so. And there is more than just parental pride (or projection) involved. There is positive point in distinguishing her relation to 'chaussure' from her relation to, say, 'tournevis' (an example of which she is yet to see); or distinguishing her relation to 'chaussure' from that of Mireille, a slightly younger girl who has not yet begun to play those games, or at least not with shoes. As we ordinarily deploy such descriptions, Ghislaine is often correctly describable as knowing what 'chaussure' speaks of.

A qualification is called for. In *Investigations* § 13, Wittgenstein points out that there are various things that might be said, each on some occasion, in saying a word to name such-and-such. Similarly, one might say any of various things in saying someone to know what a word speaks of, or to know that it speaks of such-and-such. Perhaps there are purposes for which the standards for knowing what 'chaussure' speaks of, or that it speaks of shoes, are ones Ghislaine does not meet. But there are also purposes, and occasions—quite common ones, in fact—for, or on which, the right thing to say is that she does know what 'chaussure' names (and that it speaks of shoes). Saying otherwise on such occasions would be saying what is not so. That is as much of a point as is needed here.

It should seem surprising to some philosophers that Ghislaine could know what 'chaussure' names, and not know all there is to know as to where, or when, it would be used correctly, or as to what it would be used of (when) correctly. Such surprise just expresses a view about what else facts about naming make so. That is a view which we are now trying to examine. In any event, someone who felt such surprise might try to explain the natural intuitions here in roughly this way: for ordinary purposes, we count someone who knows enough about what 'chaussure' names (enough for whatever purposes are at hand) as knowing what it names; but there is something one might know about what 'chaussure' names—and, presumably, something we the mature do know—such that to know that *is* to know all there is to know as to where, and when, (of what) it would be used correctly. For ordinary purposes, we make do with lower standards of knowledge. But there is a way of knowing what a word names which would be knowing it for every purpose; and that is not a kind of knowledge one could have in an *intermediate* state. We have yet to evaluate that idea.

It bears emphasis that to describe Ghislaine as knowing what 'chaussure' speaks of is not to offer a psychological (or any sort of) hypothesis. It is not as if we credit her with something that somehow *explains* her ability to do what she can with that word; knowledge, or possession of something form which all the rest somehow follows. It is not as if, while she has the mastery she does, we might nonetheless be wrong as to her knowing what 'chaussure' names on grounds that, in fact, her manifestations of this mastery are produced in 'some other way' (as if we referred to a way in which they were produced). Ghislaine is able to use the word, to a certain extent, as it is to be used. In her small-time way, she can do some of what can be done with it in speaking French. The idea is that that manifest ability is (for some purposes, at least) just redescribable as knowing what 'chaussure' speaks of. To have that much ability just is to know what it names. One can make this idea clearer by using the device Wittgenstein himself uses to discuss Augustinian stages, namely, that of a language game. But I will have to make the significance of language games emerge bit by bit. When we are done, we will have the first of three principles which I will propose here as central to, and guiding, Wittgenstein's later thought.

Suppose we were not interested in teaching Ghislaine to speak French at all. We merely wanted to teach her to play a certain game in which, for reasons of our own, we happen to use the word 'chaussure'. In the game there is a player, called the 'Child', and two other players, called 'The Parents'. The rules of the game are as follows. The Child, when so inclined, holds up a foot and says 'Chaussure'. At least one of the Parents is then to bring a pair of shoes which more or less fit the Child's feet, put them on the Child's feet, and take the Child for a walk. There is nothing else to say as to what game this is. It is precisely that game of which this, and its consequences (whatever they may be) are so. (Of course, in real life there are such things as proposing, and declining, or accepting, to play this game. But, for the moment, those are other matters.) Now we teach Ghislaine to play this game, and she gets to be as good at it as she is, in my original story, at using the word 'chaussure'. It would be natural to describe this game by saying that in it 'chaussure' names shoes. Ghislaine, we may suppose, knows what there is to know about how to play this game. There is nothing more to know as to what the game is. That in this game 'chaussure' speaks of shoes is not some extra fact, in addition to, and independent of, the fact that the game is what it is. It is just something that may be said truly of the game, given that it is to be played as it is. So, in knowing how to play the game Ghislaine knows what the words used in playing it name *in it*. That is one thing that counts (for most purposes) as knowing what a word speaks of. (And other purposes are not easily brought into this picture.) So, in whatever sense in which it is true that in it 'chaussure' speaks of shoes, that is a fact about 'chaussure' that she knows. The idea is that there is no room for a gap here between knowing how to play the game and knowing what some word used in it—'chaussure', say—speaks of. There is nothing in which such a difference—knowing the first thing, but not the second—might consist. To know what the word speaks of in this game just is to know (so far as one needs to) when the right thing has been brought.

It would be easy to find other games in which 'chaussure' is used, and of which it may be truly said that in them 'chaussure' speaks of shoes, where those are games Ghislaine does not know how to play. And, of course, Ghislaine does not know what 'chaussure' names in those games. Equally obviously—in fact, by stipulation—this game is not French. There is a small corner of French in which 'chaussure' is used much as it is in the above game. That is to say roughly this: there are ways of using 'chaussure' in speaking French (notably, in the construction 'Chaussure!') on which one would comply with what was thus requested in doing just that which would be a correct response to such an utterance in the game described. In that sense, the standards of correctness of the game model the standards of correctness, or fulfillment, for that request. Ghislaine has mastered that small corner of French. So she might be said to know what 'chaussure' speaks of on those uses, much as she knows what it speaks of in the language game. That still leaves room for her not to know what it would speak of in other corners of French, or on other sorts of uses. For it still leaves room for her not to know how it is to be used on those employments of it. But, the idea is, to know enough about how 'chaussure' would be used correctly—and how it would be responded to correctly—in speaking French is to know what it speaks of, full stop. And, for some purposes, though perhaps not all, Ghislaine does know enough.

The main ideas so far are these. If Ghislaine knew how to play the language game described above, she would know what the words in it ('chaussure') named. That is because there is not anything further (beyond how the game is to be played) that she might need to know to know this; something she might yet fail to know. That point about games corresponds to one about words on certain uses that they have, say, in French. The idea is: to know how to make those uses of the words, or what those uses are, is to know what the words name on those uses. Again, there is not anything further one should know to know this. Ghislaine has mastered one small use there is for 'chaussure' in French. So, by this idea, she knows what the word names, or speaks of, on that use. Finally, the (less important) idea is that to know what words name on enough of their uses is to know what they name. And, for many purposes, Ghislaine knows enough to know what 'chaussure' speaks of. Now, the initial idea about language games suggests itself as, not just an idea about *knowing* what a word names, or speaks of, in a game, but about what it in fact does name: there is nothing further for Ghislaine to know about the game which, if she failed to know it, might disqualify her from knowing what 'chaussure' names in it because there is nothing further *to* know about the game; or nothing that might be relevant to what words in it name. That brings us to the verge of an important point about what naming, or speaking of, in fact is. But to see that point, we need to develop the notion of a language game further.

3. **Language Games**: A language game is a specified way of integrating words with life. One specifies the game in specifying how it is to be played; that is, in specifying its rules. They say what the form of integration is. One may think of the rules as dividing, in general, into, so to speak, introduction rules and elimination rules (though there is no requirement that a game have both). An introduction rule states that under such-and-such conditions, certain words may be, or are to be, produced. There is nothing intrinsically verificationist or reductionist about that. A variant of Wittgenstein's game in § 2 might have the assistant going to the materials pile, seeing what is there, and reporting back. A rule might be: he is to say 'Slab' just in case there are slabs in the pile. A different rule might be: he is to say 'Slab' just in case he has seen that there are slabs in the pile. An elimination rule states something that may, or must, be done when given words have been produced. In the game above, for example, there is the rule that when the Child says 'Chaussure!' the Parents are to bring some shoes that fit. In the present variant on § 2, there might be a rule that says that if the assistant has said 'Slab', then the builder may begin a project that calls for slabs (or such-and-such project that does). If we think of the Child, in the first case, as giving an order (which seems a natural description of what is going on), then the

rule as to what the parent is to do specifies what it would be to comply with the order thus given. The game fixes a compliance condition. If we think of the assistant, in the second case, as giving a report, then the elimination rule tells us something about what it would be for things to be as thus reported: things would be such that the builder was, in fact, in a position to start his project (so far as slabs mattered to that).

When we have stated the rules of a game, we have said what game that is. The rules say just what the relevant way is of fitting words into life. They also specify a standard of correctness: a standard for when words would be produced correctly, and for when, or how, they would be responded to, or treated correctly. It is the standard for the correctness of words produced in that game; it is the standard that would govern words on that way of integrating them into life. There can, then, be nothing further, beyond those rules, that would make the standard anything other than what the rules make them. And that is to say, *inter alia*, that insofar as there are facts as to what words name in the game, these cannot be further facts—that is, any facts independent of, or in addition to, what simply follows from the rules being what they are—from the facts as to how, in the game, the words are to be used, and to be responded to. What words name in this game is precisely and only what they may be correctly described as naming, given that the rules are what they are; for them to name that is, and can be, nothing other than for them to be subject to those rules. For, on any one's view, facts about naming are to be, not just idle decorations, but substantive contributions of some kind to the content of the wholes in (or of) which they hold; and thus to the conditions for the correctness (truth, where relevant) of those wholes. They make correctness depend on certain things. That is something on which Frege insisted. In the present context it means this: in a language game, that contribution had better not be anything not already fixed by the rules being what they are. It is in that sense that the facts about naming (in a game) must be exactly what follows from the rules of the game being what they are—from the words having just those uses that those rules fix.

Wittgenstein makes this point for the case of games in § 10 as follows:

Now what do the words of this language *signify*? —What is supposed to show what they signify, if not the kind of use they have? And we have already described that.

But the point is not just one about language games. We can see its application to language, or actual uses of it, if we can see the relation between language games and actual instances of speech. The first thing to note about that is that Wittgenstein insists that language games are objects of comparison. Thus, for example,

In philosophy we often *compare* the use of words with games and calculi which have fixed rules, but cannot say that someone who is using language *must* be playing such a game. (§81)

Our clear and simple language games are not preparatory studies for a future regularization of language—as it were first approximations, ignoring friction and air-resistance. The language games are rather set up as *objects of comparison*. (§130)

For we can avoid ineptness or emptiness in our assertions only by presenting the model as what it is, as an object of comparison—as, so to speak, a measuring rod; not as a preconceived idea to which reality *must* correspond. (§131)

Language games thus model something about language use. How?

There are things one may, and things one ought to, expect of words produced on an occasion, *inter alia*, things as to how they ought to fit with life. For the moment, I take that as a given. I will say a bit more about how it is so towards the end of this chapter. For example, we approach a parking lot, and you ask me which car is mine. I reply that it is a blue hatchback. You have a right to expect that the car will be blue on an understanding of that on which you can tell its colour by looking at the body. Or the builder is about to start cladding the shell of the building in marble. The assistant tells him that there are plenty of slabs for the job. The builder has a right to expect that the slabs will not arrive in pieces, or unpolished, or otherwise in a state that makes them unusable for the purpose. I speak of my car as being blue, the assistant speaks of there being slabs, and there are expectations one may, or ought to have, as to what would count as my car's being blue, or as there being slabs; as to what it would be for things to be as thus described (how things would be in being so)—expectations one would reasonably have as to the understanding of being blue, or of there being marble slabs, on which such things are being spoken of. Such expectations would be the right ones to have of the words used if they were moves in certain language games. The rules of the game, say, say that one is to call one's car blue (say 'My car is blue', say) just in case its *carrosserie* is painted blue. If that game were being played, it is clear enough what one should expect where such a move is made. We might say that a given instance of speaking words is *modeled* by just those language games which thus capture what one would, or ought to, expect of the words thus spoken—if the words are a description, then how one ought to expect them to be describing things; what, that is, they would describe correctly; if they are a request, then what one ought to expect them to be requesting, and so on.

On this application of the notion of a language game, the point about naming in a game transfers to a point about actual utterances. The standards of correctness for an actual utterance cannot be anything other than, or at variance with, the standards of correctness for the language games which model it. Any fact about when the utterance would be correct (or correctly responded to, or treated) is a fact about when it would be correct in some language game which models it. So, for the same reason that a word in a language game cannot name anything other than what the rules of the game make it name, a part of the actual utterance cannot name anything other than what it names in the language games that model it. If naming is not to be a piece of empty filigree, if it is to have a bearing on standards of correctness, then there is no room for such divergence. This idea is what I will hear identify as:

Wittgenstein's first principle: The facts as to what an expression names, or speaks of (or named, or spoke of) can be none other than the facts which follow from the standards of correctness that govern the whole of which it is a part, where those are the standards which follow from what is to be expected of it.

For an expression to have spoken of such-and-such on an occasion is for it to have had a certain logical role—to have made a certain contribution to standards of correctness. But its logical role, in this sense, is fully fixed by how it ought to be expected to fit into our lives—into the activities, projects, and so on, it is rightly seen as part of.

Wittgenstein's idea here is in one respect—quite self-consciously, I think—of a piece with an idea of Frege's. In another respect, it is an important departure from Frege. For Frege, for an instance of an expression to name such-and-such (or to be naming, or to have named, it) can be nothing other than for it to have (or have had) a certain sort of role; one that it could have only in the right sort of context. The right sort of context is the whole of which the expression is then a part; so, for Frege, a sentence, or *Satz*. The role of the name would be to contribute in a certain way to that whole having certain features. So it is relevant features of the whole which determine, insofar as it is determined, whether some part of it functions (functioned) as a name in that context, or, anyway, might be correctly so described. Nothing else, beyond the relevant features of the whole (and the ways a part might be seen as contributing to them) could make a part of it count, or fail to count, as a name of such-and-such. So far, we have ideas that Wittgenstein endorses.

Differences emerge when we consider what the relevant features of a whole are. (Here I describe Frege in not particularly Fregean terminology.) For Frege, the function of a whole is to be a particular depiction of reality; to depict, or represent, things as being thus and so. The function of a name would be to make that picture one of a certain individual thing's being thus and so. For Wittgenstein, the relevant feature of a whole is that it integrates with life in a particular way: it is correctly produced in certain circumstances, and then correctly responded to, and treated, in such-and-such ways. The function of the whole, or *Satz*, is, not to depict (though some wholes might be described as doing that), but rather to take particular places in our, or in relevant, activities. And the function of a name would be to make the correct way of treating the whole a matter, in part (in some way or other) of treating such-and-such individual thing (or, in the present broad sense of 'speaking of', sort of thing, or way for a thing to be) in certain ways. So if 'slab' is a name in §2, that will be because of something like this: When the builder calls 'Slab!', the right thing to bring is a slab.

The difference here can be put in terms of contrasting applications of ideas of a system. On the Fregean view, insofar as a *Satz* has a place in a system, that is a system of depictions, or representations, of things as being thus and so. We might think of it as a system for constructing representations of the way things are (as being thus and so)—a system for creating representational means, or devices, to be at our disposal for the representing we may have occasion to do. What is a name within a given *Satz* might have a systematic role within that system. It might be involved in the construction of a whole range of *Sätze*, so as to function as a name in each. That would be a matter of those wholes having something in particular in common. (For Wittgenstein up until some time in 1930, it could only be by virtue of its role within such a system that an expression could count as a name (or a name of such-and-such) in any *Satz*.①) For Wittgenstein in the *Investigations*, the relevant sort of system in which a whole might have a place would be a language game which modeled it, in the sense set out above. The contribution of a name would be a contribution to the place its whole held in such systems; thus, a certain sort of contribution to the way the whole was to be treated. Whether a part is correctly describable as making such a contribution depends on nothing other than the way the whole is correctly treated; thus, on

---

① See Friedrich Waismann, *Ludwig Wittgenstein and the Vienna Circle* (Oxford: Basil Blackwell, 1979), p. 90.

nothing not captured by the language games that model it. The key point here is that the contribution a name would make is not cashed, on the present view, in terms of the kind of picture that results; at least if we think of pictures as identifiable independent of the uses to which they are put.

In the central case, then, for an expression to be a name is for it to function (or be correctly seen as functioning) in a certain way in a whole of which it is a part. That is an idea which later Wittgenstein still shares with Frege. But, as we have already seen, there are also other cases. Retaining the Fregean view of the relevant function of a whole (to be a representation of things as being thus and so), we could describe an expression as a name (of such-and-such) within a system of representations if its role within that system was to function as a name in all the elements of that system (the *Sätze*) in which it appeared. If we were to view a language, such as French, as embodying such a system (something Frege might be reluctant to do), we could thus think of French expressions as naming things by virtue of their role within that system. That might give us a way of seeing the French 'chaussure' as naming shoes. Given our present equation of naming with speaking of, and the very broad view of naming that yields, Wittgenstein, too, had better be able to think of expressions in a language as naming things. He, too, must be able to recognize a sense in which the French 'chaussure' names shoes. In a sense, it is easy for him to do that. There is an obvious suggestion: perhaps where we speak correctly of an expression in a language naming, or speaking of, such-and-such, the aspect of the verb has shifted from the central case. A corkscrew opens bottles: that is what it is for, and what it will do when used, properly, to do what it is for doing. Similarly, the French 'chaussure' names shoes in that when it is used for what it is for—so when it is used as meaning what it does—it will do what would then be speaking of shoes. It names shoes just in that whenever you want to speak of shoes (in speaking French), it is an expression for doing what you thus want to do. There may be things to be said about what it is about the French 'chaussure' that makes it have this feature (that makes it speak of shoes on the only understanding on which it might, in fact, do that). In fact, I will say some of these things later. The only important point at this stage is that, whatever there is to say about this, it is not going to be the same sort of thing that makes it true of a particular use of 'chaussure' that it spoke of shoes. For that is not the sort of thing that could be true of an expression of a *language*—at least not on the current view of the matter.

We are trying to understand the relation between a language game, in Wittgenstein's sense, and a language such as French or English (or particular bits of it). So far we have had the idea that a language game is an object of comparison, and also the idea that for an expression of a language to speak of what it does is for there to be a restriction on the language games it may be part of while used as meaning what it does: they will be language games in which it speaks of that. (Think of the language games it may be part of as those, each of which models, in our present sense, a use of it as meaning what it does.) This second idea suggests a converse question. Ghislaine knows how to make one particular use of 'chaussure'; a use modeled by a particular language game in which that word would speak of what it does speak of in French. But obviously the uses of 'chaussure' in speaking (correct) French—its uses as meaning what it does—are not exhausted by those that game models. In that sense, there is no such thing as 'the language game one plays in using 'chaussure'', nor even such a thing as 'the language game one plays in speaking of shoes (or in 'shoe-talk')'. But perhaps there is some definite range of games such that one must be playing one or another of these in using 'chaussure' to mean what it does. What might such a range be?

That brings us to the converse question. All the games one might (in the present sense) play while using 'chaussure' to mean what it does are ones in which 'chaussure' (may be correctly said to) name shoes. Is it also so that all the games in which 'chaussure' would name shoes (and which otherwise employ French expressions as speaking of what they speak of in French) are ones that one could play in speaking French correctly? If, without qualification, the French 'chaussure' speaks of shoes, then, it seems, the answer must be 'Yes'. For if there were games one could not play in using 'chaussure' to mean what it does, which were also games in which 'chaussure' would speak of shoes, then 'chaussure' would not speak of shoes *tout court*, but rather (at best) only in a certain sense of shoe, or on a certain understanding of being one. (As the French 'onde' speaks of waves, but not the sort that crash onto the beach; whereas 'vague' speaks of waves, but not the sort that heat your coffee.) In that case it would not be so (without qualification) that 'chaussure' spoke of shoes.

So 'chaussure', in meaning what it does, is thereby eligible for a role in all the games in which it would speak of shoes (or all those which would be, otherwise, French). What sort of variety of games is that? Without yet insisting on any point of principle, we can, just in point of linguistic observation say this much: In many cases, at least, the range is too varied for the meaning of a (relevant) French sentence (or the meanings of its parts) to fix any set of conditions as the ones under which it would be true. In that sense, the variety of language games in which a sentence might figure, while used in speaking its language correctly (thus, so that it, and its parts, mean what they do) makes a sentence the wrong sort of thing to bear, as such, a truth value at all. That point emerges in the case of 'chaussure' when we observe that there are games like the one which, so to speak, Ghislaine invented, in which bringing bronzed baby shoes, or slippers, or soleless shoes, might be bringing the right sort of thing, and, for each of these things, others in which it would not be. And, it seems, similarly for any other expression we can think of. As said, that is, at this point, just an observation, and not a point of principle. The next task is to ask what sort of point of principle it could, or should, be.

4. **Transitions**: Wittgenstein's first principle suggests a converse question. By it, what expressions name, or speak of, is determined (so far as it is determined at all) by how the wholes they occur in are, or were, to be used; by the standards of correctness governing those wholes. That might lead one to ask this: might facts as to what expressions name, or speak of, determine (so far as it is determined) what standard of correctness governs the whole of which they are (or were) a part? Truth is one form of correctness.

So, as a special case, and in line with the restricted problem about language use we have decided to attend to, might there be facts as to what words name which determine such things as when the descriptions they form (or formed) would be true? We can begin to answer that question by returning to what there is to learn from what Augustine is right about. That will at least clear away one reason for expecting an affirmative answer to the question. It may even give us reason to expect a negative one.

What sort of changes will Ghislaine undergo in passing from the intermediate stage of the previous section to a mature state? In her intermediate state, Ghislaine knows that 'chaussure' speaks of shoes; but she does not thereby know all there is to know as to how, and of what, 'chaussure' is used correctly. On the one view, that fact (if admitted) would simply reflect a peculiarity of our way of speaking (or perhaps even of the concept) of knowledge. The way Ghislaine is is, perhaps, one thing we *call* knowing what 'chaussure' names. But there is something else to know about what it names such that if one knew that about it (and, perhaps, enough else about the French language), one would know all there is to know about its correct use—in particular, as to what it would describe correctly. Or one would at least know something from which all that followed. That, the idea is, is something we know in our mature states. And it is something we should insist on if we wanted to apply the highest standards of knowledge to the case of knowing what 'chaussure' names.

That, in effect, is Dummett's idea. It amounts to the claim that in passing into a mature state Ghislaine will undergo a very significant qualitative change. As things stand, Ghislaine's practical knowledge—her ability to speak the language, such as it is—is not representable by any set of propositions, or principles, from which follow all that is so as to how 'chaussure' would contribute to a correct description, or how it would contribute as used when. To take the simplest case, it is not representable by any principles which determine, of any instance in which 'chaussure' was used to describe something, of what the description thus given would be correct. Her knowledge is not so representable, because such principles would say more than she in fact knows. If Dummett is right, though, when she has achieved a mature state her knowledge will be representable by such principles. So, to that extent, it will take on a qualitatively very different form.

The view opposed to Dummett's would thus be this. In passing into a mature state, Ghislaine undergoes no such qualitative change. She gains in experience of our ways, and the ways of the world, until she is nearly enough as experienced as we are. Notably, she gains experience in the ways we in fact speak, and are used to speaking, of shoes, and in the sorts of activities we engage in to which it at least might matter, in some way or other, whether something was a shoe or not; the kinds of things we are used to expecting of something's being a shoe. She also gains in judgment, or, perhaps better put, judiciousness. She becomes better able to see, in relevant cases, what we can see as to what it would be reasonable to expect. When her gains in such respects are large enough, she becomes one of us, that is, one of the mature. There is nothing else, or nothing of a Dummettian sort, that her maturity amounts to. That opposing idea is still, at present, an unfamiliar one. We need to try to make more detailed sense of it. In any event, it is, I think, one thing Wittgenstein is driving at in the *Blue Book* when he says,

> Language games are the forms of language with which a child begins to make use of words. ... If we want to study the problems of truth and falsehood, of the agreement and disagreement of propositions with reality, of the nature of assertion, assumption, and question, we shall with great advantage look at primitive forms of language in which those forms of thinking appear without the confusing background of highly complicated processes of thought. ... We see activities, reactions, which are clear-cut and transparent. On the other hand, we recognize in these simple processes forms of language not separated by a break from our more complicated ones. We see that we can build up the complicated forms from the primitive ones by gradually adding new forms.
>
> Now what makes it difficult for us to take this line of investigation is

> our craving for generality.
>
> This craving for generality is the resultant of a number of tendencies. ...
>
> (a) The tendency to look for something in common to all the entities which we commonly subsume under a general term. ... The idea of a general concept being a common property of its particular instances connects up with other primitive, too simple, ideas of the structure of language. It is comparable to the idea that *properties* are *ingredients* of things which have the properties; e.g., that beauty is an ingredient of all beautiful things as alcohol is of beer and wine.①

Here, on the one hand, Wittgenstein credits someone in an intermediate state like Ghislaine's with a great deal. Naming, speaking of things, engaging with truth and falsehood, are all phenomena fully present in Ghislaine's simple uses of language. On the other, Wittgenstein represents mature language use as, in an important way, creative. We are familiar with certain ways of deploying words; certain ways of making them engage with, or apply to, the world. When there is need for it, we construct, or find, or arrive at, other ways so related to familiar uses that these new uses, too, are ways of speaking of what the words do speak of. What we do not ever do is arrive at a grasp of meaning such that, seeing what the words used on an occasion mean, there is nothing left for us to do, in seeing whether things are as they were thus said to be, but to turn to the world to try to detect the presence or absence of just that which the words, in meaning what they do, speak of—as if detecting in the world that which they say is there could be modeled on detecting the presence of alcohol in beer. (Nor, equally, would knowledge of meaning tell us that if such-and-such features were present in the occasion of describing, then such-and-such is what we thus need to detect, or detect the absence of, in the world.) We never reach the point at which there are no substantive questions as to whether words may, or ought to, be

---

① L. Wittgenstein, *The Blue and Brown Books* (Oxford: Blackwell, 1958), p. 17.

used of this or that, or in this way or that, which are not answered by what we know the words to mean. Knowledge of what words mean never puts us in that position, the idea is, because there is no such thing to know about what words mean. To think otherwise would be to misconstrue what meaning is or could be.

The alternative picture of meaning can thus be captured in the following points. First, for words to mean what they do (as they figure in descriptions of things, or of the way things are) just is for them to name, or speak of, what they do (or, for some particle, say, for it to have such-and-such specifiable effects on what the wholes it helps to form name or speak of). So, for a well-formed descriptive expression, there is something such that it means what it does in, or by, speaking of that. Second, as the first point suggests, meaning allows words to be used in any way compatible with their speaking of what they do; so in any way modeled by language games in which they would speak of that. Any such use of the words may be using them as meaning what they do. In particular, meaning allows for contrasting cases. That is to say, it allows for given words thus to figure (on different occasions, and on different uses) in games with conflicting standards of correctness; so that they might be correct (true) by the standards of one such use while incorrect by the standards of another—thus games with standards that could not jointly govern any game. For example, on a given day, I might look at Lake Michigan and say 'The water is blue today.' There is a clear (and familiar) way of using those words on which I might well be right. But there is another way. On it, one might confirm or disconfirm what I said by taking a bucket of water from the lake and seeing how the water in the bucket looks. On that use for the words, what I said would be false. And the point is that that *is* a use allowed for by what those English words mean. (Insofar as there are such contrasting cases, that already shows that Davidson's response to Dummett's problem, in terms of satisfaction conditions, cannot be right.) Third, contrary to what Dummett would need to hold in light of the second point, meaning does not decide on what occasions one would make what such uses of words. That is, meaning determines no principles of the form: 'If the occasion for use has such-and-such features, then the standards of correctness for a use made then will be such-and-such' (where those standards actually determine when the words, on that use, would be correct).

This alternative picture of meaning is liable to seem puzzling. The worry might be expressed this way: 'If what words mean does not determine when a use of them will have described things correctly, then what else possibly could?' What else (besides meaning and reference) could make it so that such-and-such is what (or all that) given words *require* for their truth? When Ghislaine reaches maturity, she will be able to recognize often enough where the descriptions people give are true or false, or at least when they would be; and she will have the ability to give true descriptions herself (or ones that are true as far as she knows). Often, the idea is, what she thus recognizes will not be what is required, or made so, merely by what the words used mean (plus the various things they referred to). What else could there be for her to be sensitive to? If there really are such facts about true and false description, what could she be responding to in recognizing them?

The question can be heard as a challenge to say what else it is besides meaning that could make a description true or false of such-and-such. So heard, there are several things to say about it. But the simplest response is to point to one way there could be such facts. I think we can see such a way if we consider the notions of reason and responsibility. Here is the sort of case that will matter. We are driving together to Lyon when a tire goes flat. I get out, jack up the car, and remove the hubcap. You hand me a lug wrench. But when I try to loosen a lug, it turns out that the lug wrench is made of rubber in the middle, and just bends rather than loosening anything. There is something I had a right to expect here. One would have expected you to be helping me. For so you presented yourself. (Otherwise there was no joke.) So I was right to expect that in handing me a wrench you were handing me something usable in expected ways for the case at hand—something that would, barring the unforeseen, loosen expected sorts of lugs. On the other hand, if you hand me a normal lug wrench, but, unexpectedly, it breaks in two when I try to turn it, then, though it is natural to expect more from a wrench than that, you have not failed to do anything I had a right to expect from you. The wrench failed; but there is no way one could have foreseen that. It is not your responsibility. That notion of what may (reasonably) be expected, with its corresponding notion of responsibility, can, within our present framework, do much work.

Giving me a description may be much like giving me a tool. A wrench has uses in tightening and loosening lugs; a description has uses in governing and regulating our dealings with the world. For a given handing of a wrench, there are things one may rightly expect of its giver, and thereby of it—notably, things one may expect the wrench to do. For a giving of a description, there are things one may rightly expect of its giver, so of it; ways one may expect it to be of use in arranging dealings with the world—ways one may expect dealings to be arrangeable if it had described things as being as they are. If the description is (sufficiently) understandable, then the first thing one might expect is that there is a way things are according to it. (As with lug wrenches, the world *may* dash our hopes in this respect, though it usually does not.) There are, then, things one has a right to expect as to what way this way is. (For only if those expectations were realized could the description be the tool one has a right to expect it to be.) To take up an earlier case, if your task is to find my car, and I tell you that the car is blue, then you will have a right to expect that I have described it as blue on an understanding on which it may thus be recognized by its colour; so on one on which it will do if the body is, in the usual way, painted blue, but it will not do if the car's being blue is not something one could detect just by looking (in the expected way). So if my car is made of some strange plastic which is an eerie shade of blue, but is painted German racing silver, then my car does not fit my description if my description is what you had a right to expect it to be. On the other hand, if my car has black leather upholstery, you have no right, on that score, to complain that the car is not as my description would lead one to expect. In giving the description, I made myself responsible for the car being a certain way: that is, now, how the car is according to me. But while you can thus hold me responsible for the car not being painted German racing silver, you cannot thus hold me responsible for it not having black leather upholstery.

Now let us suppose, as I think we should, that the meaning of 'is blue' (and the way my car is) do not by themselves determine whether a description of my car as blue is true. There is still room for reason and responsibility, of the sorts just illustrated, to make for facts of truth and falsehood. They would do so if they help form what it is to be true (or false) as follows. If things are all that one had a right to expect that they would be according to my description—if, in giving it, I did not make myself responsible for things fitting it in any way that they do not—then what I said is true. If I, and it, are both rightly held responsible for things being some way they are not, then what I said is false.

What one ought to expect of a description, given on a particular occasion, no doubt depends greatly on what the words used to give it mean. But there is also something else for it to depend on. Just as handing someone a wrench is an action which, as done on a particular occasion, may be what would be understood (and to be understood) as for a given purpose, so words produced on an occasion may be to be understood (rightly understood) as for someone, or for some audience, and thus as at least purportedly for certain uses that audience would be understood to have for them. Such aspects of an understanding, and not just ones of speaking of this and that—say, of such-and-such ways for such-and-such things to be—may be part of identifying what words are to be understood to have said: that words are to be understood to have said, whatever else is so of it, is at least something with a certain import (for life) may fix in part, and be needed to fix, just what way things would be if they were as said. With such factors in the picture, there is no reason for either meaning or naming to do all the work. A description is true, the idea is, when things are what one has a right to expect to be the way they are according to it. What one has a right to expect, in turn, may depend on the sort of tool it ought, or purports, to be.

That is just the point that language games are used, initially, to make. The whole point of a language game is to show how the correctness (and truth) of words may depend on how they integrate (or fail to integrate) with relevant stretches, or areas, of life. That idea allows for facts as to the truth, and falsehood, of particular descriptions which do not follow from anything meaning as such makes so (nor, thus, from any principles that a correct theory of meaning might state).

Plausibly, we do see truth where words, in the above sense, do what one ought to expect of them, and falsehood where they do not. If what we are thus prepared to recognize (that is, grant that status to)① is really there to be recognized (correctly identify as present)②, then we have a plausible story about what Ghislaine's maturity would consist in. It would consist in her having a better grasp than she does at 18 months of what it is we are used to expecting from given words, and a better grasp of what might be going on an occasion, and thus, of the purposes words then produced might be expected to serve.

But now the question 'How could there be such facts?' may take the form, 'Why should we accept that reason and responsibility in fact connect with truth in the indicated way?' The question may contain a worry: that if they do so connect, then truth and falsity depend on our intuitions (on what we are inclined to take for truth) in an illegitimate way. They may so depend, the worry is, in a way that erodes the distinction between things actually being as required for the truth of given words, and our merely being inclined so to regard them. That is a worry we will soon, and then often, return to.

If the question is that sort of a challenge, then the response here will be to exchange it for another. Suppose there are facts as to the truth and falsity of descriptions. What would they be? For the sake of this exercise, just take it as given that the descriptions we give of things on one or another occasion are, for the most part, either true or false. Now can you see well enough, for the purposes of this exercise, which descriptions ought to be classified as true, and which as false? If we allow our usual perceptions (so our usual standards) of

① Dutch *erkennen*, German *anerkennen*.

② Dutch *herkennen*, German *erkennen*.

truth and falsity to be our guide, then the answer is 'Yes'. It is not as if our talk of truth and falsity is in that way confused or incoherent. (Connecting reason and responsibility with truth is at least a way of seeing how that might be.) And now Wittgenstein's point would be: given a positive answer to that substitute question, there is no further way that there could, systematically, fail to be facts as to the truth or falsity of our descriptions, or that those facts could be at least roughly what we are prepared to take them to be. That is a way of rejecting the initial question.[①] In any event, this way of turning a question-as-challenge around is a device we will encounter often in what follows.

We now have a story about what meaning *could* be (contrary to what Dummett supposes). It could be something that constrains use, while leaving it open for words to be put to an open-ended variety of uses, each one modeled by different language games with different standards of correctness (of truth, where relevant), where the standards for one such use and the standards for another could not jointly be standards for any use. (For example, words might be true by the one standard, false by the other.) In short, meaning allows for contrasting cases, in the above sense. It is a plausible suggestion (from all we can see so far) that this is what meaning will be like so long as it is so that an expression's meaning what it does comes to no more than its naming, or speaking of, what it does. For, while naming what it does, it might figure in any of a variety of different language games. And nothing in the fact of its naming what it does excludes that some of these games should have conflicting standards of correctness, in the sense set out above. Or at least we as yet have no idea of how facts about naming could exclude such different ways for words to integrate with life. This observation suggests what I will call Wittgenstein's second principle:

Wittgenstein's Second Principle (A): What words speak of (or

① I have discussed this point in a different way in my "Frege's Target", *Logic, Thought and Language*, Royal Institute of Philosophy Lectures (Cambridge University Press), pp. 341-379.

name) underdetermines when they would be correct, or correctly responded to (true, complied with, etc.).

Let us think of a *representational form* as constituted by features like the following: representing such-and-such as being a certain way; representing such-and-such way as the way something or other is (or some things are); representing such-and-such as the way things are. Any set of such features which might jointly be features of some representation is a representational form on the present notion. Now, the obvious way for words to have the feature of representing such-and-such as the way something or other is is to speak of being that. So speaking of that is one thing there is for words to do; their doing that one fact about naming that might hold of them. This suggests another version of Wittgenstein's principle:

Wittgenstein's Second Principle (B): Any representational form underdetermines when what has, or had, it would be true (complied with, etc.).

What we have so far is, at best, a case for the plausibility of this principle. We do not yet have anything that looks like a proof that this is how things must be. But the principle is central to the view of the *Investigations*. It will be assumed from now on. I hope that reasons to believe it will accrue as we progress.

I mentioned a worry that connecting truth with reason and responsibility, as suggested above, connects truth with our (say, human) intuitions in the wrong way. That now becomes a worry about Wittgenstein's second principle. One way to bring it out is by considering the fate of an idea of Frege's. Frege thought that human language was a mixture of the psychological and the logical; but that it was possible to factor the mixture, in a certain way, into the psychological component, neat, and the logical component, neat. In some sense, the idea is, psychological factors determine how our words are to be understood. They determine what understanding given words bear; which, for Frege, is a matter of determining which understanding they bear. In familiar terms, they determine which thought words expressed (where they did express one), or which sense they had. Having expressed such-and-such thought, or had such-and-such sense is a specifiable fact about the words. The thought, or sense, is the purely logical component in the equation, and the whole of it. It is logical in that when a *thought* would be true, or when what had a given sense would be, depends in no way on any psychological fact—or, indeed, on any fact other than the fact of that thought, or sense, being the one it is. It depends on nothing *else*. That is what Frege meant in holding that it is really only thoughts that engage with truth. That words expressed such-and-such thought, or had such-and-such sense, fixes all that is fixed as to when they would be true. That is what he meant in holding that words are only true or false derivatively. All that is part of what Wittgenstein is now denying.

Wittgenstein's second principle means that Frege's idea of separating out the logical from the psychological is just not on. Or it is not on if we think there is such a thing as *saying* which thought given words expressed. For to say that would be to specify some way for things to be as the way things are according to the thought. But by Wittgenstein's second principle, such a specification (of a representational form) always underdetermines when that which fit it would be true. We can see the idea by beginning with meaning. One thing we can extract from the psychological is that, say, a given speaking of 'The lake is blue' described the lake as being blue. *That*, one might say, is the way it said things to be. But then there are various understandings of (a lake's) being blue, each providing a different standard of correctness for the description. So we have not reached Frege's goal. If that is all there is to say about which way things were said to be, then whether the description is true is going to have to depend on further perceptions of ours—about reasonableness, say—which, from the Fregean viewpoint, are psychological matters—matters of intuition. But suppose now that we spell out some understanding of being blue on which the lake was said to be blue. That would involve providing some longer description the lake is meant to fit. Perhaps, say, it is blue in the sense that that is its look as observed from shore, with the sun in its present position, etc. But now Wittgenstein's principle applies all over again. So, whatever we detach from the psychological—whatever we represent as the upshot of the work psychology has done—we will never arrive at the position Frege wanted—a position where we have separated out 'the logical neat', and there is now nothing left to do but to see what that logical factor as such determines.

Now here is an idea. To say that there is some general fact, or principle, which governs words—as there would be if it were a fact that they expressed such-and-such thought—from which it follows, in point of logic, that they are true of such-and-such is to point to a way in which it is genuinely *required* that this *must* count as their being true. Notably, whether that counts as their being true or not would have nothing to do with what *we* think. And it is no objection to this that if we ask with what authority *that* general fact governs the words, rather than some rival one, we will have to appeal to psychology for an answer. This kind of requirement is just what a genuine requirement on truth looks like—the kind of requirement there must be for there to be genuine facts as to truth and falsehood. By contrast, suppose that all we can detach from the psychological component in Frege's mixture is that what was said is such that, in any case, *this* ought to count as its being true (the way things are, say), where that fact does not follow, in point of logic, from any more general fact as to what was said that we can detach from the psychological. Then that supposed fact as to what truth requires can itself only be required by psychology; by our attitudes, or perceptions, in some form or other—for example, perhaps the form in terms of reason and responsibility suggested above. But if that supposed fact as to when some given words would be true is no more than required by our psychology, then it is questionably a genuine fact about truth at all. It is questionably more than a fact about our attitudes.

So, the thought is, there is that much difference between being able to detach from the psychological some fully general fact which then, on its own, decides all the more particular ones as to what truth, in this case, requires, and only being able to extract more local and particular facts about truth. Only in the former case, the idea is, would we have genuine truth at all. The idea, put that way, sounds odd. But it is not stupid. It is one we will have to deal with in what follows. That is one point in considering what rules as such can do, apart from irreducibly human perceptions of what they dictate on particular applications of them.

5. **Names**: Wittgenstein's target in § 1 is the idea that the meaning of a word is 'the object for which it stands'. In the *Blue Book*, he targets the idea that descriptive expressions, notably predicates, name what are ingredients in things in the way that alcohol is an ingredient in beer and wine. The idea is that the relation between words which describe things as a certain way (predicates, or whole statements) and what they speak of cannot be understood as we naturally understand the relation between a name in a narrower sense (the name of a person, landmark, or object) and its bearer. We can now fill in some of the disanalogy, and note something radical about the point.

Suppose the question is whether Solange is in the room. That question is a very different one from the question whether there is someone in the room who is very (or sufficiently) similar to—or exactly the same in relevant respects as—Solange, or what we have elsewhere called Solange. No sort, or degree, of qualitative similarity will do for answering the question we mean to ask. No such similarity, in whatever degree—no such other features that someone might have—could make a person count as being Solange. Nothing could accomplish that short of simply being her. Someone merely the same in such-and-such respects as her is, for all that, not her. That is a point that Leibniz emphasized. This seems to exclude any space in which what I have termed issues of reason and responsibility might arise. There can, it seems, be no question of whether the way so-and-so is is something that *ought to count* as someone's being Solange, or what one might understand by someone's being her, or what one ought, in such-and-such circumstances, to understand by that—what sort of understanding, say, would make the information conveyed in saying Solange to be in the room best integrate with our lives as they then need to be conducted. There is nothing, it seems, that ought to count as someone's being Solange other than that person being Solange. That seems to mean that the question whether Solange is in the room must be settled by precisely and only two factors: first, who Solange is (or who 'Solange', as I have used it here, names); and second, the way the world is. Human perceptions as to when the question ought to be answered in the one way or the other seem to have no role to play here.

Wittgenstein's objection to the idea that the meaning of a word is the object that it names can now be put this way: whatever the fate of that idea in the case of names of individuals, such as Solange, the model simply will not fit in the case of words which speak of ways for such individual things—or, again, of ways for things in general—to be. It does not carry over to the cases of predicates or whole statements. We may correctly speak of words such as 'is blue', on a use, as naming something, taking what they name just to be what they speak of—in this case, say, of being coloured blue. But then the bearer of that name (what the words thus name)—being coloured blue—cannot itself be one of the items present or absent in the relevant surroundings in the way that Solange, or, indeed, the item we describe as blue, may be present or absent in a room. *It* is not what we detect, or fail to, when we look around us. Though, for all that, the relevant item may be an instance of *something's* being blue, and, for all that, we may, in the right circumstances, just see it to be blue. 'Is blue' cannot name something of that sort, for one thing, because if it did, then nothing could name what 'is blue' does—there would be no such thing to name—unless there *were* instances of something's being blue. That is a particularly pressing problem in the case of statements.

We can see one crucial import that the point, whatever it is exactly, is meant to have. What we encounter in the world are what may count, or not, as instances of something's being blue; and what there is thus to encounter always leaves room for considerations of reason and responsibility to operate. This means that the questions *we* raise in asking whether such-and-such is blue (perhaps unlike those we raise as to whether Solange is in the room) are not settled merely by the fact that it is being coloured blue that we are asking about, and by the way the world is. Their answers depend also on how, in the circumstances of their asking, it is reasonable, or responsible, to classify items as blue or not; so that the same way the world is may make the same thing count as blue on one occasion for asking after that, while it does not so count on another.

If naming is just speaking of, then, in just this respect, not all naming is like naming Solange. That is a deeply anti-Fregean point. For Frege, every well-formed part of an expression of a thought names something (though not always an object). That the parts named such-and-such, and were structured as they were, fully determines (so far as it is determined at all) when that whole expression would be true. Such determination is contained in Frege's identification of concepts with functions from objects to truth values (an idea set out in "On Function and Concept").[①] Such a function is not itself something we detect in things. But there is such a function only if being blue is something present or absent in an object in a way that leaves room only for detecting that, and none for evaluating whether the way the object is is something that ought (for such-and-such purposes) to count as an object's being blue.

Wittgenstein's second principle, unlike the first, thus rejects a central feature of Frege's thought. To name, perhaps, is to make a certain contribution to what a whole says; and thus to when it would be true. But, in the case of what speaks of ways for things to be, there is no one such contribution which is 'that which an expression which named such-and-such would make'. That idea was not a gratuitous addition to Frege's thought; and one cannot reject it *ad lib*. It was precisely Frege's way of securing the

① This lecture can be found in *Funktion*, *Begriff*, *Bedeutung*, G. Patzig, ed. (Göttigen: Vandenhoeck und Ruprecht, 1986), pp. 17-39.

objectivity of judgment; the idea that judgments have negations to which they so stand that at most, and barring extreme surprises, at least one is right. A judgment, the idea is, is something such that the world does not leave it open that one can just as well judge it as its negation. That is to say no more than that judgment engages with truth. As Thomas Ricketts has point out,[①] that sort of objectivity is not just some optional form judgments might take. It is rather what distinguishes judgment from other things, such as feelings, or mere attitudes, whose expressions, like the sighs and grunts they may be, do not engage with truth. Wittgenstein thus faces a problem. If such minimal objectivity is not to be secured in Frege's way, just how is it to be secured? Is there any way of securing it consistent with Wittgenstein's second principle?

It would spoil Wittgenstein's point if it genuinely threatened this minimal objectivity. For it is central to the point that nothing about objectivity requires Dummett's psychological thesis. *That* is what makes Dummett's thesis mere psychologism. There are those who want to keep the idea of judgment while giving up on this conception of objectivity. They are called idealists. Wittgenstein has been called an idealist too. But for his project to succeed he had better not turn out to be one. On the view developed so far, the truth and falsity of what *we* say depends in some way on what it takes irreducibly human capacities to see. That kind of dependence can seem to threaten collapse into idealism. A significant part of the *Investigations*, including such things as the private language discussion, is directed at that issue.

The idea Wittgenstein uses Augustine to challenge thus proves to be extremely natural, and extremely simple. It is just the idea that whether words are true depends exclusively on their speaking of such-and-such things, and on how things are. If Wittgenstein is right, that simple idea is a

---

① Thomas Ricketts, "Objectivity and Objecthood: Frege's Metaphysics of Judgment", in L. Haaparanta and J. Hintikka (eds.), *Frege Synthesized* (Dordrecht: Reidel, 1986), pp. 65-95.

misreading of the truism that whether words are true depends only on what they say and on how things are: they are true just in case things are as they say things are. It is not easy, and certainly not customary, to prise those ideas apart. Perhaps that is why one is not likely to be led to the right target by beginning with the question what is wrong with what Augustine actually says.

(作者系美国西北大学哲学系教授)

图书在版编目(CIP)数据

外国哲学. 第十六辑/《外国哲学》编委会编.
北京:商务印书馆,2004
ISBN 7-100-03960-6

Ⅰ.外… Ⅱ.北… Ⅲ.哲学—外国—丛刊
Ⅳ.B1-55

中国版本图书馆 CIP 数据核字(2003)第 092230 号

外 国 哲 学

第十六辑

商 务 印 书 馆 出 版
(北京王府井大街 36 号 邮政编码 100710)
商 务 印 书 馆 发 行
北京中科印刷有限公司印刷
ISBN 7-100-03960-6/B·582

2004 年 3 月第 1 版　　开本 787×960 1/16
2004 年 3 月北京第 1 次印刷　　印张 19 3/4

定价:29.00 元